国家社会科学基金青年项目《涉农平台经济现代化治理体系构建研究》（22CJY040）资助
西北大学“双一流”建设项目资助
（Sponsored by First-class Universities and Academic Programs of Northwest University）

中国数字乡村共生系统研究

张 旺◎著

THE RESEARCH ON
SYMBIOSIS SYSTEM OF DIGITAL COUNTRYSIDE
IN CHINA

中国经济出版社
CHINA ECONOMIC PUBLISHING HOUSE
·北 京·

图书在版编目(CIP)数据

中国数字乡村共生系统研究 / 张旺著 . -- 北京 :
中国经济出版社, 2025. 7. -- ISBN 978-7-5136-8070-7

Ⅰ. F320. 3-39

中国国家版本馆 CIP 数据核字第 2025Y7H706 号

责任编辑 王 帅
责任印制 李 伟
封面设计 任燕飞设计

出版发行 中国经济出版社
印 刷 者 北京捷迅佳彩印刷有限公司
经 销 者 各地新华书店
开 本 710mm×1000mm 1/16
印 张 15. 25
字 数 235 千字
版 次 2025 年 7 月第 1 版
印 次 2025 年 7 月第 1 次
定 价 79. 00 元
广告经营许可证 京西工商广字第 8179 号

中国经济出版社 **网址** http://epc. sinopec. com/epc/ **社址** 北京市东城区安定门外大街 58 号 **邮编** 100011
本版图书如存在印装质量问题，请与本社销售中心联系调换(联系电话：010-57512564)

前言

PREFACE

面对全球经济越发不稳定、不确定的复杂局势，数字经济展现出强大韧性，其在经济发展中的稳定器与加速器作用更加凸显。在此背景下，全球主要国家加快政策调整，战略布局与落地实施同步推进。欧美发达国家为抢抓重大科技革命带来的“另辟蹊径”的窗口机遇，力求在全球技术变革和产业升级中占据主导地位，进而引领世界经济发展，纷纷将数字经济作为经济复苏与可持续发展的核心驱动力。东南亚发展中国家不甘落后，奋起直追，期望借此契机获取更多数字红利，开启数字国家建设的新篇章。作为世界最大的发展中国家，中国在国际环境风高浪急、国内改革发展稳定任务艰巨繁重的形势下，于2022年10月胜利召开中国共产党第二十次全国代表大会，擘画了中国全面建设社会主义现代化国家、以中国式现代化全面推进中华民族伟大复兴的宏伟蓝图。其中明确提出，要加快发展数字经济，推动数字经济与实体经济深度融合，打造具有国际竞争力的数字产业集群。

中国式现代化是全体人民共同富裕的现代化，农业农村共同富裕是扎实推动全体人民共同富裕的关键所在。农业农村现代化是中国式现代化的重要组成部分，乡村振兴是实现农业农村现代化与共同富裕的根本途径，是关系全局、具有历史意义的重大任务，也是新时代“三农”工作的总抓手。“民族要复兴，乡村必振兴。”习近平总书记指出，“促进共同富裕，最艰巨最繁重的任务仍然在农村”。当前，中国共产党正“举全党全社会之力推动乡村振兴”，其根本原因在于，乡村振兴作为激活乡村沉睡资源、激发农民主体创造力的国家战略，与共同富裕要求合理控制不同群体间差距的目标高度契合。乡村振兴关乎共同富裕的根基，其成效好坏直接决定共同富裕的根基是否稳固，是实现共同富裕的必由之路。

数字乡村是乡村振兴的关键方向，是数字中国建设的重要组成部分。2018 年中央一号文件首次明确提出要大力发展数字农业，并实施数字乡村战略。2019 年 5 月 16 日，中共中央办公厅、国务院办公厅印发《数字乡村发展战略纲要》，将数字乡村建设视为数字中国建设的关键一环。2020 年 11 月 3 日，中共中央、国务院在《关于制定国民经济和社会发展第十四个五年规划和二〇三五年远景目标的建议》中强调，要把数字乡村作为重点，借助农村电商、数字治理等数字乡村建设手段，重构乡村"人、地、钱"要素，打造乡村振兴"新引擎"。2022 年 1 月 4 日，中共中央、国务院在《关于做好 2022 年全面推进乡村振兴重点工作的意见》中提出，要加快推动数字乡村标准化建设，研究制定发展评价指标体系，持续开展数字乡村试点。2023 年 1 月 2 日，中共中央、国务院在《关于做好 2023 年全面推进乡村振兴重点工作的意见》中进一步指出，要深入实施数字乡村发展行动，推动数字化应用场景的研发与推广。

数字乡村是随着网络化、信息化、数字化发展，以及当代村民数字技能提升而出现的农业农村现代化转型产物。建设数字乡村，能够充分激发和释放数字经济在乡村振兴中的巨大潜能与倍增效应。数字经济作为虚拟经济系统，能够畅通乡村全面振兴的堵点；而乡村振兴作为实体经济系统，能助力数字经济发展摆脱困境。两者之间存在着强烈的、天然的、虚实融合的互补需求与优势。数字乡村共生系统，是数字经济系统的核心要素、虚拟结构与衍生功能，分别和乡村振兴系统的主体要素、实体结构与多样功能进行有机耦合的结果，具有要素虚拟化、结构扁平化、功能多样化的特征。

本书尝试融合共生理论、耦合理论、赋能理论、利益相关者理论、创新生态系统理论、人地关系地域系统理论，提出数字乡村共生系统理论，将理论逻辑、数值仿真与实证检验相结合，进行科学论证。本书从数字乡村建设背景与意义出发，结合国际国内视角，系统介绍当前数字乡村的研究现状，通过进一步阐述中国数字乡村建设的顶层设计，引出数字乡村共生系统的生成过程、演化机制与治理路径这三个核心内容，最后通过案例与实证相结合的方式进行深入论证。

张　旺

2024 年 9 月于西大家属院

目　录

CONTENTS

第一章

绪论

第一节　选题背景与研究意义

一、选题背景

（一）现实背景

（1）当今世界正经历百年未有之大变局，突如其来的新冠疫情使百年未有之大变局加速演进，世界之变、时代之变、历史之变的特征越发明显，世界进入动荡变革期。面对全球经济越发不稳定、不确定的局势，数字经济展现出强大韧性，其在经济发展中的稳定器和加速器作用更加凸显。全球主要国家加快政策调整，战略布局与落地实施同步推进，为数字经济发展营造良好环境。

欧美发达国家为抢抓重大科技革命带来的“另辟蹊径”的窗口机遇，力求在全球技术变革和产业升级中占据主导地位，进而引领世界经济发展，将数字经济作为经济复苏和可持续发展的关键依托。美国早在1993年9月便颁布了《国家信息基础设施行动计划》（National Information Infrastructure），将建设“信息高速公路”提到战略优先级，计划投资4000亿美元，用20年时间实现家庭电信光缆的全覆盖。1998年4月美国发布《浮现中的数字经济》，正式揭开数字经济发展的序幕，此后美国相继发布《新兴的数字经济》《数字经济2000》《数字经济2002》《数字经济2003》等年度报告，高度重视信息技术产业发展，为数字经济赋能，从而奠定了美国数字经济的“领头羊”地位。当今世界正处于历史性变革的重要时期，美国于2020年4月又发布《数字战略（2020—2024）》（Digital Strategy 2020—2024），试图在全球范围构建以自身为主导的数字生态系统。英国于2022年6月发布了《英国数字战略》，意在通过强化数字技术创新，打造更具包容性、竞争力和创新性的数字经济，使英国成为实施数字经济创新的全球最佳场所，巩固其科技超级大国的地位。德国分别于 2013 年 4 月和 2014 年 8 月推出《工业 4.0》和《数字议程(2014—2017)》，倡导以数字化创新驱动经济社会发展，为德国建设成为未来数字强国指明战略方向。2016 年 3 月，为保持德国在欧洲和全球的竞争力的领先地位，德国发布《数字战略 2025》，涵盖扩建数字基础设施、促进数字化投资与创新、发展智能互联等领域。数字化正改变游戏规则，将给经济和社会领域带来深刻变革。日本比较重视让数字经济服务于社会，2016 年 1 月和 5 月分别发布《第五期科学技术基本计划(2016—2020)》和《科学技术创新战略 2016》，旨在推动交通、医疗、养老等领域的数字化转型，形成契合日本发展需求的新型社会形态。此后，日本又相继发布《下一代人工智能推进战略》《科技创新综合战略 2017》《集成创新战略》等纲领性文件，从战略规划、制度建设、人才培养等方面，为“社会 5.0”和“互联工业”的发展铺平道路。

东南亚发展中国家不甘落后，奋力追赶，希望争取更多数字红利，开启数字国家发展的新篇章。尽管这些国家数字经济整体发展水平呈现不均衡、不充分态势，但其发展潜力巨大，互联网人口红利资源丰厚，发展数字经济意愿强烈。一方面，印度、越南、马来西亚等发展水平相对较高的国家，结合自身发展优势，在数字技术创新、中小企业数字化转型、智慧型社会建设等特定领域重点发力。例如，印度于 2014 年 7 月推出《数字印度》计划，旨在推动印度数字化转型，促进数字经济发展、提供数字化服务、改善数字化基础设施、提高数字素养，并加强政府的在线和数字化运作能力。越南于 2020 年 6 月发布《数字经济和数字社会发展战略》，明确指出到 2025 年数字经济占越南 GDP 的 20%，到 2030 年占 30%，将发展数字经济和数字社会列为国家发展战略高度优先事项。马来西亚于 2021 年 2 月推出十年数字经济蓝图《数字马来西亚》，提出通过公私合作方式投资建设 5G、超大规模数据中心等数字基础设施；2022 年 8 月，马来西亚政府又推出数字倡议，重点关注数字旅游、数字贸易、数字农业、数字金融等 9 个领域，旨在通过促进数字技术普及、支持本地科技公司发展、吸引高价值数字投资三大举措，提高马来西亚在全球数字革命和数字经济领域的竞争力，推动数字经济发展。另一方面，泰国、菲律宾、柬埔寨等数字经济基础相对薄弱的国家，侧重基础设施建设和数字化转型。例如，泰国提出《泰国 4.0》战略，致力于建设普惠型的数字基础设施，培养数字领域人才，为数字化转型筑牢根基。菲律宾以数字媒体、数字金融为两大抓手，逐步推动互联网普及，促进数字经济包容性增长。柬埔寨政府抓住机遇颁布实施《2022—2035 年柬埔寨数字政府政策》，推进“数字蝶变”，计划于 2035 年实现政府数字化转型，以更好的行政服务助力经济发展。

对于世界上最大的发展中国家——中国而言，面对风高浪急的国际环境和艰巨繁重的国内改革发展稳定任务，2022 年 10 月中国共产党第二十次全国代表大会胜利召开，擘画了全面建设社会主义现代化国家、以中国式现代化全面推进中华民族伟大复兴的宏伟蓝图，明确指出要加快发展数字经济、促进数字经济和实体经济深度融合，打造具有国际竞争力的数字产业集群。以 2015 年 7 月发布的《关于积极推进“互联网+”行动的指导意见》为重要开端，中国数字经济发展驶入“快车道”。2015 年 8 月，《促进大数据发展行动纲要》发布，提出数据已成为国家基础性战略资源，大数据正日益对全球生产、流通、分配、消费活动，以及经济运行机制、社会生活方式和国家治理能力产生重要影响。目前，中国在大数据发展和应用方面已具备一定基础，拥有市场优势和发展潜力。2015 年 12 月，在第二届世界互联网大会上，习近平总书记指出“中国正在实施‘互联网+’行动计划，推进‘数字中国’建设，发展分享经济，支持基于互联网的各类创新，提高发展质量和效益”。2016 年 9 月，二十国集团(G20)峰会发布《二十国集团数字经济发展与合作倡议》，首次将数字经济界定为：以使用数字化的知识和信息作为关键生产要素、以现代信息网络作为重要载体、以信息通信技术的有效使用作为效率提升和经济结构优化的重要推动力的一系列经济活动。2017 年 3 月，数字经济首次被写入《政府工作报告》。此后中国信息通信研究院连续多年发布《中国数字经济发展白皮书(2017—2023)》，不断丰富数字经济内涵和外延。2021 年 3 月《中华人民共和国国民经济和社会发展第十四个五年规划和二〇三五年远景目标纲要》将“加快数字化发展，建设数字中国”单独成篇，提出“打造数字经济新优势”“加快数字社会建设步伐”“提高数字政府建设水平”“营造良好数字生态”等重要举措。2021 年 5 月，《数字经济及其核心产业统计分类(2021)》出台，将数字经济的基本范围确定为数字产品制造业、数字产业服务业、数字技术应用业、数字要素驱动业、数字化效率提升业等五大类，并首次界定了数字经济核心产业的定义。

(2)中国式现代化是全体人民共同富裕的现代化，农业农村共同富裕是扎实推动全体人民共同富裕的关键所在。农业农村现代化是中国式现代化的重要组成部分，乡村振兴是实现农业农村现代化和农业农村共同富裕的根本路径，是关系全局、具有历史意义的重大任务，也是新时代"三农"工作的总抓手。

从党的十九大到党的二十大，正值"两个一百年"奋斗目标的历史交汇期，中国比历史上任何时期都更接近实现全体人民共同富裕的目标。党的十八大以来，习近平总书记从中国共产党执政规律、社会主义建设规律和人类社会发展规律等视角出发，在多个重要场合深刻阐述了扎实推动共同富裕的重大意义、本质要求和阶段目标。党的十八大报告强调"必须坚持走共同富裕道路"，明确"共同富裕是中国特色社会主义的根本原则"。党的十九大报告明确了共同富裕的阶段目标，承诺到 2035 年"全体人民共同富裕迈出坚实步伐"，到 2050 年"全体人民共同富裕基本实现"。党的十九届五中全会将"全体人民共同富裕"视作实现社会主义现代化远景目标的重要内容。党的十九届六中全会强调"坚定不移走全体人民共同富裕道路"。党的二十大报告提出"中国式现代化是全体人民共同富裕的现代化"，实现全体人民共同富裕是中国式现代化的本质要求，把共同富裕鲜明地写在了中国式现代化的旗帜上。党的二十大以后，团结带领全国各族人民全面建成社会主义现代化强国、实现第二个百年奋斗目标，成为新时代新征程中国共产党的中心任务。

2010 年，中国农村贫困人口为 1.66 亿人，贫困发生率为 17.2%；2019 年，中国农村贫困人口为 551 万人，贫困发生率下降为 0.6%。十年间，中国农村贫困人口共减少 1.6 亿人①，脱贫攻坚取得举世瞩目的成绩。2020 年，中国农村基本消除绝对贫困，脱贫攻坚取得全面胜利，农业农村发展迈入新时代，乡村振兴成功接力成为全党工作重中之重。自党的十九大首次提出"实施乡村振兴战略"以来，中共中央、国务院多次对乡村振兴的基本概念作出阐释。早在党的十八大时期，党中央就将解决好"三农"问

① 张旺，白永秀．中国乡村振兴水平的区域差异、分布动态演进及空间相关性研究[J]．数量经济技术经济研究，2022，39(2)：84-102.

题作为全党工作重点，勇于推动“三农”工作理论创新，把生态文明建设与经济、政治、文化、社会建设并列，将中国特色社会主义事业总体布局拓展为“五位一体”。党的十九大进一步指出，“要坚持农业农村优先发展，按照产业兴旺、生态宜居、乡风文明、治理有效、生活富裕的总要求，建立健全城乡融合发展体制机制和政策体系，加快推进农业农村现代化”。2018 年中央一号文件《中共中央　国务院关于实施乡村振兴战略的意见》和《乡村振兴战略规划(2018—2022 年)》、2021 年中央一号文件《全面推进乡村振兴加快农业农村现代化的意见》、2021 年《中华人民共和国乡村振兴促进法》中对此进行了全面阐述，多次强调按照产业兴旺、生态宜居、乡风文明、治理有效、生活富裕的总要求(下文统称“20 字总要求”)，加快推进农业农村现代化。

“民族要复兴，乡村必振兴”，“促进共同富裕，最艰巨最繁重的任务仍然在农村”，目前中国共产党正“举全党全社会之力推动乡村振兴”。其根本原因在于，乡村振兴作为激活乡村沉睡要素和激发农民主体创造力的国家战略，与共同富裕要求合理控制不同群体间差距的目标高度契合。乡村振兴关乎共同富裕的根基，其成效好坏直接决定共同富裕根基是否稳固，是实现共同富裕的必由之路。进入新时代以来，中国共产党对共同富裕作出“两步走”战略规划，打赢脱贫攻坚战，消灭绝对贫困问题，实施了乡村振兴战略，将促进农村共同富裕作为实践重点。党的二十大以后，强调全面推进乡村振兴，坚持农业农村优先发展，巩固拓展脱贫攻坚成果，加快建设农业强国，扎实推动中国式现代化共同富裕。

(3)数字乡村既是乡村振兴的战略方向，也是建设数字中国的重要内容。发展数字乡村，对于缩小三大差距(人群差距、区域差距、城乡差距)、实现全体人民共同富裕，对于促进农业全面升级、推动农村全面进步、助力农民全面发展，进而实现农业农村现代化具有重要现实意义。

数字乡村是伴随网络化、信息化和数字化发展，以及当代村民数字技能提高而出现的农业农村现代化发展和转型的产物。建设数字乡村能够激发和释放数字经济在乡村振兴中的巨大潜能和倍增效应。数字经济作为虚拟经济系统，能够畅通乡村全面振兴的堵点；乡村振兴作为实体经济系统，能够摆脱数字经济发展的窘境，两者具有强烈的、天然的、虚实融合的互补需求和优势。

2018年中央一号文件首次提出大力发展数字农业，实施数字乡村战略。2019年5月，中共中央办公厅、国务院办公厅印发《数字乡村发展战略纲要》，提出坚持农业农村优先发展，按照产业兴旺、生态宜居、乡风文明、治理有效、生活富裕的总要求，着力发挥信息技术创新的扩散效应、信息和知识的溢出效应、数字技术释放的普惠效应，加快推进农业农村现代化。2020年1月，农业农村部、中央网络安全和信息化委员会办公室印发《数字农业农村发展规划(2019—2025年)》，提出加快推进农业农村生产经营精准化、管理服务智能化、乡村治理数字化，描绘了数字农业农村发展新蓝图。2020年7月，中央网信办等七部门联合印发《关于开展国家数字乡村试点工作的通知》，部署确定117个县(市、区)为首批国家数字乡村试点地区，重点在开展数字乡村整体规划设计、完善新一代信息基础设施、探索乡村数字经济新业态、探索乡村数字治理新模式、完善“三农”信息服务体系、完善设施资源整合共享机制、探索数字乡村可持续发展机制7个方面先行先试。

农业农村数字化涵盖生物体及环境等农业要素、生产经营管理等农业过程及乡村治理的数字化，是一场深刻的变革。数字乡村作为农业农村现代化和乡村振兴的战略方向、重要路径和手段已经明确，首批国家数字乡村建设初见成效，在一定程度上为探索中国乡村资源不均衡情况下各类数字乡村建设的发展模式提供了参考，为数字乡村的全面推广积累了路径经验，数字乡村迎来了难得的发展机遇。

(4)数字经济为农业农村发展提供机遇。

①数字技术有助于提高农业生产力水平。在农业生产领域，可以使农业生产过程更精准，节约水土资源、劳动时间、化学农药等生产投入，在降低生产成本的同时，促进生态环境改善；可以使农业生产管理更加科学，促进要素的合理配置和生产结构调整，优化光温气调节和田间管理，进而提高农作物单产水平；有助于作出更加及时和科学的决策，使农业生产快速适应市场对产品和质量的需求，促进市场供需平衡。②数字技术应用有益于提升农产品市场效益和消费者福利。在市场层面，有助于解决信息不对称问题，促进交易透明化，稳定农产品市场价格，实现食品可追溯；在价值链层面，可强化价值链各环节的链接，促进一二三产业融合发展；对消费者而言，可以节约时间，更好地满足个性化需求。③数字技术

对促进农业农村发展与提升治理效率有很多潜在作用。例如，在农业领域，有助于改善生产、环境、市场等方面的国家规划及监督管理体系；在农村领域，数字技术应用对农村经济、社会、生态、环境等领域的规划、管理、基层治理等，都将发挥重要作用。

（二）理论背景

(1)数字乡村理论研究匮乏，关于数字乡村内涵、度量、属性等基础研究未达成共识，数字乡村内部要素、结构和功能均发生了变化，有必要重新对其进行理论研究。

(2)研究视角缺乏系统性，涉及理论较单一，更缺乏从共生系统视角探索数字乡村内部生成机理和演化机制的研究。数字乡村如自然界生态系统，内部存在不同“种群”和“群落”，有必要从共生系统视角开展理论研究。

(3)数字乡村究竟是“脱实向虚”，还是“虚实均衡”，理论上尚未有过回应。数字乡村由数字经济虚拟系统和乡村振兴实体系统有机耦合而成，有必要融合共生理论、耦合理论等多种理论，对其进行理论拓展和丰富。

二、研究意义

（一）现实意义

(1)为数字经济赋能乡村振兴提供指导，数字经济作为虚拟经济，如何赋能农村实体经济，数字经济与实体经济的关系是什么，现实中尚未有明确描述。本书从虚实系统视角出发，将数字经济与乡村振兴视为一种有机耦合关系，为数字乡村共生系统的生成提供了先决条件。

(2)为数字乡村战略实施提供参考依据，数字乡村建设涉及多元主体，利益相关者关系错综复杂。数字乡村内部构造包含哪些要素，数字乡村利益相关者之间是怎样的关系，现实中尚未达成共识。本书从种群共生视角出发，将数字乡村界定为一个生态系统，即数字乡村共生系统，为廓清数字乡村利益相关者关系提供清晰脉络。

(3)数字乡村共生系统既是一个虚实相兼的生态系统，也是一个动态的、演化的、不断进阶的复杂系统。数字乡村共生系统究竟能演化到什么程度，其高级阶段会呈现什么样的特征，现实中鲜有讨论。本书从演化经济学视角出发，借鉴 Logistic 模型对数字乡村共生系统演化趋势进行仿真模拟，预测未来更高级的数字乡村共生系统状态。

（二）理论意义

(1)通过对数字经济虚拟系统和乡村振兴实体系统展开解构，从要素—结构—功能、动力—联动—嵌入二元三维立体视角，刻画数字乡村生产过程，从而在理论上对数字乡村研究体系展开创新性探索并予以补充完善，以此丰富数字经济及乡村振兴研究的理论与方法。

(2)充分考虑数字乡村共生系统演化特点，阐述系统内部物质代谢、能量特征及产业关联情况，并提出可持续优化路径，可在一定程度上为数字乡村建设提供实用的理论方法。

(3)分析数字乡村共生系统垄断问题，构建现代化治理体系，并提出相对应的技术支撑条件，从理论上回答数字乡村建设过程中面临的诸多问题，为实践操作提供理论依据。

第二节　研究内容

本书分为十章，各章内容安排如下。

第一章为绪论。本章作为全书的前沿，旨在从国际国内双环境背景下，引出本书探讨问题的意义。包括以下内容：一是梳理世界发达国家和发展中国家布局数字经济战略，分析中国政府在数字经济领域的系列应对策略；二是安排和设计本书研究内容和研究框架，通过图标形式呈现本书研究内容；三是阐述研究方法和提炼本书主要创新点，支撑后续研究顺利开展。

第二章为理论基础。本章作为全书的党和政府文件梳理、文献综述部分，旨在从既有政策文件和文献中寻求本书研究的侧重点和理论支点。包括以下内容：一是对党和政府文件进行归纳，从国家战略部署、部际工作协调、重点任务分解、政策体系作用四个方面展开；二是对国内外研究现状进行梳理，主要从数字经济系统与乡村振兴系统、数字经济与乡村振兴关系、数字乡村三个方面展开；三是对本书涉及的相关理论进行归纳，主要从共生理论、耦合理论、赋能理论、利益相关者理论、创新生态系统理论、人地关系地域系统理论六个方面展开，最后提炼出理论启示。

第三章为中国数字乡村建设。本章作为全书的现状分析和顶层设计，起到承上启下的作用，主要目的是在梳理建设方案和建设历程的基础上，研判目前数字乡村建设现状，明确数字乡村建设重点，将数字乡村建设的重点聚焦于视角突破和重点解析两个方面。本书从共生视角探索数字乡村建设机制，属于研究视角的突破。其中，建设方案包括基本思路、建设原则、建设路径和建设策略四部分；数字乡村建设历程分为起步期、成长期和成熟期；建设现状包括现实定位、建设成效和建设短板三部分；建设重点主要从视角突破和重点解析两个方面展开讨论。

第四章为中国数字乡村共生系统生成过程。本章作为全书的核心章节和理论构建，旨在探索数字乡村共生系统的生成过程，提出生成过程理论。首先，对数字乡村、共生系统和数字乡村共生系统等概念进行辨析与界定。其次，运用扎根分析法，通过三级编码对数字乡村共生系统生成过程进行理论构建，全面地呈现数字乡村共生系统生成过程，为后续研究埋下伏笔。

第五章为中国数字乡村共生系统发展水平测度。本章作为全书的核心章节和实证部分，旨在从定量角度判断出目前阶段中国数字乡村共生系统的发展水平，为后续研究和科学研判提供参考依据。首先，通过三大遴选依据构建指标体系；其次，分别对熵权法、耦合协调度模型、耦合演化模型和障碍度模型进行介绍；再次，分别从子系统发展指数分析、耦合协调度分析、子系统演化方程拟合和障碍因子分析视角进行阐述；最后，依据中国数字乡村共生系统发展水平对目前所处阶段进行识别，并提出具有建设性的政策建议。

第六章为中国数字乡村共生系统演化机制。本章是全书的核心章节和定性分析部分，旨在通过构建多种群演化模型，模拟预算中国数字乡村共生系统演化趋势和规律。首先，对数字乡村共生系统演化动力机制进行论述，主要包括经济驱动机制、生态平衡机制、竞争协同机制、复杂适应机制和政策调控机制；其次，对基本生态系统演化模型进行描述和建模，为后续研究奠定基础；再次，构建多种群演化模型，并以三种群共生演化模型为例进行均衡态分析；复次，对三种群共生模型进行数值仿真，分析不同模式背景下的演化趋势；最后，采用数字乡村共生系统真实数据进行实证分析，模拟互利共生模式系数，预测 2023—2050 年中国数字乡村共生系统演化趋势。

第七章为中国数字乡村共生系统治理路径。本章作为全书的核心章节，也是本书研究内容的落地章节，旨在设计现代化治理体系，为中国数字乡村共生系统健康运作提供条件。首先，对数字乡村共生系统治理进行界定，明确治理主体、治理内容、治理范围；其次，对数字乡村共生系统现实需求进行分析，阐述构建现代化治理体系必要性；再次，对数字乡村共生系统理论逻辑进行概述，重点从功能逻辑、时空逻辑和结构逻辑三个方面展开；最后，从支撑平台、组织结构、多元主体、人才队伍和配套措施五个方面提出中国数字乡村现代化治理路径。

第八章为中国数字乡村共生系统运作条件。本章是全书的附属章节，为中国数字乡村共生系统运作提供保障。首先，阐述了数字乡村共生系统运作的支撑技术，包括移动互联网、物联网、大数据、云计算、人工智能、GIS 技术、区块链技术、虚拟现实、数字孪生等 9 项现代化信息技术；其次，分析了数字乡村共生系统运作基础设施，主要包括新型基础设施和传统基础设施两种。

第九章为案例分析。本章是全书的案例部分，主要从国内外经典成熟案例切入，对国际上较成功的国家做法进行提炼，对国内比较典型的县域案例进行分析，从定性视角证明本书提出的理论框架。首先，开展国际案例借鉴，分别对美国、日本、德国、印度关于数字乡村建设的做法进行分析；其次，对国内典型案例进行分析，主要聚焦浙江省湖州市德清县、广东省佛山市禅城区、山东省淄博市高青县、江苏省徐州市丰县四个地区的成熟做法，提炼归纳成功经验。

第十章为结论与展望。本章是全书的收尾，主要分为全书结论、研究不足与展望两部分，旨在对全书研究内容和研究结论进行简要总结，并展望未来有待进一步研究的方向。

第三节 技术路线

本书技术路线如图 1-1 所示，主要有研究路径、研究内容和对应章节三部分，整体上分为提出问题、理论基础、数字乡村建设、生成过程、水平测度、演化机制、治理路径、运作条件、案例分析和总结展望十个部分。

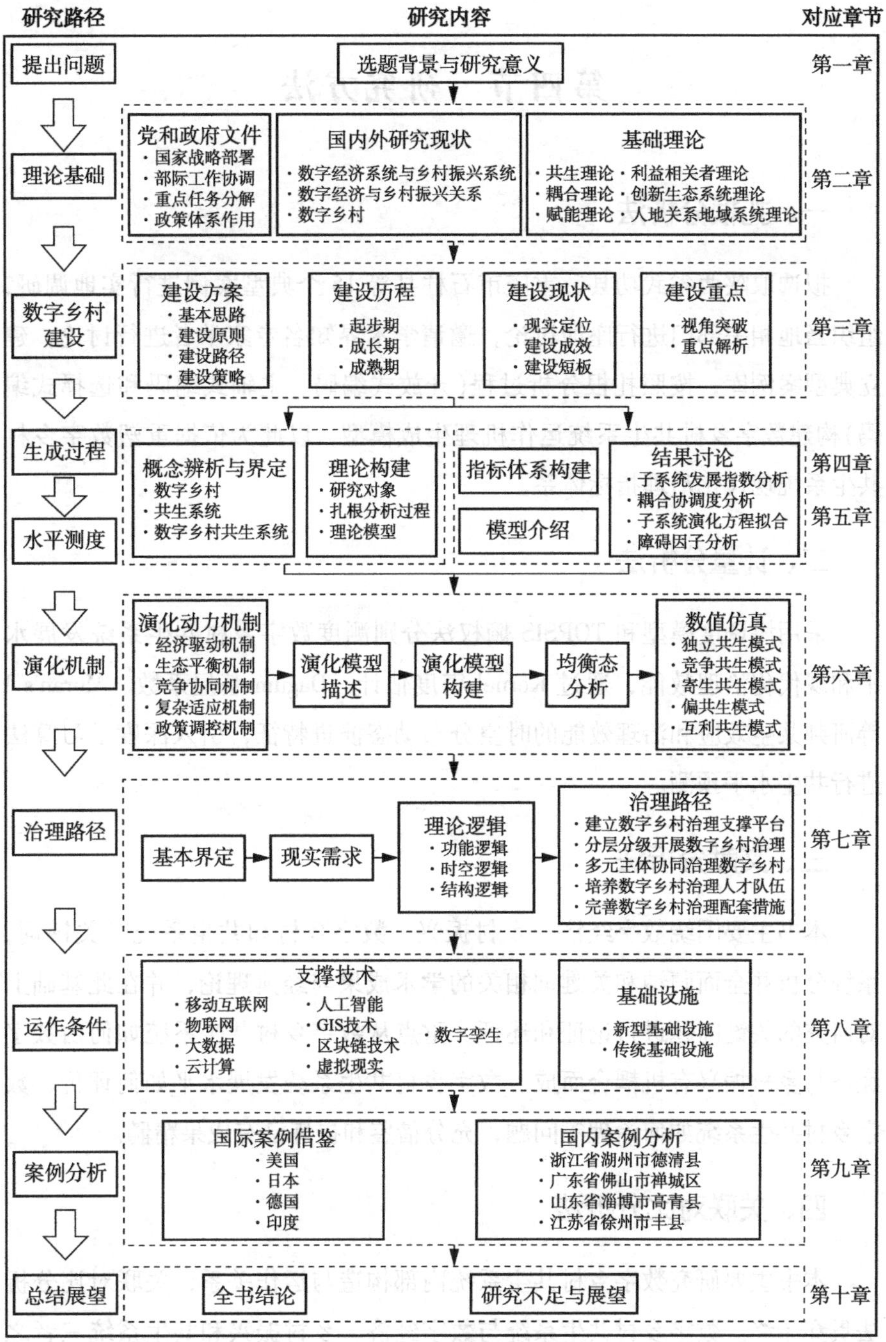

图 1-1 本书技术路线

资料来源：笔者自行绘制。

第四节　研究方法

一、扎根分析法

拟选取陕西省武功县、重庆市石柱县等15个典型案例进行实地调研，组织当地相关部门进行座谈讨论，邀请学术界知名专家学者进行讨论，建立典型案例库，按照扎根分析过程（开放式编码、主轴式编码和选择式编码）构建数字乡村共生系统运作机理生成模型，以此为依据重塑数字乡村共生系统现代化治理指标体系。

二、计量分析法

采用协调度模型和TOPSIS熵权法分别测度数字乡村共生系统发展水平和现代化治理效能，通过Kernel密度估计、Dagum基尼系数、Moran's I等研判共生效应和治理效能的时空分布动态演进特征，引入深度学习算法进行共生水平预测。

三、文献分析法

本书主要围绕数字经济、乡村振兴、数字乡村和共生系统等关键词，系统分析并全面归纳和关键词相关的学术成果与经典理论，并在此基础上对研究的关键问题进行论证和述评。重点从数字乡村共生系统如何由数字经济与乡村振兴有机耦合而成、数字乡村共生系统发展水平如何评价、数字乡村共生系统如何治理等问题，充分借鉴和提炼已有成果精髓。

四、关联对比分析法

本书主要研究数字乡村共生系统内部构造与运作关系，关联对比分析法贯穿始终。数字乡村共生系统与数字经济、乡村振兴和共生系统三者之间关系紧密，本书将数字经济与乡村振兴纳入统一框架，廓清数字乡村来源及生成过程，引入共生理论探索数字乡村内部群落和种群，对比分析各种群之间、各群落之间的内在逻辑关系。

第五节　主要创新点

本书通过对已有相关文献和党政文件等进行详细梳理，沿着数字乡村是由数字经济虚拟系统和乡村振兴实体系统有机耦合而成这一逻辑脉络，以理论基础为理论构建起点，以数字乡村建设为研究顶层设计，以数字乡村共生系统生成过程为重点，以数字乡村共生系统发展水平测度和演化机制为论证，以数字乡村共生系统现代化治理为终点。具体而言：

一、研究视角创新

研究以数字经济和乡村振兴为切入点，以生态系统种群共生为视角，探索数字乡村共生系统内部构造和运作机制。本书认为数字经济是一个虚拟系统，乡村振兴是一个实体系统，而由数字经济虚拟和乡村振兴实体有机耦合而成的数字乡村共生系统，是一个“虚实相兼”的共生系统。在数字乡村共生系统中，要素呈现虚拟化，结构呈现扁平化，功能呈现多样化，要素—结构—功能组成的系统是一个动态的、不断演化的、虚实兼生的系统，这是本书最为核心的研究视角创新。

二、研究理论创新

融合共生理论、耦合理论、赋能理论、利益相关者理论、创新生态系统理论、人地关系地域系统理论，提出数字乡村共生系统理论，既是对已有基础理论的延伸和创新，也是对已有基础理论的拓展和丰富。数字乡村共生系统理论重点强调虚拟系统和实体系统有机耦合后的一种状态，究竟是“脱实向虚”还是“虚实相兼”，在理论上给予回答。

三、研究范式创新

采用定性与定量相结合的方法，沿着文献梳理→扎根分析→水平测度→数值仿真→实证分析→案例分析的范式展开，既贯彻了理论源于实践的真理，又发挥了数值仿真研判演化规律的优势，并进行了一定的定量研究，使研究结论达到“三角验证”的标准。无论是定量研究，还是定性研究，都存在一定的局限性，但是不同方法之间却存在内在联系，相互之间彼此支撑，对研究结果的稳健性起到了积极作用。

四、本书指标体系创新

创新性地将数字乡村共生系统分为数字经济虚拟系统和乡村振兴实体系统，构建了数字乡村共生系统评价指标体系，定量测度了中国数字乡村共生系统发展水平。目前关于数字乡村的官方测度已有现成的指标体系，但是从生态系统共生视角，对数字乡村共生系统发展水平展开定量研究的成果却极为稀缺，而这一问题恰恰是亟待解决的关键。因此，本书借鉴数字经济评价指标体系和乡村振兴评价指标体系，重塑数字乡村共生系统评价指标体系，在指标体系上具有一定的创新性。

第二章

理论基础

第一节　党和政府文件

数字乡村发展是一项复杂且系统的工程，更是一个持续推进、不断完善的过程。仅依靠其基本框架和业务规划远远不够，相关的配套政策和制度保障措施必不可少。在数字乡村建设进程中，政府的主导作用凸显，已成为最重要的主体力量。政府主导制定的制度性政策法规等，在数字乡村建设中起到决定性作用，在方向引领、宏观调控、标准搭建、行动指南、财政支持等方面提供了强有力的保障，也在数字乡村发展建设中发挥了“助推器”的作用。

党的十八大以来，党中央、国务院高度重视数字农业农村建设，决策部署了大数据战略和数字乡村战略，大力推进了“互联网+”现代农业和数字技术在农业农村中的融合应用。数字农业农村建设已成为决胜全面建成小康社会、全面建设社会主义现代化国家的重大历史任务。针对数字农业农村建设，党和政府文件主要从两大视角展开：一是“互联网+”和大数据视角。例如，2015 年《国务院关于积极推进“互联网+”行动的指导意见》将“互联网+现代农业”视为重点行动之一，着重强调利用互联网提升农业生产、经营、管理和服务水平，培育一批网络化、智能化、精细化的现代“种养+生态农业”新模式；2015 年《促进大数据发展行动纲要》将现代农业大数据工程视为主要任务之一，提出建立我国农业耕地、农业设施设备、新型经营主体、农业劳动力等资源要素数据监测体系，促进农业环境、气象、生态等信息共享，构建农业资源要素数据共享平台。二是乡村振兴视角。制定完备的政策体系和制度保障，为数字乡村发展提供动力，为数字乡村发展保驾护航。

制定政策是国家、地方政府为实现某一阶段性建设任务和目标而制定的行动准则和行动方向。依托互联网、大数据、人工智能等新一代信息技术与实体经济深度融合的现实环境，数字经济给我国农业、农村、农民带来了难得的发展机遇。开展数字乡村建设，能更好地将数字经济与乡村发展深度融合。近年来，从中央到地方，针对数字经济建设出台了一系列政策措施。由于数字乡村在我国尚处于初级发展阶段，实践时间较短，政策体系处于不断完善的过程中。本书从国家战略部署、部际工作协调、重点任务分解、政策体系作用四个方面，对党和政府的相关文件进行梳理，旨在探寻其中有关数字乡村建设的一般性规律和特殊性表现，为本书后续研究提供官方依据。

一、国家战略部署

2018 年中央一号文件《中共中央　国务院关于实施乡村振兴战略的意见》首次提出“实施数字乡村战略”，国家层面逐步在整体规划设计，移动通信网络、电子商务、物联网应用、大数据建设、线上线下融合、乡村建设等领域颁布了多项指导性政策。早期政策主要聚焦传统农业的数字化转型，用于解决农业信息化、数据化、流程化等问题，弥合城乡数字鸿沟。随后，在国家政策层面，政府对构建符合我国国情的数字乡村战略进行了一系列部署，既为数字乡村的建设和发展指明了方向和路径，又为加速推进乡村振兴提供了政策保障。数字乡村国家政策如表 2-1 所示。

表 2-1　数字乡村国家政策

时间	政策文件	发布单位	主要内容
2018 年 1 月 2 日	《中共中央　国务院关于实施乡村振兴战略的意见》	中共中央、国务院	实施数字乡村战略，做好整体规划设计，加快农村地区宽带网络和第四代移动通信网络覆盖步伐，开发适应“三农”特点的信息技术、产品、应用和服务，推动远程医疗、远程教育等应用普及，弥合城乡数字鸿沟
2018 年 9 月 26 日	《乡村振兴战略规划（2018—2022 年）》	中共中央、国务院	实施数字乡村战略，加快物联网、地理信息、智能设备等现代信息技术与农村生产生活的全面深度融合，深化农业农村大数据创新应用，推广远程教育、远程医疗、金融服务进村等信息服务，建立空间化、智能化的新型农村统计信息系统。在乡村信息化基础设施建设过程中，同步规划、同步建设、同步实施网络安全工作

续表

时间	政策文件	发布单位	主要内容
2019年1月3日	《中共中央　国务院关于坚持农业农村优先发展做好“三农”工作的若干意见》	中共中央、国务院	实施数字乡村战略。深入推进“互联网+农业”，扩大农业物联网示范应用。推进重要农产品全产业链大数据建设，加强国家数字农业农村系统建设。继续开展电子商务进农村综合示范，实施“互联网+”农产品出村进城工程。全面推进信息进村入户，依托“互联网+”推动公共服务向农村延伸
2019年5月16日	《数字乡村发展战略纲要》	中共中央、国务院	立足新时代国情农情，要将数字乡村作为数字中国建设的重要方面，加快信息化发展，整体带动和提升农业农村现代化发展；把数字乡村摆在建设数字中国的重要位置，加强统筹协调、顶层设计、总体布局、整体推进和督促落实。坚持以人民为中心，建立与乡村人口知识结构相匹配的数字乡村发展模式，着力解决农民最关心、最直接、最现实的利益问题，不断提升农民的获得感、幸福感、安全感
2020年1月2日	《中共中央　国务院关于抓好“三农”领域重点工作确保如期实现全面小康的意见》	中共中央、国务院	依托现有资源建设农业农村大数据中心，加快物联网、大数据、区块链、人工智能、第五代移动通信网络、智慧气象等现代信息技术在农业领域的应用。开展国家数字乡村试点
2020年11月3日	《中共中央关于制定国民经济和社会发展第十四个五年规划和二〇三五年远景目标的建议》	中共中央、国务院	明确提出要实施乡村建设行动。强化县城综合服务能力，把乡镇建成服务农民的区域中心。还要把乡镇建成数字乡村的中心。要把数字乡村作为重点，通过包括农村电商、数字治理在内的数字乡村建设，重构乡村“人、地、钱”，打造乡村振兴“新引擎”
2021年1月4日	《中共中央　国务院关于全面推进乡村振兴加快农业农村现代化的意见》	中共中央、国务院	实施数字乡村建设发展工程。推动农村千兆光网、第五代移动通信(5G)、移动物联网与城市同步规划建设。完善电信普遍服务补偿机制，支持农村及偏远地区信息通信基础设施建设。加快建设农业农村遥感卫星等天基设施。发展智慧农业，建立农业农村大数据体系，推动新一代信息技术与农业生产经营深度融合。完善农业气象综合监测网络，提升农业气象灾害防范能力。加强乡村公共服务、社会治理等数字化智能化建设。实施村级综合服务设施提升工程。加强村级客运站点、文化体育、公共照明等服务设施建设

续表

时间	政策文件	发布单位	主要内容
2021年11月12日	《“十四五”推进农业农村现代化规划》	国务院	实施数字乡村建设工程。加快农村光纤宽带、移动互联网、数字电视网和下一代互联网发展，支持农村及偏远地区信息通信基础设施建设。加快推动遥感卫星数据在农业农村领域中的应用。建立和推广应用农业农村大数据体系，推动物联网、大数据、人工智能、区块链等新一代信息技术与农业生产经营深度融合。建设数字田园、数字灌区和智慧农（牧、渔）场。加强乡村教育、医疗、文化数字化建设，推进城乡公共服务资源开放共享，不断缩小城乡“数字鸿沟”
2021年12月12日	《“十四五”数字经济发展规划》	国务院	统筹推动新型智慧城市和数字乡村建设，协同优化城乡公共服务。加快城市智能设施向乡村延伸覆盖，完善农村地区信息化服务供给，推进城乡要素双向自由流动，合理配置公共资源，形成以城带乡、共建共享的数字城乡融合发展格局。构建城乡常住人口动态统计发布机制，利用数字化手段助力提升城乡基本公共服务水平
2022年1月4日	《中共中央　国务院关于做好2022年全面推进乡村振兴重点工作的意见》	中共中央、国务院	大力推进数字乡村建设。推进智慧农业发展，促进信息技术与农机农艺融合应用。加强农民数字素养与技能培训。以数字技术赋能乡村公共服务，推动“互联网+政务服务”向乡村延伸覆盖。着眼解决实际问题，拓展农业农村大数据应用场景。加快推动数字乡村标准化建设，研究制定发展评价指标体系，持续开展数字乡村试点。加强农村信息基础设施建设
2023年1月2日	《中共中央　国务院关于做好2023年全面推进乡村振兴重点工作的意见》	中共中央、国务院	加快完善县乡村电子商务和快递物流配送体系。深入实施数字乡村发展行动，推动数字化应用场景研发推广。加快农业农村大数据应用，推进智慧农业发展。深入实施“数商兴农”和“互联网+”农产品出村进城工程，鼓励发展农产品电商直采、定制生产等模式，建设农副产品直播电商基地

二、部际工作协调

国家层面形成了多部委统筹推动数字乡村建设的工作局面，发布了关于数字乡村的多份文件，进一步规范了数字乡村的有序建设。数字乡村部际政策如表2-2所示。

表 2-2 数字乡村部际政策

时间	政策文件	发布单位	主要内容
2019 年 12 月 25 日	《数字农业农村发展规划（2019—2025 年）》	农业农村部、中央网信办	到 2025 年，数字农业农村建设取得重要进展，有力支撑数字乡村战略实施。农业农村数据采集体系建立健全，天空地一体化观测网络、农业农村基础数据资源体系、农业农村云平台基本建成。数字技术与农业产业体系、生产体系、经营体系加快融合，农业生产经营数字化转型取得明显进展，管理服务数字化水平明显提升，农业数字经济比重大幅提升，乡村数字治理体系日趋完善
2020 年 5 月 9 日	《2020 年数字乡村发展工作要点》	中央网信办、农业农村部、国家发展改革委、工业和信息化部	明确了 2020 年数字乡村发展工作目标：农村信息基础设施建设加快推进，基本实现行政村光纤网络和 4G 普遍覆盖，农村互联网普及率明显提升。农村数字经济快速发展，农业农村数字化转型快速推进，遥感监测、物联网、大数据等信息技术在农业生产经营管理中广泛应用。乡村信息惠民便民不断深化，乡村数字普惠金融覆盖面进一步拓展。网络扶贫行动目标任务全面完成，巩固提升脱贫成果
2020 年 7 月 18 日	《关于开展国家数字乡村试点工作的通知》	中央网信办、农业农村部、国家发展改革委、工业和信息化部、科技部、市场监管总局、国务院扶贫办	明确了工作目标，到 2021 年底，试点地区数字乡村建设取得明显成效，城乡数字鸿沟明显缩小，乡村数字经济快速发展，农业生产智能化、经营网络化水平大幅提高，依托互联网开展的农村创业创新蓬勃发展，乡村数字治理体系基本完善，乡村公共服务体系基本建立，乡村网络文化繁荣发展。通过试点地区在整体规划设计、制度机制创新、技术融合应用、发展环境营造等方面形成一批可复制、可推广的做法经验，为全面推进数字乡村发展奠定良好基础
2021 年 7 月 18 日	《数字乡村建设指南 1.0》	中央网信办、农业农村部、国家发展改革委、工业和信息化部、科技部、市场监管总局、国家乡村振兴局	提出了数字乡村建设的总体参考架构以及若干可参考的应用场景，供各地区推进数字乡村建设时借鉴使用。在推进数字乡村建设过程中，要稳步有序推进，合理设置阶段性目标任务和工作重点，杜绝搞大融资、大拆建、大开发。数字应用场景描述了农业农村生产生活各个领域与信息化深度融合的适用情景，尝试划分了省、县两级政府和相关部门的职责定位，提出了建设应用场景应具备的资源禀赋、资金、标准等基本条件，并提供了部分典型案例

续表

时间	政策文件	发布单位	主要内容
2022年1月14日	《农业农村部关于落实党中央 国务院2022年全面推进乡村振兴重点工作部署的实施意见》	农业农村部	建设智慧农业和数字乡村。发展智慧农业。建设一批数字农业农村创新中心和数字农业创新应用基地，支持水肥一体化、饲喂自动化、环境控制智能化等设施装备技术研发应用。建设国家农业农村大数据平台。健全农产品全产业链监测预警体系，推动建立统一的农产品供需信息发布制度。推进数字乡村建设。实施数字乡村建设行动，引导平台企业、物流企业、金融企业等各类主体布局乡村。健全农村信息服务体系，持续开展农民手机应用技能培训
2022年1月27日	《数字乡村发展行动计划（2022—2025年）》	中央网信办、农业农村部、国家发展改革委、工业和信息化部、科学技术部、住房和城乡建设部、商务部、市场监管总局、广电总局、国家乡村振兴局	根据该行动计划，到2023年，数字乡村发展取得阶段性进展。网络帮扶成效得到进一步巩固提升，农村互联网普及率和网络质量明显提高，农业生产信息化水平稳步提升。到2025年，数字乡村发展取得重要进展。乡村4G深化普及、5G创新应用，农业生产经营数字化转型明显加快，智慧农业建设取得初步成效，培育形成一批叫得响、质量优、特色显的农村电商产品品牌，乡村网络文化繁荣发展，乡村数字化治理体系日趋完善。该行动计划部署了数字基础设施升级行动、智慧农业创新发展行动、新业态新模式发展行动、数字治理能力提升行动、乡村网络文化振兴行动等8个方面的重点行动
2022年2月22日	《“十四五”全国农业农村信息化发展规划》	农业农村部	实施数字乡村发展战略，开展国家数字乡村试点，探索数字乡村发展模式。推动全产业链数字化，提升农产品供给质量和效率。夯实大数据基础，提升农业农村管理决策效能。建设数字乡村，缩小城乡数字鸿沟。强化科技创新，提升农业农村信息化支撑能力
2022年4月2日	《社会资本投资农业农村指引（2022年）》	农业农村部、国家乡村振兴局	鼓励社会资本参与建设数字乡村和智慧农业，推进农业遥感、物联网、5G、人工智能、区块链等应用，推动新一代信息技术与农业生产经营、质量安全管控深度融合，促进信息技术与农机农艺融合应用，提高农业生产智能化、经营网络化水平。支持参与数字乡村建设行动，引导平台企业、物流企业、金融企业等各类主体布局乡村。鼓励参与农业农村大数据建设，拓展农业农村大数据应用场景，加强农产品及农资市场监测和分析预警，为新型农业经营主体、小农户提供信息服务。鼓励参与农村地区信息基础设施建设，助力提升乡村治理、社会文化服务等信息化水平。鼓励参与“互联网+”农产品出村进城工程建设，推进优质特色农产品网络销售，促进农产品产销对接。支持数字乡村标准化建设，加强农村信用基础设施建设，推动遥感卫星数据在农业农村领域中的应用，健全农村信息服务体系。鼓励建设数字田园、数字灌区和智慧农（牧、渔）场，借力信息技术赋能乡村公共服务，推动“互联网+政务服务”向乡村延伸覆盖

续表

时间	政策文件	发布单位	主要内容
2022 年 8 月 8 日	《数字乡村标准体系建设指南》	中央网信办、农业农村部、工信部、市场监管总局	到 2025 年，初步建成数字乡村标准体系。提出数字乡村标准体系结构，构建数字乡村标准体系框架，明确数字乡村标准化建设路径。建立健全数字乡村相关信息系统共建和数据共享规则，强化跨部门、跨层级、跨行业、跨领域之间的协调联动、政策协同和信息共享，合力推进数字乡村标准体系建设
2023 年 4 月 13 日	《2023 年数字乡村发展工作要点》	中央网信办、农业农村部、国家发展改革委、工业和信息化部、国家乡村振兴局	到 2023 年底，数字乡村发展取得阶段性进展。数字技术为保障国家粮食安全和巩固拓展脱贫攻坚成果提供更加有力支撑。农村宽带接入用户数超过 1.9 亿，5G 网络基本实现乡镇级以上区域和有条件的行政村覆盖，农业生产信息化率达到 26.5%，农产品电商网络零售额突破 5800 亿元，全国具备条件的新型农业经营主体建档评级基本全覆盖。乡村治理数字化水平稳步提高，乡村数字普惠服务不断深化，农民数字素养与技能持续提升，数字乡村试点成效更加凸显

三、重点任务分解

2023 年 4 月 13 日，中央网信办、农业农村部、国家发展改革委、工业和信息化部、国家乡村振兴局联合印发《2023 年数字乡村发展工作要点》，明确了 2023 年数字乡村发展工作目标，部署了 10 个方面、26 项重点任务，具体如表 2-3 所示。

表 2-3 数字乡村重点任务

10 个方面	26 项重点任务
夯实乡村数字化发展基础	包括加快补齐乡村网络基础设施短板、持续推动农村基础设施优化升级、稳步推进涉农数据资源共享共用
强化粮食安全数字化保障	包括推动粮食全产业链数字化转型、运用数字技术保障国家粮食安全
提升网络帮扶成色成效	包括持续做好防止返贫动态监测和帮扶、不断增强脱贫地区内生发展动力
因地制宜发展智慧农业	包括加快农业全产业链数字化转型、强化农业科技和智能装备支撑
多措并举发展县域数字经济	包括推进农村电子商务提档升级、培育壮大乡村新业态新模式、深化农村数字金融普惠服务

续表

10 个方面	26 项重点任务
创新发展乡村数字文化	包括营造乡村网络文化繁荣发展环境、推动乡村文化文物资源数字化
提升乡村治理数字化水平	包括加强农村党务政务村务信息化建设、增强农村社会综合治理数字化能力、完善农村智慧应急管理体系
深化乡村数字普惠服务	包括持续推进"互联网+教育"、持续推进"互联网+医疗健康"、深化农村就业和社会保障信息服务
加快建设智慧绿色乡村	包括推动农村人居环境数字化监管、提高乡村生态保护信息化水平
保障数字乡村高质量发展	包括加强政策支持、加强人才支撑、加强标准化建设、加强统筹协调

四、政策体系作用

（一）为数字乡村建设指引方向

数字乡村作为下一阶段国家重点建设的目标，已经受到国家高度重视，并在一系列指导性文件中得到了明确的规划和指导。《数字乡村发展战略纲要》为数字乡村的发展明确了长远规划和战略方向。其提出了数字乡村建设的总体目标、重点任务及政府支持的政策措施，为各地区提供了战略指导，鼓励各部门积极参与数字乡村建设。《2023 年数字乡村发展工作要点》进一步细化了年度工作重点，为各地区的实际情况提供了更具体的指导。其明确了各方面需要采取的措施，以推动数字乡村建设的不断深化，包括数字基础设施建设、农村电商发展、数字农业技术应用等。《数字乡村发展行动计划（2022—2025 年）》将数字乡村建设的目标和措施分阶段细化，为各地的具体工作提供了时间表和路线图。其强调了数字技术在农村产业、教育、医疗等领域的应用，促进了数字乡村建设的全面发展。

（二）为数字乡村建设提供动力

在数字乡村建设的早期阶段，政府的主导作用远远超过了市场演变的因素。这是因为政府在乡村发展中扮演了决定性的角色，通过发布相关政策法规，为数字乡村发展提供了强有力的保障和引导。政府在数字乡村建设中的主导地位体现在政策制定、资金支持、基础设施建设等多个方面。乡村地区通常面临资源有限、信息不对称等问题，需要政府通过政策引导和资源投入来推动数字化进程。政府的主导作用既能够加速数字技术在农村的普及，又可以确保数字乡村建设更好地服务于农村居民的需求。政府发布相关政策法规，为数字乡村建设明确方向和目标。这些政策法规涵盖资金扶持、税收优惠、土地使用等多个方面，为数字乡村建设提供财政和政策支持，鼓励企业和农民积极投身其中。党的十八大以来，中央政府高度重视农村信息化建设。将数字乡村建设作为重要抓手，为农村现代化发展提供了强大动力。政府在数字化农村领域的投入和政策支持力度逐渐加大，这有助于提升农村地区的数字基础设施水平，推动数字技术更广泛应用。数字乡村建设成为数字中国战略和乡村振兴战略的重要结合点。数字化可以提高农村生产效率、助力农村创业创新、完善农村基础设施，从而全面推动乡村振兴。政府的政策导向将数字乡村与乡村振兴有效结合，形成了农村发展的新动力。

（三）为数字乡村建设提供保障

数字乡村建设是一项全新且极具创新性的事业，其顶层设计意义重大，关乎数字乡村发展的平衡性和可持续性。为了实现这一目标，需要建立高起点、具体化和实用性的政策体系，以此作为数字乡村建设的支撑和保障。《数字乡村发展行动计划（2022—2025年）》作为具体政策文件，在多方面提供了强有力的保障：数字乡村建设需要各级政府部门和相关利益方之间紧密协作、协同推进。该行动计划强调建立健全各级数字乡村统筹协调机制，确保各方形成合力、协同共进，从而更好地实现数字乡村的目标；政府在数字乡村建设中发挥着财政资金的引导作用，通过政策措施和经济激励，鼓励企业和农村居民投资数字化项目，以此推动数字技术的普及和应用；数字乡村建设需要具备数字技能的人才，以推动数字技术的应用和创新。该行动计划明确提出要加强人才支撑，包括培训和教育，以满足数字乡村建设的人才需求；为了确保数字乡村的可操作性和可持续性，需要建立统一的标准体系。该行动计划明确统筹推进数字乡村标准体系建设，确保各项数字化项目协同运作和互联互通。数字乡村建设涉及大量数据收集、存储和处理，数据安全至关重要。政府需采取措施保护农业农村数据的隐私和安全，防止数据泄露和滥用。数字乡村建设不仅是技术应用，而且需要广泛的社会支持和认知。该行动计划鼓励融媒体和党建信息平台强化宣传措施，提高数字乡村建设的知名度，激发更多人的参与热情。

第二节　国内外研究现状

一、数字经济系统与乡村振兴系统研究进展

（一）有关数字经济系统的研究

实业界，徐强（2021）将数字经济系统定义为以产业大脑为支撑、以数据供应链为纽带，实现资源要素高效配置和经济社会高效协同，形成全要素、全产业链、全价值链全面连接的数字经济运行系统。学术界，孟方琳等（2020）从生态系统视角，将数字经济界定为一种类似自然生态系统的存在，具备亚系统和复杂要素，结构与功能紧密相连，还涉及生产者、消费者、分解者和数字生态环境。韩亚品（2021）认为数字经济生态系统是动态开放的系统，系统内外部均处于动态变化中，技术流、资金流、人才流、物资流和数据流有序畅通流动，以保持活力。唐永等（2020）强调数字经济生态系统通过虚实交互衍生出“碎片超链接”时间观念，能够将各要素集中并聚合反应，进而实现价值链增值。戈兴成等（2023）认为数字经济产业创新生态系统是指在特定的地理区位内以数字经济产业（如通信行业、计算机基础技术行业、软件行业、互联网行业、电子商务行业等）为核心，由某个或几个产业主体与其他创新主体和产业创新环境，通过相互交换创新物质流、信息流和能量流，协同创新和合作共享，实现资源的高效配置和要素的快速流动，进而形成创新资源共享、优势互补、风险共担的相互耦合的动态平衡系统。赵玉帛等（2022）进一步从创新生态和韧性两个视角出发，识别出多样性、进化性、流动性、缓冲性、网络性等数字经济产业创

新生态系统韧性特征。王宏川等(2010)提出数字生态系统概念，强调数字经济是一个开放的、松耦合的、范畴聚合的、需求驱动的、自组织的系统，系统中的各物种为了各自的利益主动快捷地进行交互。马浩等(2021)提出数字经济生态系统战略，强调数字经济时代价值创新常是价值共创，产业概念逐渐模糊。张宝建等(2022)提出在数字平台生态系统中，创新合作呈现生态化发展趋势，创新要素多样化程度更高、价值关系包容性更强，创新范式对外部环境也更加适应。

相较于数字经济生态系统，目前学术界对数字创新生态系统的研究比较丰富，形成了较为成熟的理论体系，对研究数字乡村共生系统具有非常重要的参考价值。宁连举等(2022)提出数字创新生态系统是由核心式数字企业共生单元、卫星式数字企业共生单元和高校科研院所共生单元在一定的共生环境中，共同开展数字创新活动的生态系统，其中各主体之间的共生关系与生物种群间的交互关系相似。数字创新生态系统更强调因数字创新主体间引入数字要素，致使要素关联重组并引发系统行为逻辑变化的协同共生关系。张超等(2021)提出数字创新生态系统主体主要由数据或数字技术形成的创新主体构成，其构成要素涵盖核心式数字企业种群、卫星式数字企业种群和高校科研机构种群三个核心主体。Boudreau 等(2012)认为数字创新技术为数字创新生态系统的创新主体与子系统间实现复杂关联完善了共生环境，形成数字化创新环境。柳卸林等(2021)认为数字创新生态系统内部的创新活动并非孤立存在，对于其共生演化过程，需重点考虑创新主体之间的战略相互依赖关系。梅亮等(2014)认为数字创新生态系统是一个复杂多样、动态平衡的创新系统，内部要素主体在创新发展过程中逐渐显现出“共生”特征。Zhang 等(2017)认为数字创新生态系统内的核心式数字企业种群受到价值共创因素的驱动，以主体互换、整体多利、柔性灵活和效率协同的方式与卫星式数字企业种群形成共生关系。

（二）有关乡村振兴系统的研究

李志龙(2019)认为乡村振兴作为国家宏观战略体系，涵盖了乡村地域系统中“人”“地”“业”众多要素，是一个具有特定结构与功能的目标系统。刘彦随等(2019)认为乡村振兴实质上是乡村地域系统要素重组、空间重构、功能提升的系统性过程，是乡村地域系统的全面振兴。谢臻等(2019)提出乡村振兴包括生计资源、产业基础、区位交通、文化/生态环境、市场需求五大系统要素。杨磊等(2021)提出建设现代化农业体系、建设社会主义美丽新农村、培养新型职业农民三大系统结构。陈秧分等(2018)提出乡村振兴“二十字”方针对应特定的乡村功能，产业兴旺、生态宜居、乡风文明、治理有效、生活富裕分别对应乡村的生产功能、生态与闲暇功能、文化传承功能、社会稳定功能、主体发展功能。周怡岑等(2021)提出乡村振兴是乡村地域系统的子系统。振兴我国乡村地域系统，要注重空间可持续性、经济可持续性及社会可持续性，要从强化“中心镇”功能、重组乡村经济结构、活化传统农业、培育经济新兴业态、完善乡村治理体系、打造宜居环境入手。佘茂艳等(2021)认为科技创新和乡村振兴是两个相互作用、相互影响的系统，科技创新为乡村振兴提供必要的技术支撑，同时乡村振兴驱动着科技创新的发展，两者存在紧密联系，具有整体性、关联性、时序性等特征。刘俊杰等(2020)认为乡村振兴是一个包含“要素—结构—功能”的乡村地域系统。在我国城镇化、工业化进程中，乡村内部要素的自发变动和外部系统的调控共同驱动着乡村地域系统发生要素流动、结构转变及功能演化，对乡村发展有着显著影响。钟洋等(2023)认为乡村振兴着力建立由城乡融合体、乡村综合体、村镇有机体、居业协同体构成的乡村地域多体系统，以此实现重点建设由城乡基础网、乡村发展区、村镇有机体、乡村振兴极构成的乡村振兴多级目标体系，具有“极—场—区—网”多体结构，旨在形成不同规模、不同层次、区域差异且动态发展的分层体系。李百超等(2019)认为乡村振兴作为一个系统工程，需要各方行动者共同参与，以形成网络治理合力。建议利用网络行动的连锁效应链接行动网络，让更多的潜在行动者认同“互惠生存”或“总体生存”理念，成为显性的积极行动者，加快乡村振兴的步伐。

相较于乡村振兴地域系统，学术界对乡村系统的研究更为丰富，形成了较为全面的乡村系统理论。章文光等(2023)从创新驱动视角提出乡村创新系统概念，将乡村创新系统的基本目标表征为缔结产业创新螺旋、促成乡村创新循环和融合创新发展三个方面。陈坤秋等(2022)围绕乡村振兴，提出土地系统是实现乡村转型与振兴的重要抓手，认为土地系统优化助推乡村发展转型的研究需要在机制解析、水平评估、效应与发展模式、未来图景模拟与优化调控等研究的基础上，进一步拓展土地系统优化对城乡融合发展、区域可持续发展乃至全球治理的影响与边际贡献研究。王成等(2022)提出乡村生产空间系统是实施乡村产业振兴的空间集合体，系统各要素间的作用关系与强度直接关乎系统运行，稳定有序的系统是实现产业振兴的基础保障。盖宏伟等(2021)对乡村系统风险进行研究，认为组织抗逆力有着较强的适切性，具备全过程、全方位、网络化、协同化的整体性治理优势，研判出当前我国乡村系统风险治理面临着生态系统脆弱、生计系统萎缩、社会文化失范、互助功能式微、资源条件匮乏等问题。马晶晶等(2021)基于乡村系统内部"半工半耕"的代际分工与小农经济模式并存的局面分析认为，农民专业合作社不仅在组织上具有委托代理关系下利益分配最优化、风险共担机制下风险分散最大化、供给社会化服务促进分工深化和嵌入乡村治理带来民主化效益的优势，而且能够发挥多元主体总代理的职能，提出在乡村系统内部应建立农民专业合作社"有效主导型"的治理模式。李玉恒等(2019)从乡村弹性视角理论解析了乡村地域系统演化与乡村振兴，发现乡村弹性包含乡村系统对外界扰动冲击的抵御能力、适应能力与实现全新发展的转型能力，提出打造多功能乡村、实施乡村整治工程、培育乡村社会资本对构建弹性乡村起着重要的推动作用。程明洋等(2019)选取乡村人—地—业 3 个子系统，利用耦合协调度模型刻画了乡村内部系统耦合协调度的空间格局，并对人—地—业驱动乡村发展的内在逻辑进行了探讨，提出乡村人—地—业的协调发展可有效激活"四力"，为乡村可持续发展奠定了基础。王介勇等(2019)基于地理学综合视角，提出乡村包含社会文化、政治经济和地理空间多重属性，具有生产、生活、生态、文化等多功能，认为乡村系统具有要素分散性和发展自组织性、空间异质性和类型多样性、对区域和城市依赖性与产业发展受自然因素强限制的基本特征，构建了包含主体规划系统、制度保障系统、技术支持系统、多规协调系统和参与反馈系统的"五位一体"乡村振兴规划体系。

二、数字经济与乡村振兴关系研究进展

（一）发现数字经济能够高效率、高质量、高精度畅通乡村振兴诸多堵点

李珍刚等(2019)强调数字经济是乡村连接外部市场的桥梁，不仅为农业生产效率提高提供技术支持，而且极大地释放了农村创新活力。陈一明(2021)和邱蓉(2021)提出数字经济具有优化要素配置、降低交易成本、缓解市场信息不对称等优势，对促进农业现代化、推动农村进步和助力农民发展具有倍增效应，在减少产业和产品同构、助力产业兴旺方面表现出色。Young(2019)认为数字经济通过构建“物理世界”和“数字世界”孪生的虚拟空间，为农业生产、农村流通、社会治理、生活形态、文化观念等应用场景赋能，成为支撑乡村全面振兴的一种全新手段和工具。马文武等(2023)认为数字经济不仅可以通过提高农村存量劳动力的人力资本、吸引高质量人力资本劳动力流入、减少农业劳动力需求，摆脱乡村人才短缺困境，而且可以通过促进资产资本化、发挥数字对资本的替代节约效应及数字普惠金融的作用，促进乡村资本积累，破解乡村资本匮乏难题。马改艳等(2023)认为数字经济会通过效率提升效应、效益改善效应、结构优化效应和产业创新效应赋能乡村产业振兴。肖顺武等(2023)强调数字经济服务乡村振兴是中国式现代化的重要环节，但是当前数字经济服务乡村振兴面临着数字产业升级困难、数字专业人才匮乏、数字乡村建设缓慢、数字监管激励欠缺及数字治理规范性不足等现实问题。孟维福等(2023)认为数字经济的发展为乡村振兴提供了强大的新动能，这对加快农业农村现代化发展进程具有重要意义，科技创新、农村创业和消费升级是数字经济促进乡村振兴的重要机制。钟钰等(2023)认为数字经济具有高渗透性、外部经济性和区域同质性等特点，能够摆脱传统生产要素稀缺性限制、减轻供需之间的分离、加快生产方式变革转型和推进经济协调发展与均衡增长。田野等(2022)认为数字经济驱动城乡融合发展，推动农村进入以数字化、智能化为生产力的新阶段，这说明，数字经济形成数字赋能，通过城乡技术、资源、市场的流通，推动乡村资源优化配置，加强城乡市场有效对接，促

进乡村产业融合，推动乡村产业发展。张蕴萍等(2022)认为数字经济通过将数据要素纳入农业生产、将数字产品和服务融入农民生活、将数字化思维融入农村政务服务，助力农业产业的多元化与集约化、满足农民技能提升与精神生活的需求、实现乡村治理的数字化与智能化，为实现乡村产业振兴、生态振兴、人才振兴、文化振兴和组织振兴提供了数字化动力。完世伟等(2022)强调数字经济在乡村产业专业化、融合化、信息化、集约化、绿色化发展中发挥着关键性作用，能从效率提升、产业变革和结构优化等方面赋能乡村产业振兴。

另外，吴晓曦(2021)强调数字经济与乡村振兴耦合发展是促进乡村经济提质增效的手段，是一个动态化的创新过程，呈现高效、智慧的内融状态。赵丽芳等(2021)认为数字经济与乡村振兴耦合协调度及效应的研究，一方面集中在数字经济对乡村振兴驱动效应的实证分析上，另一方面集中在农村数字经济测度和乡村振兴测度上。张旺等(2022)认为数字经济与乡村振兴在内、外部环境下通过关键活动交叉耦合，数字经济包含数字基础设施、农业数字化和农业数字产业化，乡村振兴包含产业兴旺、生态宜居、乡风文明、治理有效、生活富裕。王资程等(2023)认为数字经济与乡村振兴耦合是乡村发展的必然趋势，测算发现我国数字经济与乡村振兴的耦合协调度呈现先上升后下降的趋势，大多数省份仍处于初级协调阶段，地区间经济发展水平存在显著的差异，进一步研究表明，经济发展水平对数字经济与乡村振兴的耦合协调度具有正向促进作用。李燕凌等(2022)认为数字乡村与乡村振兴相辅相成、相互促进，其耦合协调状态有助于释放数字红利，催生“三农”发展内生动力，加速农业农村现代化进程。唐红涛等(2022)通过构建耦合协同模型，度量农民收入消费双提升效应，系统考察数字经济与农民收入消费双提升之间的关系。研究发现，数字经济可以显著推动农民收入与消费双提升。陈国军等(2023)认为数字农业经济增强了要素的调动性，要素的流动引发全新的农业要素配置和组织分工。在产业、治理、设施等方面，数字农业经济对农业农村现代化展现出驱动性。新功能结构及其衍生的空间多样化引发了农村功能转变和布局重构，促进了乡村的功能协调发展和空间协调发展，加强了城乡地域系统在功能和空间上的有效衔接和相互支撑，加快了农业农村现代化进程。

（二）发现数据要素、数字技术和现代信息网络协同赋能于乡村振兴产生叠加效应，分别赋能于乡村振兴产生倍增效应

在数据要素方面，Goldfarb 等（2019）强调数据成为关键生产要素，能够推动产业结构升级优化，降低信息不对称程度，优化资源配置，提升社会供需匹配效率，从而带来新的价值创造。沈费伟等（2021）认为数据可对农业生产、管理、销售全过程进行赋能重塑，开发乡村经济的新产业、新业态、新模式。管辉等（2022）认为数据作为新型生产要素，在农业赋能中具有独特价值。它能促进更好地凝聚“人”，推动更大范围的产业共生，实现更精细化的农业治理与服务。具体而言，通过智慧决策实现生产的精准化，借助智慧监管实现生产的绿色化，依托智能管理实现生产的规范化，进而推动农业生产方式的现代化。Zhang 等（2023）提出在平台经济时代，数据要素与传统生产要素（技术、资本和土地）融合，可以更好地实现农业领域的产业共生和价值共生。数据作为生产要素能够提升农业数字化水平，当农业数字化水平提升后，数据还可以作为中介要素，与工业、服务业领域的资本、技术、人力等要素相结合，引入农业领域，实现农业与其他产业的共生发展。白永秀和李嘉雯等（2022）强调数据是数字经济时代的关键生产要素，能够与传统生产要素土地、劳动、技术等实现“两要素互补、多要素协同、全要素耦合”，进一步作用于农村生产、生活，助力可持续发展。王建冬等（2020）提出数字经济时代数据作为一种生产要素介入经济体系，具有可复制、可共享、无限增长、无限供给的禀赋，边际成本几乎为零的特点。它是连接创新、激活资金、培育人才、推动产业升级和经济增长的关键生产要素，成为农村一二三产业融合渗透交叉重组的“黏合剂”和乡村振兴的“催化剂”。谢康等（2022）认为农业数字化转型创新的重点在于通过数据重构农业生产要素配置效率，形成农业数字化生产运营的根本性变革。农业数字化转型需要经历数字化补课与数字化创新两个阶段，从数据支持型创新转向数据驱动型创新。钟真等（2021）认为数据是信息化时代的关键生产要素，是农业数字化转型、加快农业现代化发展的基础性资源。它通过促进农业生产方式变革和农业产出成效优化，提高了农业生产效率。

在数字技术方面，秦秋霞（2021）提出数字技术能够渗透到乡村振兴的方方面面，产生巨大的资源优化与集成作用，带来颠覆性变革与创新破

坏，实现乡村生产科学化、治理可视化、生活智能化和服务便捷化。朱秋博等(2019)认为数字技术被应用到农业领域，深刻改变了农业发展方式、提升了农业生产效率与发展质量。Song 等(2020)认为数字技术还能提高农村人力资本水平、增强农民市场对接能力、提供创业就业机会和推动农业产业转型升级。李健等(2022)提出数字技术凭借降低交易成本、提升资源利用率及减少信息不对称等优势，可切实推进乡村经济、治理、文化、生态等方面的数字化转型，为实施乡村振兴战略提供新契机。叶云等(2018)认为将数字技术日益渗透到农业农村领域，既能够增强农民信息获取能力，又可提高农业生产的智能化与数字化水平，从根本上转变农业农村的发展方式与动能，为乡村经济可持续发展带来“乘数效应”。Runzhe 等(2021)强调促进数字技术与乡村经济融合发展，利用兼具安全性与便捷性的智能支付、将营销与销售相结合的直播带货，以及供给技术契合用户需求的私人定制等手段，可推动形成共享农业、众筹农业等智能化乡村产业经营新业态。沈费伟等(2021)认为将数字化技术引入农业生产活动和乡村资源开发中，转变高耗能低产出的传统农业生产生活方式，可有效应对乡村振兴过程中的环境破坏、资源浪费等问题。吴宸梓等(2023)认为数字技术以其高通用性、高渗透性、高共享性等属性，快速渗透城乡经济社会的各方面，有助于打通城乡生产、分配、交换、消费四个环节存在的诸多堵点，畅通城乡经济循环，促进城乡融合发展。唐惠敏(2022)提出数字技术赋能乡村振兴，彰显出技术价值合理性和工具合理性的融合效应，折射出国家政权深度介入基层治理的制度导向及善治转向。在数字技术深度嵌入乡村振兴的实践中，延展出基层数字治理体系构建的各类问题场域。文丰安等(2023)提出数字技术赋能乡村高质量发展将为农业全面升级、农村全面进步、农民全面发展提供新动力。尽管数字技术与乡村高质量发展侧重点不同，但仍存在巨大的衔接空间，二者互为条件、相互促进，是一个辩证发展的过程。王盈盈等(2020)认为数字技术在多个层面影响乡村的发展。信息通信技术、数字基础设施等的城乡差异使得城乡数字鸿沟扩大，而乡村的数字化发展有利于推动城乡互联互通，缩小城乡鸿沟。在乡村与数字技术邂逅过程中，乡村日益转变为混杂空间，数字技术重构了乡村的本真特质和乡村关系网络。

在现代信息网络方面，沈费伟等(2020)和刘俊祥等(2020)强调互联网凭借便捷性和低成本特征，打破了原有的社会结构、关系结构、地缘结构。Sutherland 等(2018)则强调互联网重塑了乡村治理格局，创新和变革了农村消费模式。此外，李翔等(2020)和张勋等(2019)认为数字经济对乡村文化产业具有促进作用，同时有助于消除农村金融地域歧视。罗千峰等(2022)强调网络空间发展不断突破资源配置的地理空间限制，为农村继续工业化和乡村振兴带来新机遇。网络空间产业生态的兴起，有利于推动城乡之间资本、技术、劳动力、土地、服务等要素的重新组合，激活农村社会生产力发展潜力。杨舒然(2021)发现互联网使用能够提高农户收入水平，劳动力转移、劳动技能提升与社会资本积累是互联网使用提高农户收入的重要机制，推动互联网的普及与发展，不仅能提高农户收入，而且能为乡村振兴战略的实施提供启示。韦柳玲(2021)提出互联网金融在信息技术的帮助下，可将金融业务推广到乡村地区，为乡村创新创业人士提供金融服务，解决乡村经济资本问题，助力创新创业人士谋求个人乃至乡村地区的经济发展。祁全明(2018)鼓励互联网企业通过建造物流园区和信息服务站有效利用闲置宅基地。闲置宅基地的开发利用，既能提高宅基地使用效率，又能增加农民收入，保障乡村振兴战略中农业强、农村美、农民富目标的全面实现。章军杰(2018)强调互联网带来的信息高速流通与思维变革，对过去在信息获取上处于弱势地位的乡村产生了系列影响。王华华(2019)认为在互联网时代，信息裂变公开与守规绩效兑现是建构社会信任的充要条件。农村党组织在互联网时代，应选培具有“新能人”特性的领导班子，健全“上下级”关系协调的日常制度，增强长期执政能力，加强先进性和纯洁性建设，夯实自身的战斗堡垒作用。曾世宏等(2019)认为互联网具有强大的“连接”功能，能促进主体间信息交流，打破产业活动中的时空限制。互联网技术变革对产业结构变迁的作用凸显，使产业结构服务化进程呈现新特征。他们建议改善农村特别是中西部地区农村的信息化基础设施条件，提高互联网普及率，以促进农村服务业发展和乡村振兴战略的实施。

三、数字乡村研究进展

（一）数字乡村内涵及特征

王胜等(2021)认为数字乡村并非数字技术的简单叠加，而是农业信息化的进一步延伸。它依托数字经济的发展，以现代信息网络为重要载体，以现代信息技术为重要推动力，是对乡村经济发展进行重构的一种手段、过程和状态。白永秀等(2022)认为乡村数字化是以数字技术为外生动力激发乡村系统的内源发展活力，实现数字技术与乡村经济、治理、文化、社会、生态深度融合的乡村转型发展过程。这一过程在系统、价值与技术维度分别呈现融合性、包容性与动态性的特征。曾亿武等(2021)认为数字乡村建设是通过加强整体规划与配套措施，推动现代信息技术在农业农村经济社会发展中的综合应用，提高农村居民现代信息素养与技能，从而增强乡村内生发展动力，加速农业农村现代化进程。崔凯(2023)发现现阶段我国数字乡村建设呈现网络基础设施持续改善、数字赋能农业潜力逐步显现、多元数字化场景不断契合乡村治理需求、数字化应用与农民生活结合日益紧密等演进特征。

(二)数字乡村建设路径与机制

关于数字乡村建设路径研究，赵成伟等(2021)将数字乡村拆解为“数字+乡村”，融合虚拟的“数字世界”和现实的“物理世界”，形成乡村建设领域的“数字孪生”现象。在划分数字乡村建设为“原生数字化”和“转基因数字化”两种路径基础上，从市场、组织、技术三维的角度，阐述了数字乡村建设的机理。沈费伟等(2020)在论证“数字乡村”与“公共池塘”契合度的基础上，运用奥斯特罗姆的自主治理理论，从行为动机、制度支持、资源供给、公共参与和监督机制五个维度阐明数字乡村的实践逻辑。王铮等(2020)提出以“政府主导—农民参与—社会驱动”的模式，推动数字县域的建设。夏显力等(2019)提出围绕新发展理念、农业供给侧结构性改革、农业产业兴旺，找准“数字乡村”实现路径。王钱坤(2023)提出完善顶层设计和政策体系、推进数字技术与乡村社会耦合、夯实数字乡村建设的人才支撑、加大建设资金投入，是新时代数字乡村建设的理性路径选择。李蓉(2022)强调数字乡村建设是数字化、信息化与“三农”的有机融合，是综合性“三农”发展问题，除涉及农业外，还包含农村发展的“非农”问题，意义重大。提出了重视农业科技创新、增加农产品附加值与农民收入、加强制度建设三条路径。沈费伟等(2022)认为随着信息技术在乡村建设中的应用，数字乡村发展成为农业农村现代化的创新路径，提出需要从价值体系引导、政策制度完善、公众参与拓展、生态环境保护、保障机制设计等方面，对数字乡村建设进行优化。冯朝睿等(2021)提出构建“顶层设计—基层执行—试点反馈”的三维框架、升级基础设施“硬件”与信息服务“软件”、推进产业振兴(技术嵌入赋能数字农业与乡村新业态)、促进治理有效(以多元协同治理模式推进乡村治理现代化)四条路径，以破解数字乡村建设壁垒，为推进数字乡村建设、实现乡村全面振兴提供理论与实践探索。李波等(2023)从城乡融合与农业全要素生产率视角，探讨了数字乡村建设对城乡收入差距的影响，提出数字乡村建设能通过促进城乡融合及提高农业全要素生产率，缩小城乡收入差距，并给出加强乡村数字基础设施建设、促进城乡一体化进程、加快推进农业数字化转型、实施数字乡村发展差异化战略四条路径。

关于数字乡村建设机制研究，汤志伟等(2023)提出数字乡村的本质是乡村的数字化转型，认为数字乡村建设的内在机制在于通过将基础设施、建设主体、应用场景、发展模式、核心要素、生态环境、建设目标等要素加以“串联”，确保数字乡村建设的全过程畅通。谢文帅等(2022)强调数字乡村建设以数据要素赋能推动农村数字化生产力解放和发展，以平台化经济组织形式推动农村生产关系变革，以乡村治理数字化转型推动农村上层建筑调整，深刻改变着乡村生产生活方式，还提出数字乡村建设与全面实施乡村振兴战略有机衔接、数字乡村建设与数字中国战略有机衔接两大衔接机制。田真平等(2023)从数字乡村动态演化视角，整合乡村建设理论与数字经济驱动发展理论，提出我国数字乡村建设发展，通过数字技术在宏观层面促进资源要素优化配置，在中观层面促进数字乡村分型发展，在微观层面促进创新与效率提高。

(三)数字乡村发展现状与评价体系

北京大学新农村发展研究院通过实证评估表明，我国县域数字乡村整体处于起步发展阶段，乡村经济数字化和治理数字化是当前存在的主要短板。《中国数字乡村发展报告(2022 年)》显示，2021 年全国数字乡村发展水平达到 39.1%，这标志着全方位推进数字乡村建设取得良好开局。从区域来看，东部地区数字乡村发展水平为 42.9%、中部地区为 42.5%、西部地区为 33.6%，且高于全国平均水平的省份有 12 个，如图 2-1 所示。

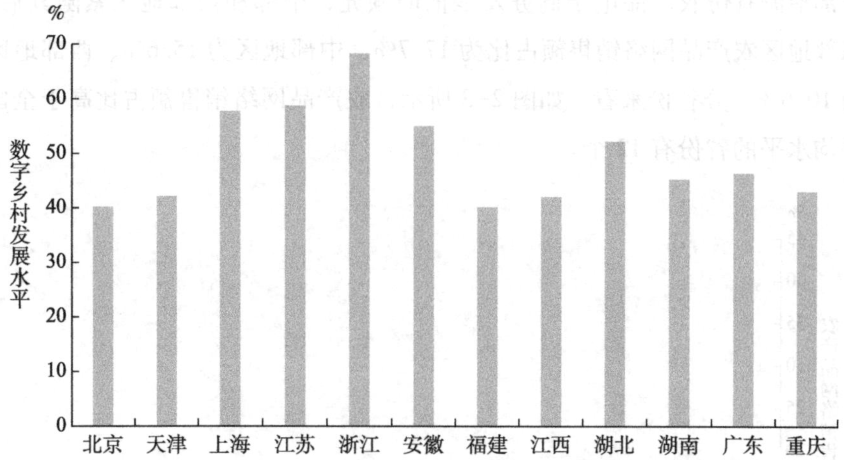

图 2-1　数字乡村发展水平高于全国平均水平的省份

资料来源：《中国数字乡村发展报告(2022 年)》。

2021 年全国农业生产信息化率为 25.4%，较上年增长了 2.9 个百分点。分区域来看，东、中、西部地区的农业生产信息化率分别为 29.2%、33.4%和 19.1%。分省份来看，如图 2-2 所示，农业生产信息化率高于全国平均水平的省份有 13 个。

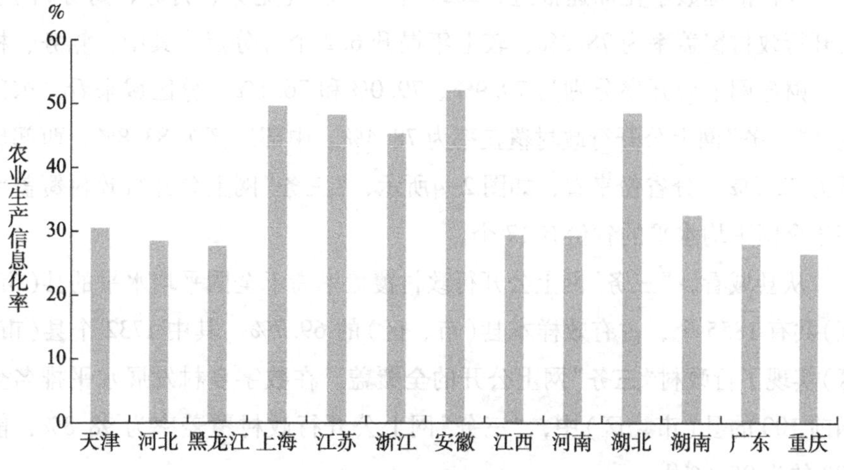

图 2-2　农业生产信息化率高于全国平均水平的省份

资料来源：《中国数字乡村发展报告(2022 年)》。

2021 年农产品网络销售额占农产品销售总额的 1.8%。分区域来看，东部沿海省份农产品电子商务发展依旧领先，中部和西部地区紧随其后，东部地区农产品网络销售额占比为17.7%、中部地区为15.6%、西部地区为10.6%。分省份来看，如图2-3所示，农产品网络销售额占比高于全国平均水平的省份有12个。

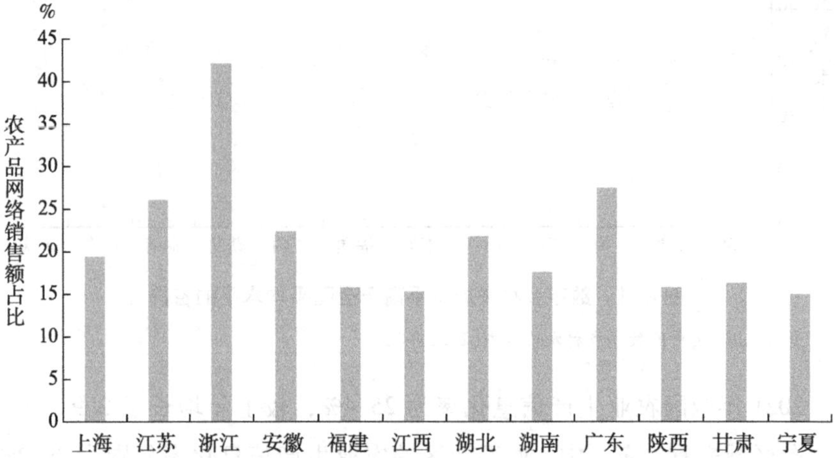

图2-3　农产品网络销售额占比高于全国平均水平的省份

资料来源：《中国数字乡村发展报告(2022年)》。

乡村治理数字化加速推进，2021年“三务”(党务、村务、财务)网上公开行政村覆盖率为78.3%，较上年提升6.2个百分点。其中，党务、村务、财务网上公开率分别为79.9%、79.0%和76.1%。分区域来看，东部地区“三务”网上公开行政村覆盖率为78.4%、中部地区为83.8%、西部地区为72.3%。分省份来看，如图2-4所示，“三务”网上公开行政村覆盖率高于全国平均水平的省份有17个。

从县域看，“三务”网上公开行政村覆盖率高于全国平均水平的县(市、区)共有1855个，占有效样本县(市、区)的69.7%。其中1732个县(市、区)实现了行政村“三务”网上公开的全覆盖。在数字乡村发展水平排名全国前100的县(市、区)中，“三务”网上公开行政村覆盖率为98.8%，前500的为95.6%①。

① 资料来源：《中国数字乡村发展报告(2022年)》。

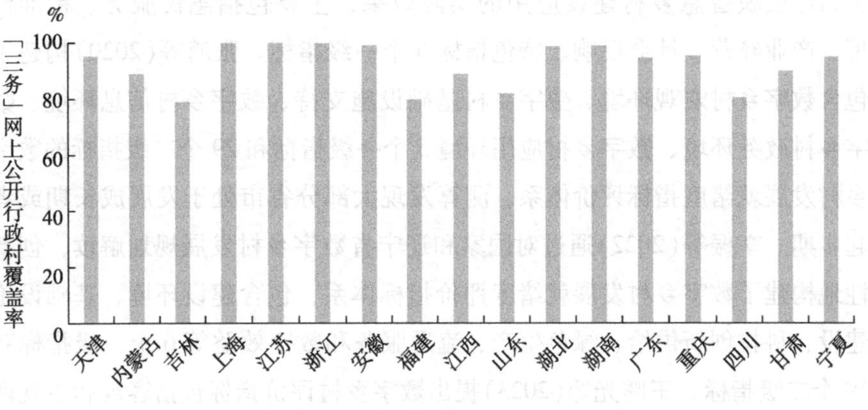

图 2-4 "三务"网上公开行政村覆盖率高于全国平均水平的省份

资料来源:《中国数字乡村发展报告(2022 年)》。

2021 年全国县域社会保险、新型农村合作医疗、劳动就业、农村土地流转、宅基地管理和涉农补贴等六类涉农政务服务事项综合在线办事率达 68.2%。分区域来看,东部地区在线办事率为 72.5%、中部地区为 71.8%、西部地区为 62.3%。分县域来看,全国已有超过 85%的县(市、区)实现了社会保险业务和新型农村合作医疗业务的在线办理;超过 70%的县(市、区)劳动就业业务也实现了在线办理。在数字乡村发展水平排名全国前 100 的县(市、区)中,政务服务在线办事率为 95.5%,前 500 的为 88.6%①。

关于数字乡村的评价体系,北京大学新农村发展研究院构建了包括乡村基础设施、乡村经济数字化、乡村治理数字化和乡村生活数字化 4 个分指数的县域数字乡村指数体系。农业农村部信息中心在总结 2019 年和 2020 年开展的全国县域数字农业农村发展水平评价工作经验的基础上,设计了一套评价体系,包括发展环境、基础支撑、生产信息化、经营信息化、乡村治理信息化和服务信息化等 6 个一级指标,以及 14 个二级指标和 20 个三级指标。此外,学术界常倩等(2019)构建了智慧乡村评价指标体系的总体框架,该指标体系包含能力类指标和成效类指标,由 9 个一级指标和 31 个二级指标构成。其中,能力类指标反映智慧乡村发展能力和潜力,主要包括信息资源、保障体系、智能设施、应用基础 4 个一级指标;成效

① 资料来源:《中国数字乡村发展报告(2022 年)》。

类指标反映智慧乡村建设应用的实际效果，主要包括惠民服务、精准治理、产业经营、社会反响、特色指标5个一级指标。张鸿等(2020)构建了包含数字乡村宏观环境、数字乡村基础设施支持、数字乡村信息环境、数字乡村政务环境、数字乡村应用环境5个一级指标和29个二级指标的数字乡村发展就绪度指标评价体系，测算发现大部分省市处于发展成长期或者起步期。李振等(2022)通过对国家和辽宁省数字乡村发展规划解读，创新性地构建了数字乡村发展就绪度评价指标体系，包含建设环境、基础设施建设、科技创新供给、绿色生产、流通服务和数字效益等6个一级指标和39个二级指标。王曙光等(2023)提出数字乡村评价指标包括客观和主观两类，客观指标包括信息基础设施、精准治理、惠民服务、生态宜居、产业发展、信息安全、创新发展7个一级指标和21个二级指标，主观指标设有村民体验1个一级指标和村民体验调查1个二级指标。马晓蕾等(2021)构建了包含发展支撑、数字基础设施、数字治理、数字民生、产业数字化等5个维度的数字乡村评价指标体系。方迎君(2020)针对乡村发展现状，构建了一套全面的数字乡村建设评价指标体系，涵盖科技农业、智慧农民、数字经济、网络政务、智慧环境、现代医疗与福利、数字基础设施7个一级指标和27个二级指标。潘锡泉(2023)从数字乡村基础设施建设、数字乡村产业数字化、数字乡村治理和数字乡村生活数字化4个维度构建数字乡村建设指数，发现数字乡村建设能通过完善数字基础设施、推进数字化治理等方式，促进农村居民生活数字化、农村产业数字化，并有效缩小城乡居民收入差距，助力共同富裕。

四、文献述评

无论是党和政府发布的文件，还是学术界的相关文献，都一致认为：数字乡村既是时代发展的必然趋势，也是数字时代乡村发展的必然归宿。党和政府文件将数字农业、数字乡村建设提升到了前所未有的高度，在顶层设计上，通过绘制宏伟蓝图以确保农业农村现代化建设的方向和进程；学术界文献对数字经济和乡村振兴提出的历史背景、面临的突出问题展开详细研究，在理论上强调数字经济对乡村振兴而言是新的驱动力，同时乡村振兴为数字经济提供广阔的应用场景和赋能空间，两者相辅相成、互为耦合、相互赋能。

然而，已有文献并未回答数字经济与乡村振兴有机耦合后而成的数字乡村是一种什么状态，也未回答数字乡村发展到更高阶段是一种什么形态，更未回答数字乡村内部构造和治理问题，这为后续研究留下可拓展空间。

本书的贡献主要有：①融合共生理论、耦合理论等多种理论，提出数字乡村共生系统理论，丰富和拓展了现有基础理论体系；②构建了数字乡村共生系统评价指标体系，完善了已有关于数字乡村评价研究；③通过构建多种群演化模型，采用数值仿真和实证分析方法，预测数字乡村共生系统未来发展趋势；④引入国际国内典型案例，提炼国际成熟案例的成功经验，分析国内县域典型案例做法，形成数字乡村共生系统成熟实践模式，供类似区域借鉴；⑤构建数字乡村共生系统现代化治理体系，确保数字乡村共生系统健康运作，界定现代化治理边界，廓清现代化治理的功能逻辑、时空逻辑和结构逻辑。

第三节　基础理论

一、共生理论

共生理论聚焦人类社会、技术和自然环境之间的相互关系，它阐述了人类、技术和环境之间的互动机制，以及如何在这些元素之间构建更加可持续与和谐的关系。共生理论在生物学、社会学、经济学、管理学等多个学科中得到了广泛的探讨和应用。共生是一种普遍存在的生物现象，是指共生单元在一定的共生环境中按某种共生模式形成的关系，共生是种群演化的机制（Margulis，1985）。共生要素包括共生单元、共生模式和共生环境。

共生单元是构成共生体或共生模式的基本能量生产和交换单位，是形成共生体的基本物质条件。在不同的共生体中和不同层次的共生分析中，共生单元的性质和特征均不同。共生单元是相对于特定分析对象而言的，在数字乡村共生系统中，研究群、应用群和开发群均构成共生单元。

共生模式描述了共生单元相互作用的方式或相互结合的形式，它既反映共生单元之间的物质信息交流关系，又反映共生单元之间的能量互换关系。共生模式多种多样，共生程度也千差万别(袁纯清，1998)。从行为方式上，共生模式包括寄生共生、竞争共生、偏共生和互利共生。从组织程度上，有点共生、间歇共生、连续共生和一体化共生等多种情形。任何完整的共生模式都是行为方式和共生程度的具体结合。共生模式随共生单元性质的变化及后述共生环境的变化而调整，寄生共生有可能演变为偏共生甚至互利共生。

共生环境是指共生模式产生发展的外部条件，即共生单元以外所有因素的总和。共生模式存在的环境往往是多样的，不同环境对共生模式的影响也是不同的。共生环境相对于共生单元和共生模式而言是外生的，且往往具有难以抗拒的特性。

二、耦合理论

耦合(Coupling)原本是物理学的一个概念，用于描述系统内部或不同系统之间各组成部分存在的相互作用或联系。这些联系可以是物理层面的、功能性的、信息传递的，或者是其他类型的相互关系。Weick(1976)率先将耦合理论引入对社会经济问题的处理，并提出松散耦合理论。耦合理论强调两个或两个以上系统之间通过相互作用而产生的彼此影响关系。耦合理论通常应用于复杂系统，这类系统由多个相互关联的部分或组件构成，这些组件可以是物理实体、子系统、个体、群体等。

具体来说，当系统之间相互依存、相互促进时，为良性耦合。在良性耦合系统中，一方的发展将有利于其他部分和整体的发展，具有正外部性。反之，若系统之间相互制约、相互摩擦，则构成恶性耦合，此时将阻碍彼此的发展进程，产生负外部性。对系统间相互作用程度的有效度量，一般采用耦合度和能够进一步反映系统整体发展情况的协调度。基于耦合理论的协调度，用于度量两个或两个以上的系统或构成系统的各个要素，在其发展变化过程中协同一致的程度，它描述的是系统由杂乱无序转变为协调有序的变化趋势。

三、赋能理论

“赋能”一词源于授权赋能(Empowerment)，由 Eylon(1998)提出，早期主要用来分散领导权利，提高员工工作效率。持有类似观点的 Kanter(2010)也认为，授权赋能是指将上级领导的部分权力下放给下级员工，使员工工作效率得以提高。部分学者针对授权赋能进行积极讨论，形成较为丰富的学术成果。例如：Spreitzer(2007)认为授权赋能有组织赋能和心理赋能两种，前者是组织层面赋能，后者是个体之间赋能；雷巧玲(2006)将授权赋能划分为结构性授权赋能、心理授权赋能和领导授权赋能三种；而 Acar O. A. 等(2016)则融合组织行为学理论，提出顾客赋能。随着顾客地位大幅度上升，Patrizia 等(2017)进一步将顾客赋能界定为通过培训或讲解等手段，赋予顾客生产、竞争和创新能力。综上所述，学者对授权赋能分类虽然不尽相同，但是他们分类思想却异曲同工，都是根据具体领域展开划分。

随着互联网、大数据时代的来临，赋能一词率先在实业界被重新提起，并融入了新思想。例如：2015 年，阿里巴巴曾鸣就明确指出，未来组织最重要的功能就是赋能；2016 年，京东正式提出零售赋能；2017 年，马化腾表示腾讯公司未来目标就是成为一家赋能型公司；2019 年，中国联通提出 5G 赋能 VR，旨在通过沉浸式体验、场景交互的新模式，实现虚拟与现实的无缝跨界①。赋能一词更容易被实业界所倡导，这是因为它呈现的是一种服务模式和价值理念，这与企业家精神和企业存在的目的高度契合。

互联网时代背景下，信息技术飞速发展，数据逐渐成为企业获取竞争优势的重要资源。数据及数据技术对各行业既成业态及形态的赋能影响开始受到广泛关注。在大数据时代，随着数据知识资源的不断扩充和新型技术工具的不断涌现，“赋能”被赋予了新的内涵(朱勤和孙元等，2019)，其核心正从“赋权”向以提升企业核心价值提升为导向的创新活动转变。

---

① 资料来源：由课题组成员收集。刘平峰，王雨婷，苏超超．大数据赋能企业知识管理创新机理与路径研究：基于华为案例[J]．科技进步与对策，2021，38(1)：122-131.

孙新波和苏钟海(2018)在研究数据赋能敏捷制造系统时，将数据赋能界定为运用场景、技能和方法实现数据价值的过程。周文辉和邓伟等(2018)将数据赋能解释为通过提升人、物、信息间的连接能力、数据分析能力(信息交换、信息处理和信息共享)和信息运用能力(用户行为感知、动态资源分配、灵活分析服务)，促进平台企业的价值共创。周文辉和杨苗等(2017)认为企业通过为赋能主体提供相应的环境基础及技术手段等，可以赋予企业、员工、用户生产、竞争和创新的能力，从而最大限度地发挥个人才智和潜能，快速感知客户需求，创造性地实现产品和服务的提升。罗仲伟等(2017)从赋能企业组织视角切入提出了赋能的概念模型，即赋能前提—过程—结果的基本逻辑。而郝金磊等(2018)在前人理论研究的基础上完成赋能和价值共创理论的对接，构建了赋能理论的简易分析框架。此外，Lenka 等(2017)将企业数据赋能能力划分为智能能力、连接能力和分析能力三个维度，并指出三者协同运作将提高企业数据获取、分析和运用能力，进而获得赋能价值。

孙新波等(2018)厘清了数据赋能、数字化赋能、大数据赋能相关概念和三者之间的关系；Lenka 等(2017)从企业视角将数据赋能分为智能能力、连接能力和分析能力三个维度，并指出三种能力协同运作将提高数据获取、数据分析和运用能力，进而使企业获得赋能价值；周文辉等(2018)认为数据赋能是资源赋能的核心，数据通过链接人—机—物，提高数据分析能力(信息交换、信息处理和信息共享)和信息运用能力(用户行为感知、动态资源分配、灵活分析服务)，促进企业价值共创。通过文献梳理发现，当前数据赋能范式研究视角较为单一、缺乏系统性分析，因此需融合最新数字创新理论拓展赋能范式。

四、利益相关者理论

利益相关者理论(Stakeholder Theory)是用于分析和理解组织与内部、外部利益相关者之间关系的一种管理理论。该理论强调，组织并非仅为了满足股东(即公司的所有者)的利益而存在，还应该考虑并平衡其他利益相关者的需求和期望。这些利益相关者可以包括员工、客户、供应商、政府、社会组织、环境、投资者等。利益相关者理论的核心观点在于，组织应当综合平衡各方利益相关者的诉求，而非仅专注于股东财富的积累。企业不应过度强调自身财务业绩，还需关注社会效益和生态效益。企业管理者应了解并尊重与组织行为和结果密切相关的个体，尽量满足其需求。

利益相关者指影响组织行为及组织目标的实现，或受组织目标实现及其过程影响的个体、群体和环境。根据这种解释宽泛的定义，任何个体、群体和环境(生态环境和营商环境)都可以称为企业利益相关者。

Sirgy(2002)将利益相关者细分为以下三类：①内部利益相关者，包括企业员工、管理人员、企业部门和董事会；②外部利益相关者，包括企业股东、供应商、债权人、本地社区和自然环境；③远端利益相关者，包括竞争对手、消费者、宣传媒体、政府机构、选民和工会等。

利益相关者理论不断完善和扩展，区分出主要利益相关者和次要利益相关者，关注限定的(狭义的)和非限定的(广义的)利益相关者战略，平衡各方利益相关者的取向，从不同利益相关者的角度评估企业绩效。

利益相关者理论强调，组织需认识并满足各类利益相关者的需求和期望，而非仅专注股东或所有者的需求。这个理论的核心观点是，组织不仅追求经济利润，而且应承担社会和环境责任，以满足各类利益相关者的权益和期望。以下是利益相关者理论的关键概念和原则：

（一）利益相关者

利益相关者指受组织决策和行动影响的个人、团体或实体，包括股东、员工、客户、供应商、政府、社会组织、环境等。

（二）利益相关者的权益

利益相关者理论认为，组织应该尊重和平衡不同利益相关者的权益，而非仅追求股东利润最大化。这意味着组织应该考虑其他利益相关者的需求，如员工的工作条件、客户的满意度、供应商的公平待遇等。

（三）利益相关者的参与

组织应积极与各类利益相关者沟通合作，了解其需求和关切，以便更好地满足这些需求。这可能包括与员工、客户和社会组织的合作，以改进组织的社会和环境绩效。

（四）长期持续性

利益相关者理论强调组织的长期持续性。通过满足各类利益相关者的需求，组织可建立更稳固的声誉、更忠诚的客户群和更可靠的供应链，从而实现长期的成功。

（五）社会责任

这一理论还强调了组织应承担社会责任，包括环境责任。组织应追求可持续经营，减少对环境的负面影响，并参与社会改进活动。

五、创新生态系统理论

创新生态系统源自生物学的一种隐喻，泛指在一定时间和空间范围内，由组织及其所处环境构成的资源循环和价值流动体系，与自然界的生态系统在运作逻辑上颇为相似。具体而言，它是一个具有共生关系的经济共同体，是一个基于长期信任关系形成的松散而又相互关联的网络，也是一个拥有完善合作创新支持体系的群落。在商业环境中，企业行为可视为物种对环境变化的响应。创新生态系统的主要参与者(大学、企业、科研院所、政府等)如同生态系统中的不同“物种”，这些“物种”之间相互交织的关系构成了多样化的“生态群落”(Adner，2006)。在数字时代，创新生态系统主要呈现动态性、多样性和无边界性三大特征。

（一）动态性

创新生态系统是一个不断变化的组织结构，它的核心价值主张会随着环境变化而不断演化。动态性和对环境需求的快速响应能力，是创新生态系统演化发展的根基。

（二）多样性

多样性体现为参与者身份的多样性和系统内创新资源的多样性。身份的多样性是指一个完整的创新生态系统不仅要包含供应商和用户，而且要包括政府、高校、第三方服务机构等，多样性的参与者保障了创新生态系统的发展潜力及多元化的发展方向。而资源的多样性则体现在价值共创过程中所需的各类资源都可以在创新生态系统中通过一定途径获得，如资金、技术、人才、信息、数据等，不同的资源在创新生态系统中有着不同的流动渠道，可以被不同的参与者使用，这种差异化的组合使系统内资源极大地丰富起来。

（三）无边界性

数字技术发展使得企业创新活动打破了时空的约束，来自不同地区的创新者可以借助创新生态系统实现即时合作，突破了传统创新对地理和产业临近性的依赖，显著提升了创新生态系统内创新者的参与度和创新活动的频率。当下很多创新生态系统都实现了全球范围内全天候的创新活动支持，让企业足不出户就能与全球创新资源和需求建立联系，并创造出相应的创新价值。

六、人地关系地域系统理论

人地关系地域系统理论是地理学和人类地理学领域的重要理论框架，用于解释和研究人类社会与自然环境之间的相互关系，尤其关注这些关系如何作用于地理区域和地域系统的演变，主要强调人类活动、社会组织和自然环境之间的相互作用，以及这些相互作用如何塑造地理空间和地域特征。人地关系地域系统是以地球表层一定地域为基础构建的，即人与地在特定的地域中相互联系、相互作用而形成的一种动态结构（吴传钧，1991）。人地关系是在一定的生产和社会关系背景下建立的。人类社会通过生产活动有意识地改变自身生存的物质条件，从而改变由自然要素和人文要素按照一定规律交织而成的地理环境。简言之，人地关系是人类社会及其活动与自然地理环境之间的交互作用，是随着人类发展演化而存在的一对基本关系。开展人地关系综合研究，需要将地理环境系统和人类社会视为一个整体，研究其间相互作用的机理、功能、结构和整体调控的途径与对策。在这方面，地理学以地域为单元研究人地关系地域系统，具有独特优势。在人地关系中，人具有主观能动性，可以主动认识、利用并改造地理环境。地是人类赖以生存的物质基础和空间载体，地理环境制约着人类社会经济活动的深度、广度和速度（吴传钧，2008）。

在快速工业化与城镇化进程中，人地系统中的传统发展要素发生变化，同时经济全球化等新因素介入，导致人—地交互作用过程、格局及其综合效应发生深刻变革。现代经济全球化、快速工业化与城镇化进程，对地球表层人地系统产生强烈影响，使地表自然、经济、社会、技术等多要素融合，物理、化学、生物与人文等多过程作用更加强烈。这形成了地球表层以人类经济社会活动为主体、以人类与其依赖的地表环境有机联系为纽带、以人地系统耦合与交互作用为动力的地表圈层—人地圈（刘彦随等，2019）。乡村地域系统是在特定乡村范围内，由自然环境、资源禀赋、区位条件、经济基础、人力资源、文化习俗等要素相互作用构成的具有一定功能和结构的开放系统（龙花楼等，2017）。它是人地关系地域系统在乡村地理学研究实践中的理论拓展，其本质上是由人文、经济、资源与环境相互联系、相互作用构成的乡村空间体系，具有一定结构、功能和区际联系。这一体系由城乡融合体、乡村综合体、村镇有机体、居业协同体等组成，构成了一个地域多体系统（刘彦随，2018）。

七、理论启示

本书主要从系统视角探索数字乡村共生系统运作机制，涉及共生理论、耦合理论、赋能理论、利益相关者理论、创新生态系统理论、人地关系地域系统理论等。共生理论提供研究视角，赋能理论提供工具，耦合理论提供研究方向，利益相关者理论和创新生态系统理论提供思路，人地关系地域系统理论提供应用场景。本书充分借鉴上述相关理论，探索性地开展中国数字乡村共生系统相关研究。结合上述理论核心思想，绘制理论启示框架图，如图 2-5 所示。

从共生理论层面来看，数字乡村共生系统内部存在许多群落和种群，种群与种群之间、群落与群落之间、种群与群落之间形成共生关系，彼此互惠互利。从耦合理论层面来看，数字乡村共生系统是由数字经济虚拟系统和乡村振兴实体系统有机耦合而成，主要揭示数字乡村共生系统生成源泉。从赋能理论层面来看，数字乡村共生系统是数字经济核心要素（数据要素、数字技术和数字基础设施）赋能乡村振兴所形成的一种状态，并且这种状态不断向高阶演化。从利益相关者理论层面来看，数字乡村共生系统涉及多元主体利益，内部存在一种竞合关系，主要体现在数字乡村共生系统多元主体协同治理上，共同维护共生系统健康高效运作。从创新生态系统理论层面来看，数字乡村共生系统是具有自然生态系统特征的一个创新生态系统，内部同样存在创新群落、开发群落和应用群落，多种群落共生协同演化。从人地关系地域系统理论层面来看，数字乡村共生系统通过折叠时空的方式打破地域空间限制，实现资源跨时空配置，尤其是乡村闲置资源能够得到最大限度的再利用和循环利用。

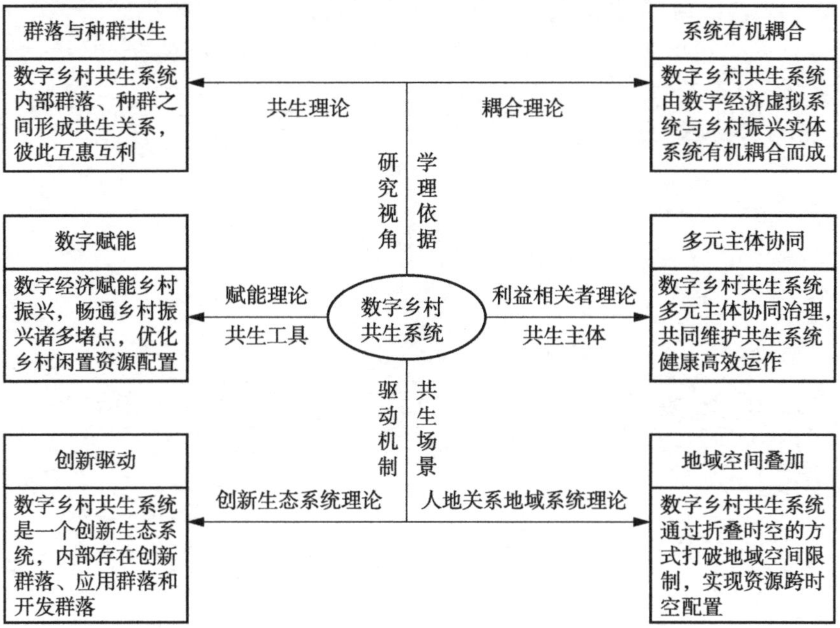

图 2-5 理论启示框架

资料来源：笔者自行绘制。

第三章

中国数字乡村建设

第一节　建设方案

数字乡村建设是一把“双刃剑”，如果数字乡村建设运行机制和模式策划科学有序，中国便有望成为数字乡村技术研发与产业化方向的重要探索者，从而把握全球市场的先机。数字乡村建设将极大推动中国相关领域的技术进步和经济发展、改善社会民生，最终提升国家综合实力。如果数字乡村建设的方向和理念出现严重偏差，实际操作中追求形式主义和急功近利，则可能造成巨大的社会资源浪费，产生极其不好的公益性导向。这不仅会导致经济结构恶化、乡村居民生态复杂化，而且会冲击经济体制和政治环境，甚至引发经济滞胀和产业泡沫，使中国陷入经济倒退的困境，乃至引发经济危机。因此，研究、探索和实施科学规划的数字乡村建设思路、建设原则、建设路径与建设策略是极其重要的，也是尤为紧迫的。积极稳妥地推进中国数字乡村建设，需要根据中国国情和各地特点，制定规范科学的建设标准和行动路线，遵循稳步推进、试点先行的原则，避免盲目跟风、一窝蜂式扎堆建设。

一、基本思路

（一）政府调控与市场调节相结合

针对数字乡村建设的现状和发展趋势，需充分发挥政府和市场“两只手”的作用，即通过政府的调控和市场的调节，实现数字乡村建设的成功。这种基本思路坚持了政府与市场的有机结合，是改革开放以来积累的宝贵经验。政府应当承担数字乡村建设中公共属性基础设施的建设任务，这包括数字网络、数据中心、电力供应等。这些基础设施是农村数字化的基石，需要政府的投资和监管。政府可以制定相关政策法规，引导数字技术的应用和发展，同时监管市场行为，确保数字乡村建设符合法规和标准要求。政府还可以充当数字服务的提供者，在教育、医疗、农业信息等领域提供数字化公共服务，确保农村居民能够充分享受数字化带来的便利。市场和企业在数字乡村建设中发挥了重要的创新和应用作用。它们可以根据市场需求，提供各种数字技术解决方案，推动农村数字化进程。市场可以吸引投资，为数字乡村建设提供资金支持。例如，农村电商平台和数字农业企业吸引了大量投资，加快了数字乡村建设的步伐。数字乡村建设也创造了创业和就业机会，吸引更多创业者和就业者投身农村数字化领域，推动经济发展。

政府和市场需密切合作、协调共进，确保数字乡村建设既能满足市场需求，又能符合政府的政策目标。政府在市场中起到监管和引导的作用，确保市场行为合法合规，同时引导市场发展方向，使其符合国家战略和政策。

（二）自然科学技术与人文社会科学相结合

数字乡村建设是一个复杂的跨学科领域，它不仅涉及自然科学、技术和经济层面，而且必须充分考虑社会心理、文化和人文发展等因素。数字乡村建设关乎农村地区人们生活方式和工作方式的变革。了解和研究农村居民的社会心理、文化价值观和习惯，对于数字化方案的设计至关重要。人文社会科学可以提供有关如何更好地适应数字技术变革的见解，从而确保数字化农村的可接受性和可持续性。数字乡村建设可能会对农村社会产生深远影响，包括就业、社会关系、教育、文化等方面。人文社会科学研究可以帮助评估这些潜在影响，并提供政策建议，以减少负面影响并最大限度地提高数字化农村的社会效益。数字化项目的成功往往依赖农村居民的积极参与和认可。人文社会科学可以帮助设计社会参与计划，了解农村居民的需求和担忧，确保项目符合他们的期望，并能够获得他们的支持。数字乡村建设需要平衡现代化和传统文化保护之间的关系。人文社会科学可以帮助制定政策和策略，保护和传承农村地区的文化遗产，确保数字化进程不会导致文化丧失或削弱。数字乡村建设引发了一系列法律和伦理问题，如数据隐私、知识产权、数字包容性等。人文社会科学可以提供法律和伦理方面的指导，确保数字乡村建设在合法和道德的框架内进行。

（三）标准化“硬件建设”与特色化“软件开发”相结合

硬件和软件在数字乡村建设中都具有关键作用，它们互为基础，共同推动数字乡村的发展。硬件包括数字乡村建设的基础设施，如遥感技术、射频设备、宽带网络、数据存储设备和处理设备。这些是数字化农村的基础，必须一次性建设到位，以确保数字技术的高效应用。要确保信息传播的全覆盖，必须打通农村地区的“最后一公里”。通过实施“村村通”工程，建设农村信息高速公路，实现农村地区全部通电、通网，改善上网条件和接入环境，确保农民能够便捷地获取信息。硬件设施的完善不仅提高了农村地区的数字化水平，而且为农村经济的现代化提供了必要条件。例如，宽带网络和数据存储设备可以促进数字农业的发展，提高农产品生产的效率和质量。

软件开发涉及创建适合农村特点的信息化平台。这些平台可以包括电商、教育、医疗、农业技术等各类网络应用，满足农民在生产、生活和文化上的需求。软件开发需要结合各地的发展水平和地方特色，针对农民的生产和生活特点，提供定制化应用。这包括农产品销售平台、在线教育课程、农业管理工具等。软件开发的目标是提供各类优质高效的信息服务，帮助农民更好地管理农业、开展农村电商、接受教育等，从而推动农村地区的经济增长和社会发展。

（四）公共信息共享与个人隐私信息保护相结合

公共信息共享在数字乡村建设中具有关键作用，但与此同时，保护个人隐私也至关重要。为了平衡公共和商业利益，需要对数据进行分类和管理。基于公共利益的数据，尤其是与农村发展相关的数据，应优先开放，以支持数字乡村建设。与商业利益相关的数据应加以限制，防止商业机构滥用。同时，需要建立监管机制，确保个人数据不被滥用。数字乡村建设中的大数据开放和共享应该采取中央集中的管理机制，确保数据共享符合国家政策和法律法规要求。建立数据共享的工作流程标准，规范数据的流通和使用，并对数据共享的结果进行系统评估，确保其真正造福农村地区。在数字乡村建设中，需要建立统一的政务数据管理体系和数据共享规则。如此一来，既能保障政府数据的质量和安全，又能提供明确的数据使用指南，满足不同部门和机构的需求。确保个人敏感数据的隐私保护至关重要。政府需要制定相关法律和法规，明确个人数据的使用和共享原则，同时设立监管机构监督和执行这些法规。此外，应推动数据加密和脱敏技术的应用，降低敏感数据泄露的风险。要明确划分数据主权，保护数据在个人和组织之间的所有权和控制权。制定与数据安全和个人隐私保护相关的法律，以应对数字乡村建设中的各类挑战和风险。加强公众对个人数据隐私的意识教育，帮助他们了解自己的权利和学会保护个人信息。同时，鼓励公众参与政府数据共享政策的制定和评估，确保公共信息共享契合社会期望和价值观。

二、建设原则

以习近平新时代中国特色社会主义思想为指导，按照实施数字中国战略、乡村振兴战略、数字乡村战略的总体部署，以产业数字化、数字产业化为发展主线，以数字技术与农业农村经济深度融合为主攻方向，以数据为关键生产要素，着力建设基础数据资源体系，加强数字生产能力建设，加快农业农村生产经营、管理服务数字化改造，强化关键技术装备创新和重大工程设施建设，推动政府信息系统和公共数据互联开放共享，全面提升农业农村生产智能化、经营网络化、管理高效化、服务便捷化水平，用数字化引领驱动农业农村现代化，为实现乡村全面振兴提供有力支撑。在正确的思想引导下，确立数字乡村建设的基本原则。

（一）统筹谋划，科学有序

将数字乡村建设置于数字中国建设的重要位置是推动乡村振兴和实现现代农村建设的关键一步。数字乡村建设应被视为现代农村建设的主要战略领域，包括农村经济的现代化、农村政治治理的创新、乡村文化的传承与发展、社会服务的提升、生态文明的建设等。数字技术的应用将为这些领域提供有力支撑，提高农村地区的整体发展质量。数字乡村建设需紧跟数字经济和信息技术的发展趋势，利用人工智能、大数据、物联网、区块链等前沿技术，为农村创造更多机遇、提供更多工具，增强农村产业的竞争力，提供高质量的农产品和服务。政府应强化对数字乡村建设的统筹协调和顶层设计，确保各部门和领域的数字化项目协同推进，避免出现冗余和浪费。统筹协调有助于形成整体性的数字乡村战略，推动各方面资源的合理配置。数字乡村建设必须遵循乡村发展规律和信息化发展规律，包括考虑农村地区的特点，根据不同地区的需求和资源，有针对性地制定数字化战略和项目，避免简单复制单一模式。数字乡村建设不应局限于农村经济发展，还应涵盖农村政治、文化、社会、生态文明和党的建设等各领域。数字技术可以改善政府治理、促进文化传承、增强社会服务，以及推动可持续生态发展。

（二）以人为本，务实推进

数字乡村建设应始终把人民的需求和利益放在首位，秉持以人民为中心的理念，注重为民、便民、惠民。数字乡村建设应推动乡村治理模式的创新。借助数字技术，可实现更加高效、透明、参与式的治理方式。需加强政府、农村居民和各利益相关者之间的沟通与互动，以更好地满足农村居民的需求。数字化技术为提供更便捷、高效的公共服务创造了机会。例如，在农村地区，可以建立数字化医疗服务平台，为农民提供远程医疗服务。数字教育也可以推动乡村教育的现代化，提高教育质量。数字乡村建设需要考虑农村人口的知识结构和技能水平。培训和教育计划应根据农村居民的需求和背景来设计，确保他们能够充分利用数字化工具，参与数字乡村建设。数字乡村建设的首要任务是解决乡村居民最关心、最直接、最现实的利益问题，包括改善农村基础设施、增加农村就业机会、拓宽农产品的销售渠道等。数字化工具可以帮助政府更好地了解和满足这些需求。数字乡村建设的最终目标是提高农村居民的获得感、幸福感和安全感。这意味着数字化工具不仅要解决物质问题，而且要在生活质量、文化娱乐等方面提升居民的满足度。通过数字化工具，可以提供更多便利、更优质的文化和社交服务，提升居民的生活品质。

（三）创新引领，应用导向

面向农业农村发展的重大需求，数字乡村建设应该坚持改革创新，深化农村改革，充分发挥网络、数据、技术和知识等新要素的作用。数字乡村建设需要聚焦农业农村发展中的“卡脖子”技术，如智能农业、农业大数据、精准农业等。政府、企业和研究机构应大力推进自主创新，加强协同攻关，推动前沿技术的研发和应用，以提高农业生产效率和质量。通过设立数字乡村建设的试点示范项目，可以验证新技术、新模式的可行性，为其他地区提供经验和参考。同时，数字技术应该在不同领域集成应用，实现农业、农村经济、农村治理等方面的协同发展。数字乡村建设需鼓励农村主体(农民、农村企业)参与数字化农业发展，提高他们的数字化素养。同时，要充分激活数字化要素，包括大数据、人工智能、物联网等，以促进农业产业链的数字化升级。另外，市场也需要激活，为数字农产品的销售提供更多渠道和机会。数字化技术可以帮助提升农业生产和经营的智能化水平。例如，智能化农机设备可以提高作业效率，农业大数据可以帮助精细管理农田，智能物流可以改善农产品的运输和销售。数字化工具还可以支持乡村治理的现代化。例如，建立数字化村庄信息系统有助于政府更好地了解村庄的情况，提高村庄的规划和管理水平。数字化工具还可以提升村民参与村庄事务的透明度和参与度。

(四)数据驱动，普惠共享

推进数字乡村建设，以资源整合和数据共享为途径，可以为农业农村发展创造新的机遇、增添新动力。将各类农业和农村数据进行融合与应用，包括气象数据、土壤数据、农产品生产数据、市场价格数据等。这些数据可以借助智能农业应用程序，用于农业决策支持、精准农业管理、疫情预测等方面，提高农业生产效率、增加农民收益。建立农业农村数据共享平台，使不同机构和农村主体能够安全、高效地分享和利用数据资源。这将推动数据互联互通、资源共建共享及业务协作协同，实现全产业链协同发展。数字乡村建设的目标之一，是建立更高层次、更优结构、更可持续的乡村现代化经济体系。这意味着要整合农村资源，包括土地、劳动力、技术和资本，以支持农村产业多元化和现代化。数字化工具和数据共享将促进新产业和新业态的涌现。例如，农村电商、智能农业、农村旅游等新兴业务有望在数字乡村建设中迅速发展，为农村地区带来新的经济增长点。通过整合大规模的农村数据，可以实现数据规模效应，提高数据分析和应用的质量和效率。这将有助于更深入地理解农村发展趋势、市场需求，以及农村居民的行为特征。乡村经济发展政策体系应该注重知识更新、技术创新和数据驱动的整合。政府应鼓励农村居民参与培训和教育，提高其数字化技能水平，同时鼓励企业和研究机构开展创新研究，推动数字技术在农村的应用。

（五）因地制宜，突出特色

中国特色的数字农业农村发展模式应当充分考虑地理区位、历史文化、资源禀赋、产业特色和信息化基础等多方面因素，因地制宜、分步推进，以乡村发展需求为导向。不同地区的自然条件和地理位置存在差异，数字乡村建设应根据这些差异采取相应的策略。例如，在水资源丰富的地区，可以重点发展水稻等水田农业；在干旱地区，则侧重于节水农业和沙漠农业技术的推广。乡村地区往往拥有丰富的历史文化传统，数字乡村建设可以充分利用这些资源，推动乡村文化的传承和发展。数字化工具也可以用于文化旅游和文化产品创新。不同地区的资源禀赋和产业特色不同，数字乡村建设应基于这些特点发展适宜的农业和农村产业。例如，在果园资源丰富地区，可以推动水果产业数字化；在畜牧业发达地区，可以注重畜牧业信息化。数字乡村建设需要建立在良好的信息化基础上。在信息技术基础较好的地区，可以更快地推进数字乡村建设，而在信息技术基础较薄弱的地区，则需要投入更多资源改善信息基础设施。数字乡村建设应采用分阶段、分区域的方式，首先在信息化条件较好或重点发展的领域先行试点。这有助于验证模式的可行性，积累经验，同时避免全面铺开可能带来的资源浪费。数字乡村建设需要有切实可行的计划和目标，避免一味追求规模和速度。应该根据当地实际情况量力而行，重点解决当地最紧迫的问题，并逐步推广成功经验。数字乡村建设应注重可持续性，包括生态可持续性和经济可持续性。数字技术的应用应该促进资源有效利用，降低农业对环境的负担，并增加农民收入。

（六）多方参与，合力共建

完善政府引导、市场主导、社会参与的协同推进机制，是数字农业农村建设成功的关键。政府可以积极鼓励和支持互联网企业和农业信息化企业发挥核心带动作用。这些企业通常具有创新能力和技术优势，可以推动数字乡村建设的快速发展。政府可以为这些企业提供政策支持，如税收激励和研发资金等。数字乡村建设应该鼓励多元主体的广泛参与，包括农民、新型农业经营主体、企业、研究机构等。形成共建格局有助于整合各方资源和智慧，实现数字化工具在农村的广泛应用。政府和市场应该紧密合作，发挥各自的优势。政府可以制定政策和法规，提供政策支持和资金投入，市场则可以根据需求进行资源配置和市场运作。两者协同合作是数字乡村建设顺利推进的关键。数字乡村建设需要不断创新建设和运营模式，以更好地满足农村居民的需求。政府可以设立创新奖励机制，鼓励各方提供新的解决方案和商业模式。政府应鼓励社会资本参与数字乡村建设的投资和运营，这有助于减轻政府财政压力，提高项目的可持续性。社会资本可以通过合作或合资方式参与项目，促进数字乡村建设的资金流动。数字乡村建设应该以提供优质服务为目标，更好地满足农村居民多样化、差异化、个性化需求。这包括提供农村金融服务、电商平台、教育资源、医疗服务等，以改善农村居民的生活品质。

（七）可管可控，确保安全

在数字乡村建设中，安全是至关重要的因素，需要坚持安全发展原则，确保数字乡村的稳健运行和保护信息资产的安全。数字乡村建设应遵循国家信息安全等级保护制度。这一制度将不同级别的信息资产划分为不同的安全等级，要求采取相应的安全措施和管理措施。这有助于根据信息的重要性和敏感性，采取适当的安全措施。强化网络和信息安全管理是确保数字乡村稳定运行的关键。这包括建立有效的监测、检测、防御和应急响应机制，对网络流量和数据进行实时监控，及时识别和应对潜在威胁。建立明确的网络和信息安全责任机制至关重要。政府、企业和其他利益相关者应明确各自责任，共同维护信息安全。同时，要制订应急响应计划，以便在发生安全事件时能够迅速采取措施。建立健全的网络和信息安全标准体系，有助于规范数字乡村建设过程中的安全措施，包括制定技术标准、数据保护政策和数据隐私法规，确保数字乡村的信息资产得到妥善保护。数字乡村建设必须严格遵守法律法规，特别是个人信息保护方面的法规。个人信息的收集、存储和处理必须符合隐私权的法律要求，同时，用户应该充分知情并同意数据的使用方式。要害信息系统和信息基础设施是数字乡村建设的核心部分，需要特别关注其安全。采取物理安全措施、网络安全措施、数据备份和恢复机制等，确保要害信息的保密性、完整性和可用性。数字乡村建设应追求安全可控，即在提供便利性和创新性的同时，确保安全风险的可控性。这需要通过采用最佳实践、技术审查和风险评估等方式实现。

三、建设路径

数字乡村建设应用场景较多，由于中国农村地区自然条件差异大、发展水平不一、优势特点各不相同，各地区应在充分把握中央有关乡村振兴总体要求的基础上，综合考虑本地实际，因地制宜、分步推进数字乡村建设，使其适配本地资源禀赋、信息化基础和经济社会发展水平，逐步探索出契合本地特色的数字乡村发展路径，为推进乡村全面振兴提供有力支撑。

（一）制定总体规划，明确建设主题

数字乡村建设的总体规划是确保该项目顺利推进并取得成功的关键步骤。数字乡村建设的总体规划应采用顶层设计方法，即从战略层面谋划数字乡村的未来发展，明确长期和短期目标，确立战略方向。这有助于确保数字乡村建设与国家发展战略相一致，避免孤立推进项目。数字乡村建设必须紧密结合乡村主体的需求，包括农民、农村企业、政府和其他利益相关者的需求。只有充分考虑他们的期望和面临的挑战，才能制定出切实可行的规划。数字乡村建设的主题应明确，可以是数字农业、数字农村旅游、数字化农村金融等，根据不同地区的特点和需求来确定。明确的主题有助于凝聚资源和力量，集中推进建设工作。数字乡村建设需要综合考虑多个体系，包括要素体系、管理体系、服务体系、技术体系、法律体系和评估体系。这些体系之间存在内在逻辑关系，需要细致分析，确保各部分协调一致。数字乡村总体规划应有针对性地制定，根据不同地区的特点和

需求进行调整。例如，在资源丰富的地区，重点可以放在数字农业技术的发展上，而在旅游资源丰富的地区，可以侧重数字化旅游建设。数字乡村总体规划必须充分考虑地方特色和文化。每个地区都有自身的历史、文化传统和产业格局，规划时应尊重并充分利用这些特色，避免同质化建设，保护和传承乡村文化。总体规划应具备一定的灵活性，以适应不断变化的环境和技术进步。规划文件可以定期进行修订和更新，以应对新的挑战和机遇。

（二）开展试点示范，确定重点工程

数字乡村建设是一项跨学科、跨领域、跨机构、跨部门的复杂系统工程，为了确保其顺利推进并取得成功，需要采取一系列有序的策略和措施。数字乡村建设必须紧密聚焦国家数字乡村发展战略，确保项目与国家发展方向一致。数字乡村战略通常包括数字农业、农村数字化金融、数字化教育和数字化农村旅游等方面的内容，规划应与这些战略保持一致。在数字乡村建设的早期阶段，应选择一批重点项目作为先建项目。这些项目通常需要大规模投资，但辐射带动性强，能够为周边地区带来明显的经济效益和社会效益，可以成为数字乡村发展的重要抓手和示范。按照“试点促普及推广、示范促深化发展”的工作思路，数字乡村建设应采取示范推广的模式。国家可以通过设立数字乡村试点项目，在这些试点地区推进整体规划设计、制度机制创新、技术融合应用等，形成一批可复制、可推广的经验做法。数字乡村建设的分级管理模式通常是“国家抓示范、地方抓试点”。国家层面提供政策支持、资金投入和技术引导，推动数字乡村试点项目开展。地方政府则负责具体试点实施和推广工作，根据地方实际情况进行适应性调整。数字乡村试点项目的目标是在短期内取得显著成效，形成系统化、高效化的推进模式。成功的经验做法应予以总结、提炼，并制定标准化操作程序，以便在其他地区复制和推广。数字乡村试点项目的成功，不仅能够提供示范效应，而且能为全面推进数字乡村发展奠定良好基础，这包括政策法规的完善、技术应用的推广和农村社区的积极参与。

（三）扩大应用范围，逐步分段推广

数字乡村建设的推进必须谨慎、有计划地根据不同地区的特点和发展

基础来进行，以确保稳健有序的发展。数字乡村建设不可急于求成，而应分阶段有序推进。由于各地区数字化基础不同，应根据地方实际情况确定发展的尺度和步骤。在初期，可以选择一些发展基础较好的地区作为试点，逐步积累经验，再逐渐扩大范围。数字乡村建设需要平衡整体与个体的关系。尽管总体规划是必要的，但也要考虑到不同地区的个体差异。因此，应允许各地区根据自身特点进行一定程度的自主决策和定制化建设。数字乡村建设也需要平衡全局与局部的关系。尽管各地区可以根据自身需要进行局部建设，但必须确保局部建设与全局战略保持一致，从而形成整体协调的数字乡村网络。数字乡村建设既要有长远规划，又要考虑眼前的需求。在推进过程中，应兼顾即时效益和长期发展，确保数字乡村建设不仅能解决当前问题，而且能为未来提供可持续性。数字乡村建设的推进需要不断积累和总结成功经验和做法。这既包括在示范试点项目中获得的经验，又涵盖来自不同地区的最佳实践。这些经验应该通过多种渠道进行宣传和推广，以启发其他地区。数字乡村建设可以采用点面结合的方式推进。首先，在一些重点示范项目中取得成功，然后以这些项目为起点，逐步扩大应用领域范围，实现从点到面的转变。数字乡村建设要充分利用各类资源，包括资金、技术、人才等。同时，要促进不同领域的融合，确保数字化农业、数字化金融、数字化教育等领域协同发展。数字乡村建设要因地制宜，根据各地的自然环境、经济状况和文化传统等因素，制订相应的建设计划。不同地区的数字乡村建设可能会有所不同，应具体问题具体分析。数字乡村建设需要有计划、有步骤地进行推广，不可急于一时，而应通过渐进的方式持续发展数字乡村，确保稳健的发展路径。

（四）建立考评机制，制定管理规范

建立健全国家和省级数字乡村示范试点工程项目的绩效评估和考核机制，是确保数字乡村建设项目按计划顺利推进的重要一环。要建立绩效评估和考核机制，首先需要明确定义评估指标。这些指标应包括数字乡村建设项目的建设进度、质量、经济效益、社会效益等各方面的考核标准。评估指标的制定应充分考虑数字乡村建设的战略目标和具体要求。为确保数字乡村建设项目有效推进，需要制定一套严格的管理规范。这些规范包括

项目立项、预算编制、工程实施、资金使用、技术应用、风险管理等各环节的管理要求。规范的制定有助于规范项目建设流程，提高项目管理的效率和质量。为确保数字乡村建设得到高层领导的关注和支持，应将数字乡村建设项目纳入各级领导的重点考核目标范畴。领导的重视将有助于项目顺利推进和问题的及时解决。建立绩效评估和考核机制后，需要实施实时跟踪监督。这可以通过数字化项目管理系统、定期汇报和项目巡查等方式实现。实时监督有助于及时发现问题并采取措施加以解决。绩效评估和考核的结果应定期发布，向社会公众和利益相关者通报数字乡村建设项目的进展情况和绩效表现。透明的信息传递有助于获得公众的信任和支持。绩效评估和考核机制应该是一个长期有效的体系，而非一次性举措。要确保长效机制的建立，需要不断修订和完善评估指标、管理规范，并根据实际情况进行调整。评估机制不仅要着眼于发现问题，而且要确保问题得到有效解决。一旦发现项目执行中的问题，相关部门应采取切实可行的措施，确保数字乡村建设项目的各项措施得到有效执行并取得实效。

四、建设策略

数字乡村建设发展是一项长期的、历史性的任务，需要各方共同参与，贡献智慧，方能卓有成效。数字乡村建设策略可整合集体智慧和努力，发挥最大效用，避免走弯路、入误区。

（一）制定数字乡村建设的标准体系

乡村振兴的目标是实现“产业兴旺、生态宜居、乡风文明、治理有效、生活富裕”，这是中国农村全面发展的总体目标。数字乡村作为乡村振兴的战略方向和建设数字中国的重要内容，具有深远的战略意义。乡村振兴不仅关注农村经济发展，而且包括政治、社会、文化和生态等全方位发展。数字乡村建设应该贯彻这一理念，旨在提升乡村政治治理水平、丰富乡村文化内涵、改善生态环境，以实现更高质量的乡村振兴。数字乡村并非单纯的农村信息化或农业信息化，而是数字时代的乡村发展形态。数字技术如大数据、人工智能、物联网等，不仅可以提升农业生产效率，而且可以改善乡村基础设施、提升农民生活水平、丰富文化生活等，从而全面推动乡村振兴。数字乡村建设需要明确长期发展目标和相应的行动方案，充分考虑数字化基础建设、农村产业升级、数字技术人才培养等方面的因素，确立长期稳定的发展路线图。实施数字乡村建设要合理分配资源，包括资金、技术和人才。资源的有效利用是数字乡村建设成功的关键因素之一。数字乡村建设不应急功近利，而应把握长远发展目标，秉持脚踏实地、稳扎稳打的态度。数字化转型需要时间，要有耐心和恒心，不断积累经验，逐步实现目标。数字乡村建设的成果是日积月累而来的，每一步进展都为未来发展奠定基础，因此要重视每一个小步骤，吸取教训并积累经验。数字乡村建设需要持之以恒的坚定决心。在数字技术和基础设施的建设中，要持续用力、坚持不懈，久久为功。

（二）以应用为导向，逐步推进信息基础设施建设

信息基础设施是数字乡村建设的关键，包括网络、硬件设备、数据中心、传感器等，为数字乡村提供了信息采集、传输、存储和分析处理的基础平台。信息基础设施是数字乡村建设的关键基础，它决定了农村信息化水平和运行效率。这些设施应覆盖乡村各领域，包括农业、教育、医疗、交通等，以实现全方位、多领域的数字化。为了有效利用资源，信息基础设施应该坚持共建共享的原则。各级政府、企业、社会组织和农民可以合作共建信息网络、数据中心等设施，以降低建设成本，提高设施的可用性。信息基础设施的互通性是非常重要的，不同设施和平台之间应该具备互联互通的能力，以确保信息的流通和共享。这需要采用开放的标准和协议，构建不同系统之间的互操作机制。数据共享是信息基础设施的核心，不同部门和机构应该共享数据，以实现信息的整合和优化利用。同时，应该重视数据安全和隐私保护，确保数据的合法合规使用。在信息基础设施建设中，应该以应用场景为导向，根据不同领域的需求进行设施规划和建设。这意味着要精准对接农村各领域实际需求，提供定制化解决方案。信息基础设施建设应该采取分层分阶段的方式进行。在满足基本需求的前提下，逐步扩展和升级设施，以适应数字乡村不同发展阶段的需求特征。信息基础设施建设不应过于保守，应适度超前布局，考虑未来的需求和发展趋势，这有助于延长设施的寿命周期，降低后续升级和改造的成本。信息

基础设施建设需要合理投资，要确保投入的资金得到充分利用。这需要综合考虑设施的性能、可维护性、升级性等因素，以确保设施的长期可持续运营。

（三）搭建共享平台，促进数字乡村跨界合作

在数字乡村建设中，确实需要大量真实且具有前瞻性的信息，以支持动态监测、科学决策和精准资源分配。数字乡村建设需要整合各类信息资源，包括农业生产数据、人口统计信息、气象数据、土地利用信息等，推动农村资源高效利用和智能化决策。信息整合能有效打破信息孤岛，提高信息价值和可用性。数字乡村共享平台是信息整合与共享的有效手段，通过该平台，不同的应用系统可以共享数据和信息，实现跨部门、跨行业的协同工作。共享平台能够促进资源共享、信息交流，提高工作效率。为了实现信息整合与共享，需要建立统一的数据标准和规范，确保不同系统之间可以顺畅地交换数据。这需要政府和行业协会的支持，以制定和推广数据交换的标准。信息共享涉及个人隐私保护，在数字乡村建设中，应该制定相关法律法规，明确个人数据的使用和保护原则，确保个人隐私不被侵犯。同时，应该采用数据脱敏和加密技术，降低个人数据泄露的风险。针对公共部门在信息共享中的利益博弈问题，需要建立合理的信息共享机制和利益分配机制，保障各方合法权益。数字乡村建设应推进数据统一存储，避免数据分散存储造成的资源浪费和信息孤岛。同时，应该采用数据融合技术，将不同来源的数据整合在一起，以提供更全面的信息支持。信息整合与共享可以避免部门和机构之间的重复建设，节省资源和资金。政府应该起到协调作用，确保数字乡村建设中的信息系统能够互相衔接，避免重复投入。信息整合与共享需要强化信息安全保障，防范数据泄露和恶意攻击，包括加强网络安全防护、制定数据安全政策、建立监管机制等。

（四）以文化为支撑，推动数字乡村健康发展

数字乡村建设确实需要新一代信息技术作为支撑，但文化建设同样不容忽视。文化不仅是乡村的灵魂所在，而且是数字乡村建设的重要组成部分。乡村文化承载着乡村的传统和特色，包括历史、风土人情、民间艺术、乡土信仰等方面，既是乡村独特魅力的源泉，也是数字乡村建设的文

化底色。数字乡村建设不应局限于技术层面的应用，还应注重数字技术与乡村文化传承的结合。借助数字技术，可以记录、传承和推广乡村传统文化，如音乐、舞蹈、戏剧、手工艺等。数字乡村建设为乡村文化创作提供新的平台和载体。通过数字化技术，可以创作数字乡村主题的文学作品、音乐、影视作品等，以数字化形式传播乡村的美丽和特色，吸引更多人了解和关注乡村。数字乡村建设还能丰富乡村文化生活。例如，通过举办数字化文艺演出、展览、庙会等文化活动，吸引游客和文化爱好者前来参与，提升乡村的文化氛围。数字技术可用于农耕文化的传承和发展。通过记录传统农耕知识和技能，制作农业教育视频，培养年青一代对农业的兴趣和技能。数字化媒体可以用于讲述数字乡村故事，通过纪录片、短片、网络直播等形式，展示数字乡村的发展历程、乡村人物故事，增进公众对数字乡村建设的了解和关注。数字技术还可用于乡村文化教育，通过在线课程和数字化图书馆，传授乡村文化知识，提升乡村居民的文化素养。

（五）发挥市场力量，保障数字乡村持续运行

数字乡村建设分为公共属性和私有属性两部分，需要政府和市场的共同参与，以促进数字乡村的健康可持续发展。

公共属性的特点和作用：公共属性主要体现在政府主导建设的公共基础设施上，如信息网络、数据中心、智能交通、农村电力、农村通信等。这些基础设施为数字乡村建设提供了支持和保障，促进了数字技术的普及和应用；政府在数字乡村治理方面发挥着重要作用，通过建立数字化政务平台、公共服务体系，提高了农村治理效率和透明度，满足了乡村居民的需求，强化了社会管理和服务效能。政府还承担着制定顶层设计、规划和标准的重要职责，引导和协调各方资源，确保数字乡村建设符合国家政策和法规，保障数字乡村的可持续发展。

私有属性的特点和作用：私有属性主要包括市场主导的数字农业、农村电子商务等领域。市场机制发挥了资源配置和竞争优化的作用，鼓励农村企业和农户积极投身数字化农业生产和销售，提高农业效益和农民收入水平；农村电子商务的兴起，为乡村开辟了更广阔的销售渠道和更多的商业机会，促进了乡村产业的发展和农产品的销售。私有企业的投资和运营

不仅为农村创造了大量就业机会，而且吸引了社会资本广泛参与数字乡村建设，包括投资、创业和提供相关服务，加速了数字乡村建设进程，丰富数字乡村的应用场景。

公私合作的优势：公共属性和私有属性的结合，使数字乡村能够更全面、更健康地发展。政府的投资和政策支持为数字乡村提供了必要的基础和保障，市场机制和社会资本则为数字乡村注入了活力和创新元素。这种分工协作模式充分发挥了政府和市场的各自优势，政府在公共领域提供必要的公共产品和服务，市场根据需求提供多样化的私有产品和服务，实现了资源的合理配置。政府的引导作用有效避免了不切实际的举债式发展，确保了数字乡村建设的可持续性；而市场机制则激发了企业和个人参与的热情，推动了数字乡村建设不断创新和发展。

（六）做好顶层设计，确保数字乡村协同共进

数字乡村建设是一项庞大的工程，具有系统性、协同性、关联性和整体性，需要统筹协调各方因素和资源。数字乡村建设需秉持系统思维，考虑各方面的因素，包括农村生产、生活、生态环境、文化传承等，建立综合性规划框架，将各领域发展纳入统一布局，确保数字乡村建设的协调性和一致性。数字乡村建设不仅涉及数字技术的应用，而且需要考虑农村产业升级、乡村居民点布局、生态环境整治等方面。因此，各部门和领域之间需要密切协作，形成协同发展合力，共同推动数字乡村的全面发展。数字乡村建设应该根据各地的特点和需求，实施错位发展策略。鉴于不同地区资源禀赋、发展基础各异，建设应因地制宜、精准施策，充分挖掘并发挥各地独特优势，实现差异化、特色化发展。各领域数字化建设可相互支撑，协同共进。例如，数字农业与数字乡村治理的深度融合，既能提高生产效率，又能提升村庄管理水平，实现互惠互利。数字乡村建设应追求各领域一体化发展，形成一个有机整体。这需要建立信息共享和协同工作机制，确保各方面紧密衔接、高效运转，实现整体发展目标。数字乡村建设的统筹协调还需要考虑可持续发展的因素，包括土地利用、生态环境保护、资源管理等方面的问题，必须在数字乡村建设中予以综合考虑，以确保未来的可持续发展。

第二节　建设历程

虽然数字乡村概念由《数字乡村发展战略纲要》正式提出，但中国农业农村信息化自改革开放之初就开始探索，迄今已历经了起步期、成长期和成熟期，未来将进入全面发展的历史时期。

一、起步期（1990—2000年）

1990年以前为数字乡村发展思想的萌芽期，这一时期，计算机初步应用于农业科学计算。1979年，中国引进了第一台用于农业科学计算、数字规划模型和统计分析的大型计算机。1983—1990年，中国科学院合肥智能机械研究所、江西省农业科学院等科研院所陆续研制了“砂姜黑土小麦施肥专家系统”“农业专家系统”“水稻模拟模型RICE MOD”及“棉花生产管理模拟系统”，率先利用计算机解决了农业领域数字计算规划问题。1987年，农业部成立信息中心，标志着计算机技术正式应用于农业生产。

1990—2000年为数字乡村发展的起步期。在此期间，政府部门重视农村信息化发展，陆续建成大型农业信息网络，农业信息化应用得到系统推广。1992年，农业部出台《农村经济信息体系建设方案》，首次提出对信息体系建设和信息服务工作进行统筹协调与规划指导。1993年，农业部成立农村经济信息体系领导小组，负责信息体系建设和信息服务工作。1994年农业部成立市场与信息化司，主管农业信息工作。同年，国家启动“金农工程”，提出建立农业综合管理和服务信息系统发展目标，该工程是中国乡村迈向信息化时代的重要标志。1995年，《农村经济信息体系建设“九五”计划和2010年规划》出台，大力推进农业信息工作。1996年，中国农业信息网建成，在全国范围内配备计算机，实现用计算机处理大规模统计数据。1997年，“中国农业科技信息网”正式上线运行，同时科技部启动“国家智能化农业信息技术应用示范工程”重大专项，在22个省市建立示范区，推广应用系统。1999年，科技部发布《国家“863”计划智能化农业信息技术应用示范工程实施办法》，大力推动信息技术与传统农业的有机融合。

二、成长期（2001—2019年）

成长期，政府强化对农业信息服务建设的指导，完善信息化基础设施，启动实施农村信息化工程项目。2001—2007年，农业部先后出台《"十五"农村市场信息服务行动计划》《农业部关于进一步加强农业信息化建设的意见》《"十一五"时期全国农业信息体系建设规划》及《全国农业和农村信息化建设总体框架（2007—2015）》等文件，对乡村数字化发展作出规划与部署。2003年，农业部启动"金农工程"，加快推进乡村数字化进程。国家农业数据中心已经完成建设任务，农业监测预测系统、农产品监管信息系统投入使用。2004年，国家启动农村通信"村村通"工程，加快完善农村信息化基础设施建设。2005年，农业部启动"三电合一"农业信息服务项目，利用多种信息传输载体为农民提供各类信息服务。2007年，中央一号文件《中共中央　国务院关于积极发展现代农业扎实推进社会主义新农村建设的若干意见》强调，要健全农业信息收集和发布制度，推动农业信息数据收集整理规范化、标准化。加强信息服务平台建设，深入实施"金农工程"，建立国家、省（自治区、直辖市）、市、县四级农业信息网络互联中心。2008年，中央一号文件《中共中央　国务院关于切实加强农业基础建设进一步促进农业发展农民增收的若干意见》强调，按照求实效、重服务、广覆盖、多模式的要求，整合资源，共建平台，健全农村信息服务体系。2012年，党的十八大作出"促进工业化、信息化、城镇化、农业现代化同步发展"的战略部署，对农业信息化发展提出新要求。2017年，党的十九大首次提出乡村振兴战略，数字乡村概念应运而生。2018年中央一号文件将"数字乡村"升级为国家发展战略，提出"做好整体规划设计，加快农村地区宽带网络和第四代移动通信网络覆盖步伐，开发适应'三农'特点的信息技术、产品、应用和服务，推动远程医疗、远程教育等应用普及，弥合城乡数字鸿沟"。自此，数字乡村建设进入快车道，乡村的数字化发展日益受到国家的重视和关注。

国家的大力支持为乡村信息化发展奠定了重要基础，成为乡村数字化发展最重要的推动力量。信息技术的引入不仅助力了农业转型发展，也丰富了人们的日常生活，其中最典型的变化就是数字电视在农村家庭的普及。2003 年，全国 13 个城市率先开展有线数字电视的商业运营实验，数字化电视开始进入寻常百姓家。为加快数字电视在农村的普及，各省市地方政府出台相关政策，对安装数字电视的农户给予资金支持，极大调动了农民接受数字电视的积极性。相对于节目数量单一、播放时间有限的黑白电视，数字化彩色电视在视频清晰度、资源丰富度、个人体验度等方面都有大幅提升。丰富的电视节目不仅为农民的日常生活增添了许多乐趣，而且让他们更了解外部世界的动态。数字电视的普及在很大程度上促进了普通民众尤其是乡村地区农民与快速变迁的外部世界更好地融合，数字电视成为沟通乡村与城市、国内与国外的重要桥梁与纽带。

三、成熟期（2020 年以来）

2019 年的中央一号文件再次聚焦乡村数字化发展，强调要“加强国家数字农业农村系统建设”，并相继出台了《数字乡村发展战略纲要》和《数字农业农村发展规划(2019—2025 年)》，对乡村数字化发展进行整体谋划和重点推进，为数字乡村建设指明了方向。2020 年的中央一号文件《中共中央　国务院关于抓好“三农”领域重点工作确保如期实现全面小康的意见》提出，要“依托现有资源建设农业农村大数据中心”，加快现代信息技术在农业领域的应用，开展国家数字乡村试点。2021 年的中央一号文件《关于全面推进乡村振兴加快农业农村现代化的实施意见》强调，要“实施数字乡村建设发展工程”，“加强乡村公共服务、社会治理等数字化智能化建设”。2022 年的中央一号文件《中共中央　国务院关于做好 2022 年全面推进乡村振兴重点工作的意见》进一步强调“大力推进数字乡村建设”，在“智慧农业发展”“农民数字素养与技能培训”“乡村‘互联网+政务服务’”“数字乡村标准化建设”等方面持续发力。

需要清楚地认识到，数字乡村建设发展是一项长期的、系统的战略性任务，根据《数字乡村发展战略纲要》，将成熟期划分为四个阶段：

第一阶段，2020 年，数字乡村建设取得初步进展。农村互联网普及率明显提升，农村数字经济快速发展，“互联网+政务服务”加快向乡村延伸，网络扶贫行动向纵深推进，信息化在美丽宜居乡村建设中的作用更加显著。

第二阶段，到 2025 年，数字乡村建设取得重要进展，城乡“数字鸿沟”明显缩小。4G在乡村进一步深化普及，5G创新应用逐步推广。农村流通服务更加便捷，乡村网络文化繁荣发展，乡村数字治理体系日趋完善。其中，根据中央网信办、农业农村部等10部门联合印发的《数字乡村发展行动计划(2022—2025年)》，到2023年，数字乡村发展要取得阶段性进展。具体而言，网络帮扶成效得到进一步巩固提升，农村互联网普及率和网络质量明显提高，农业生产信息化水平稳步提升，“互联网+政务服务”进一步向基层延伸，乡村公共服务水平持续提高，乡村治理效能有效提升。

第三阶段，到2035年，数字乡村建设取得长足进展。城乡“数字鸿沟”大幅缩小，农民数字化素养明显提升。农业农村现代化基本实现、城乡基本公共服务均等化基本实现、乡村治理体系和治理能力现代化基本实现、生态宜居的美丽乡村基本实现。

第四阶段，到21世纪中叶，全面建成数字乡村，助力乡村全面振兴，全面实现农业强、农村美、农民富。

第三节 建设现状

一、现实定位

(一)数字乡村是乡村振兴的新引擎

乡村振兴战略是应对当今社会经济发展时代趋势的重要举措，旨在通过政策支持和市场引导，将现代元素融入农业和农村领域，以实现乡村产业振兴、人才振兴、文化振兴、生态振兴、组织振兴，从而推动农村发生历史性变革。数字乡村作为乡村振兴战略的一部分，具有以下特点和意义：

数字乡村建设的核心在于充分利用新一代信息技术，重塑农村生产力。这包括培养农村劳动者的数字化知识和技能，采用数字化生产工具和技术，提高农村劳动对象的数字化应用水平。数字化生产力的提升可以极大地改善农村生产效率和品质，推动农村产业的现代化发展。

数字乡村建设不仅涉及农业现代化，而且包括数字化农村治理、数字化文化传承、数字化生态保护等方面。这种综合发展有助于实现乡村振兴的全面目标，不仅使乡村经济蓬勃发展，而且在文化、生态等领域取得成就。

数字乡村建设能激活农村的内生动力，推动农村发展更具活力。借助数字化技术的应用，农村居民可以更好地融入现代社会和市场经济，增强创业和发展能力。同时，数字乡村也吸引了更多的资源和资本流入农村，推动了乡村产业升级和多元化发展。

数字乡村充当了乡村振兴的数字引擎，为农村提供新的发展机遇，使农村成为数字经济时代的受益者。数字化带来的信息化、智能化和数据化加速了农村发展，为乡村振兴提供强大推动力。

数字乡村建设有助于农村可持续发展。通过数字技术的应用，农村资源得以更加合理地配置和管理，生态环境得以更好地保护，社会文化得以更好地传承，这有助于实现乡村振兴的长期可持续发展目标。

（二）数字乡村是农业强国的新路径

农业强国建设对于中国建成现代化强国、实现社会主义现代化目标具有至关重要的战略地位。习近平总书记明确指出，“强国必先强农”，这意味着农业的强大是国家强大的基石。为了建设农业强国，需要充分利用科技和改革双轮驱动，强化农业供给、升级科技装备、创新经营体系、增强产业韧性、提升竞争力。数字乡村对农业强国建设的重要价值体现在以下方面：

数字乡村借助新一代信息技术应用，优化农业生产过程，在精准农业管理、智能化农业生产、数字化农业决策等方面取得进步。这将有效提高农业生产力水平，增加粮食和农产品产量，满足国内和国际市场需求。

数字乡村有助于优化农业生产关系，推动农村经济结构升级。通过数字化技术，农村产业链各环节可以更好地连接，提高资源配置效率，促进农村企业和农民合作社发展，推动农村一二三产业协同发展。

数字乡村为农业强国建设提供了数字化发展所需的要素环境，包括技术、制度、人才和市场。数字技术的应用需要专业人才，数字农业的发展需要相关政策和制度支持，数字农业产业链发展也需要市场推动。数字乡村为这些要素的提供和整合提供了机会。

全球范围内，许多发达国家已经在数字化农业领域取得了显著进展。中国作为世界上最大的农业国之一，必须积极应对国际竞争，加强数字技术在农业中的应用，提高农业产业竞争力，确保国内市场供应和国际市场竞争地位。

数字乡村通过解决信息不对称问题，促进信息的共享与流通，激发数据的生产力潜能。这有助于提升全要素生产率，包括劳动生产率、资本生产率等，从而推动农业产业现代化和可持续发展。

（三）数字乡村是乡村振兴的新阶段

当前，新一代信息技术的普及和乡村电子商务的兴起，已为乡村振兴带来丰富的数字化发展机遇，这一趋势在农村经济社会的各方面日益凸显：

智能手机等个人智能数据终端设备在农村地区广泛普及，这些设备为农村居民提供了更多的数字化服务和信息获取途径。居民可借助智能手机获取农业信息、天气预报、市场行情等，提高了信息获取效率，有助于更好地决策和规划农业生产。

乡村电子商务发展迅猛，很多农村地区已经建成了以本地特色产业资源为依托的电商村镇。这些村镇通过互联网平台推广本地特色产品，吸引了更多的消费者，拓宽了农产品的销售渠道，促进了农村经济的增长。

随着网络化和信息化的发展，农村居民越发重视虚拟网络表达和交流。他们可以通过社交媒体、短视频、直播等平台展示乡村美景、特色文化、农产品等，借助互联网技术跨越地域限制，实现线上互动和线上销售，推广乡村形象和产品。

农村居民的信息技能和数字素养不断提高，他们能更从容地适应数字化生活和工作方式。这为数字乡村建设提供了更广阔的社会基础，有利于数字技术的更广泛应用。

数字经济理念、技术和模式已成为乡村振兴的重要组成部分。通过数字化，农村地区能够实现农业生产智能化、提高产业链上下游的信息协同，推动乡村治理现代化、优化资源配置，促进农村全要素生产率提升，实现乡村振兴的数字化升级。

（四）数字乡村是乡村振兴的新形态

按照现实和未来的发展趋势，数字乡村将在多个层面展现丰富的发展形态和未来愿景：

数字乡村的目标是实现乡村的生产方式、生活方式、消费方式、产业形态、治理形态、文化形态等全面数字化。这包括数字农业、数字乡村治理、数字乡村生活、数字化农产品销售、数字化文化传承等方面的数字化发展。

数字乡村将推动政府乡村决策科学化。借助数据分析、人工智能等技术，政府能更精准地把握乡村问题、需求和发展趋势，制定更科学的政策和发展规划。

数字乡村的治理将更加精准。政府能更好地了解乡村社会状况，实施有针对性的社会治理，解决乡村面临的各种问题。

数字乡村将通过数字化技术提供高效的公共服务。教育、医疗、文化、交通等各领域的服务将更加便捷和高效。

数字乡村将实现农业生产经营的智能化。农民能更好地管理农田、农作物、养殖业务，提高农业生产效率和质量。

数字乡村将注重生态保护和可持续发展，推动农村生态环境改善，鼓励绿色农业和生态旅游等发展模式。

数字乡村将提供更便捷的生活服务，包括在线购物、在线支付、远程医疗、在线教育等，改善村民生活品质。

在微观层面，数字乡村将催生一系列高能级的数字化理念、主体和模式。政府的数字化转型将带来更高效的公共服务，农业产业智能化将提升产量和质量，全产业链数字化将实现产业链全面协同，以数据为核心的农村经济将催生更多新型业态。

二、建设成效

（一）全国数字乡村发展呈现良好开局

农业农村部信息中心发布的《中国数字乡村发展报告（2022年）》显示，

2021年数字乡村取得了显著的发展成就，各地区数字乡村发展水平差异明显。2021年全国数字乡村发展水平达39.1%①，这表明数字技术在中国农村的应用和推广正在逐步提速，数字乡村建设已在全国范围内取得了一定的进展。数字乡村发展水平在不同地区存在明显差异。东部地区的数字乡村发展水平最高，达42.9%，这与东部地区经济发达、信息化程度高有关。中部地区的数字乡村发展水平为42.5%，也呈现较高的水平。而西部地区的数字乡村发展水平相对较低，为33.6%，这或许受到西部地区基础设施和信息化发展相对滞后的制约。有12个省份的数字乡村发展水平高于全国平均水平。浙江省表现出色，数字乡村发展水平达68.3%，居全国领先地位，这可能与浙江省在信息技术和数字经济领域的积极推广与应用有关。江苏、上海、安徽和湖北分别以58.7%、57.7%、55%和52.2%的发展水平位列第二至第五②，这些省份在数字乡村建设方面都取得了显著的进展。尽管有多个省份在数字乡村建设方面取得了显著成就，但数字乡村的发展差距仍然存在，尤其是东部和西部地区之间。这表明在数字乡村建设过程中，仍需关注西部地区的发展需求，加大政策支持和资源投入，以缩小地区之间的数字鸿沟。各地数字乡村发展水平的差异，也反映了地方政府的政策引导和支持力度方面的不同。在数字乡村建设中，政府的政策支持和引导至关重要，有利于促进数字技术在农村的广泛应用和推广。

（二）农业农村信息化基础设施明显改善

根据工信部发布的《2021年通信业统计公报解读》，截至2021年底，中国的通信基础设施发展成就斐然，尤其在5G网络建设和宽带网络覆盖方面成果突出。截至2021年底，中国已经建成并开通了142.5万个5G基站，成为全球规模最大的5G网络。这一庞大的基础设施网络，实现了对全国所有地级市城区、超98%的县城城区及80%的乡镇区的覆盖③。此外，中国正逐步将5G网络向有条件、有需求的农村地区延伸，为农村地区的数字化发展提供了强有力的支持。中国继续推进电信普及服务，将宽带网络逐步覆盖农村人口聚居区、生产作业区、交通要道沿线等重点区域。在

①② 《中国数字乡村发展报告（2022年）》。

③ 《2021年通信业统计公报解读》。

此推动下，农村偏远地区的网络覆盖水平不断提升，农村宽带用户规模持续扩大。截至2022年底，全国农村宽带用户总数达1.76亿户，全年净增1862万户，同比增长11.8%，增速较城市宽带用户高2.5个百分点。这反映出中国政府在推进数字乡村建设方面付出的努力。根据中国互联网络信息中心发布的数据，截至2022年12月，中国的网民规模达10.67亿，互联网普及率为75.6%。其中，农村网民规模为3.08亿，占网民整体的28.87%。农村地区的互联网普及率超过了61.9%，反映出农村地区互联网使用呈现迅速增长态势。实现“县县通5G”意味着中国农村地区正逐步跨越数字鸿沟，农村居民得以更广泛地享受互联网带来的便利和机会。

（三）农业生产数字化改造升级快速推进

农业生产的数字化转型是数字乡村发展的重要组成部分，它包括大田种植数字化、设施栽培数字化和畜禽养殖数字化。这一数字化转型在革新农村生产方式、提高农村经济效益、推动农村振兴方面，具有关键性的战略意义。农业生产的数字化转型是数字乡村建设的关键环节，涉及种植业和养殖业两大方面。数字化转型不仅包括技术硬件的升级，而且对农民的数字素养和技能提升提出要求，同时需要相关政策和管理制度的支持。要解决“谁来种地，怎么种地”的问题，需要在技术、管理、培训等方面取得突破，以实现农业生产的现代化和智能化。根据《中国数字乡村发展报告（2022年）》的数据，近年来，我国农业生产的数字化改造升级取得了显著进展。2021年，全国农业生产信息化率达25.4%，较2020年增长了2.9个百分点。这意味着越来越多的农业生产过程实现了数字化监测和管理，为提高农业生产效益、降低生产成本提供了有力支持。数字化改造的推进在不同地区存在一定差异。东部地区的农业生产信息化率为29.2%、中部地区为33.4%、西部地区为19.1%。这反映了不同地区的经济发展水平和数字化基础设施建设情况不同，需要更多的政策支持来缩小这些差距。分省份来看，有13个省份的农业生产信息化率高于全国平均水平。安徽以52.1%的农业生产信息化率位居全国第一，上海和湖北分别以49.6%和48.5%的农业生产信息化率位列第二和第三。这些地区在数字化农业生产方面取得了显著的进展，为其他地区提供了有益的经验和示范。数字化改造在不同农业行业之间也存在一定差异。畜禽养殖信息化水平最高，达34%，在四个行业中持续领先。设施栽培、大田种植和水产养殖的信息化水平分别为25.3%、21.8%和16.6%。不同行业的数字化改造程度不同，需要有针对性地提供政策和技术支持①。

（四）农村电商蓬勃发展助力农业数字化

电子商务在当前的农产品销售中扮演了关键角色，成为农村数字经济发展的“领头羊”和突破口。它不仅增强了农产品供应链的稳定性，而且推动了农民收入的较快增长，特别是在脱贫攻坚和新冠疫情防控期间，发挥了独特作用。电子商务已成为现代农村经济的重要一环。它借助在线销售渠道，将农产品推向了更广阔的市场，打破了地理距离的限制，提高了农产品的可见性和销售率。农民通过电子商务平台能便捷地销售产品，获取更多的信息和市场机会。电子商务是数字乡村建设的重要推动力之一。它不仅改变了农村的产销方式，而且提供了数字技术支持，如物联网和大数据分析，帮助农民更好地管理生产和销售。这有助于实现数字乡村的目标，包括提高农村产业竞争力和居民生活水平。

根据商务部《中国电子商务报告（2022）》的数据，我国电子商务交易额持续快速增长。2022年，全国电子商务交易额达43.83万亿元，同比增长3.5%。网上零售额达13.79万亿元，同比增长4.0%。农村电商成为工业品下乡和农产品进城的重要渠道，农村网络零售额达2.17万亿元，同比增长3.6%。在电子商务的推动下，农产品网络零售额也保持了良好的增长态势。全国农产品网络零售额达5313.8亿元，同比增长9.2%，增速较2021年提升了6.4个百分点。休闲食品、粮油和滋补食品销售额位列前三，占比分别为17.29%、15.73%和11.92%。其中，滋补食品、奶类、粮油、肉禽蛋和调味品等品类同比增速超过了10.0%②。

（五）基层乡村治理数字化水平快速提升

农村基层党务、村务、财务“三务”公开是维护和保障农村居民知情权、参与权、表达权、监督权的关键措施，数字技术的广泛应用为这一过

---

① 《中国数字乡村发展报告（2022年）》。

② 《中国电子商务报告（2022）》。

程提供了便利、高效的渠道。数字技术的广泛应用使农村“三务”公开更加透明和高效。借助数字平台，政府和村务机构可以将信息以更直观、更易理解的方式呈现给农民居民，提高了公开质量和信息传达的效用。数字技术还支持在线互动和反馈，方便农村居民表达意见和提出建议。根据《中国数字乡村发展报告(2022 年)》的数据，2021 年应用信息技术实现行政村“三务”综合公开的水平达 78.3%，较 2020 年的 72.1%提升了 6.2 个百分点。这表明数字技术的广泛应用有助于加快农村“三务”公开的进程，让更多的农民能及时获取相关信息。在各级党委推动下，“雪亮工程”积极实施，行政村覆盖率快速提升，农村居民的安全感显著增强。2021 年全国“雪亮工程”行政村覆盖率达 80.4%，较 2020 年提升了 3.4 个百分点。这一数字化安全监控系统有助于提高农村社区的治安和安全水平，让农民更有安全感。各地政府积极推进政府服务改革，利用数字化手段提高政务服务效率。农村居民可以通过数字渠道获取社会保险、医疗、婚育登记、劳动就业、社会救助等民生保障信息，节省了跑腿的时间和精力。2021 年，全国县域涉农政务服务在线办事率达 68.2%，相较于 2020 年的 66.4%提升了 1.8 个百分点。东部地区、中部地区和西部地区都取得了一定的进展，其中东部地区表现最为突出①。

三、建设短板

(一) 数字乡村发展不平衡不充分

从数字乡村的地区发展总体水平来看，东、中、西部地区确实存在差异，数字乡村发展格局难以在短时间内彻底改变。东部沿海省份，如浙江、江苏、上海等，在数字乡村发展方面一直处于领先地位。这些地区在信息基础设施建设、农业数字化改造、农村电商发展及乡村数字治理等方面投入较多，且社会资本支持力度较大，这使得它们的数字乡村发展水平远高于西部省份。尽管东部省份整体数字乡村发展水平较高，但其内部也存在发展不平衡现象。有些地区相对落后，特别是一些偏远农村地区，数字化发展水平较低。因此，东部省份内部也需要进一步加强区域协调发

① 《中国数字乡村发展报告(2022 年)》。

展，确保全省范围内的数字乡村建设均衡推进。中西部地区在数字乡村建设方面面临更大的挑战。虽然一些省份在加大投入力度，推动数字乡村建设，但仍存在基础设施滞后、农业现代化水平较低及农村居民数字素养有待提高等问题。因此，中西部地区需要更多的政策支持和社会资本引导，以缩小与东部地区的差距。总体而言，中国的数字乡村发展水平仍然相对较低。根据相关数据，2021 年全国数字乡村发展水平为 39.1%，与全国农业机械化发展水平差距较大，约相差 33 个百分点[①]。这表明数字乡村的整体水平有待提高，需要政府给予更大支持，并吸引更多社会资本投入。

（二）信息基础设施建设相对滞后

农村地区在互联网和信息基础设施方面确实面临一些挑战，且和城镇地区存在一定差距，这需要政府和相关部门采取一系列措施加以改善。根据《中国互联网络发展状况统计报告》数据，截至 2022 年 6 月，我国农村地区互联网普及率为 61.9%，明显低于全国平均水平和城镇地区普及率。这表明农村地区互联网覆盖和使用程度相对较低，存在信息不对称的问题，农村居民享受数字化便利的程度不及城市居民。根据农业农村部统计数据，全国有 572 个县(市、区)家庭宽带入户率不足 50%，221 个县(市、区)的入户率甚至不足 20%。这意味着这些地区农村居民宽带网络服务较差，难以享受到高速互联网的便捷。尽管 5G 网络是未来数字化发展的重要支撑，但由于 5G 基站建设成本较高，回收周期较长，目前 5G 网络主要延伸到大城市郊区、县城和人口较为集中的乡镇。这导致农村地区的 5G 覆盖相对滞后，农村居民难以享受 5G 网络带来的高速数据传输和先进应用服务。农村地区面向农业生产的信息基础设施明显不足，包括 4G 和 5G 网络、遥感卫星、北斗导航、物联网、农机智能装备、大数据中心等，在研发、制造、推广应用等方面相对滞后，无法满足农业现代化发展的需求。为了解决这些问题，需要采取以下措施：

政府应加大对农村地区互联网和信息基础设施的支持力度，提供政策鼓励，吸引社会资本投入，加速数字基建的发展。加强农村网络基础设施的建设，提高宽带网络的普及率，加速 5G 基站的建设，推动信息网络在

---

① 《中国数字乡村发展报告(2022 年)》。

农村地区的全面覆盖。开展农村居民的数字素养培训，提高他们使用互联网和数字技术的能力，确保他们能够充分参与数字经济和数字乡村建设。加大对农业数字化改造的投入，推动大田种植、设施栽培、畜禽养殖等方面的数字化发展，提高农村农业生产效率。鼓励和支持农村地区的信息技术创新，培养本土数字企业，推动数字技术在农村的应用和推广。

（三）农业生产数字化水平有待提升

农村地区在农业生产信息化方面确实面临一些挑战，且和城镇地区存在一定差距，这需要政府、企业和农村居民共同努力以助推数字农业的发展。根据农业农村部的统计数据，2021 年全国农业生产信息化水平为 25.4%，这主要依靠一些相对易于推广的数字技术，如农村电商等。数字农业的综合发展水平相对较低，数字技术在农业生产中的应用还有待提高。根据《中国数字经济发展研究报告(2023 年)》数据，2022 年，第一产业(农业)、第二产业(工业)、第三产业(服务业)的数字经济渗透率分别为 44.7%、24.0%和 10.5%①。其中，服务业和工业的数字化水平增幅较大，而农业数字化水平相对滞后。这意味着数字技术在农业中的应用相对薄弱。不同农业子行业之间存在发展不平衡的问题，数字技术在设施栽培和畜禽养殖中的应用率远高于种植业和水产养殖业。这可能与各农业子行业的特点和需求有关，但也需要加强农业子行业之间的数字化均衡发展。近年来，农村电商持续高速增长，为农产品的销售提供了重要渠道。同时，乡村治理水平快速提升，数字化手段在村务管理和公共服务方面得到了广泛应用。这些方面的成功经验可以为数字农业的发展提供借鉴和参考。数字农业的发展受自身弱质性、技术供给不足等因素制约。目前，数字农业还停留在一般、单一技术应用阶段，缺乏高精尖的数字技术和集成度较高的解决方案，尚不具备充分挖掘数字农业潜力的能力。为了解决这些问题，需要采取以下措施：

政府、企业和研究机构应共同加大对数字农业技术的研发投入，提供更多高精尖的数字化解决方案，满足农业生产的需求。政府可以通过政策支持和资金投入，鼓励农民和农业企业采用数字技术，提高数字农业的应

① 《中国数字经济发展研究报告(2023 年)》。

用水平，包括大田种植、设施栽培、畜禽养殖等。为农村居民提供数字化培训和教育，提高他们使用数字技术的能力，鼓励他们参与数字农业的发展。加强各农业子行业之间的合作和协同发展，推动数字农业产业链的集成和创新。政府可以提供创新支持政策，鼓励数字技术企业在农村地区发展和创新，推动数字农业的发展。

（四）在实践中各相关主体均存在一些普遍性问题

数字乡村建设发展的各相关主体，尤其是各地政府部门（特别是广大县域政府）和数智企业，正积极为数字乡村建设投入巨额资金与人力资源，并展开有益探索，但在实践中也逐渐暴露出一些普遍性问题，亟待识别并加以规避。

1. 政府层面

首先，政府在数字乡村建设发展中普遍存在统筹规划不足的问题。缺乏必要的顶层架构设计，系统开发主体多元，导致平台数量众多、形式多样、场景不一。许多系统功能重复投入开发，使用人数却有限，经费浪费严重。其次，不少地方政府未能因地制宜地推进数字乡村建设，导致优势和特色不明显，数字乡村建设千篇一律。再次，在数字乡村建设过程中，由于体制机制未能理顺，数据共享机制缺乏，使得同级各部门存在因数据无权共享等问题而出现数据条块分割和壁垒化问题，容易形成一系列“烟囱式应用”。最后，当前政府主导推出的各类数字乡村应用大多偏重政府部门需求，重“管理”轻“治理”，容易忽视乡村居民实际需求。

2. 企业层面

一方面，受政府（主要是县域政府）委托，相关数智企业通常倾向于设计一系列主要依靠数据中心设备、物联网设备、监控设备等硬件构成的数字乡村建设方案。但受企业自身技术能力制约，数字乡村的相关应用软件和服务设计往往考虑不足，鲜见能得到乡村居民普遍认可的软件应用，以致数字乡村建设发展“软硬失衡”。另一方面，由数智企业主导推动的数字乡村项目普遍具有融合不足问题。企业受自身能力限制，无法与乡村产业发展需求紧密结合，仍然偏重社区沟通。部分数字乡村项目仅停留在公益状态，企业未形成成熟的商业模式，缺乏与乡村共同发展的决心和策略，一些企业只关注短期利益，缺乏长远视角。

3. 村民层面

数字乡村建设发展尚未能有效平衡技术性和人本性问题。数字乡村未能兼顾适农化，表现为针对农业的应用开发滞后，便捷性、集成性、丰富性存在不足，给农民使用带来困难。同时，数字乡村未能兼顾适老化、适弱化，在设计和内容上存在乡村老人和病残等群体看不懂(知识储备不足、学习能力不足)、分不清(视力下降、屏幕或字体太小)、学不会(步骤较复杂、学习能力下降)、记不牢(记忆力下降，不常进行的操作步骤更容易遗忘)、跟不上、信不过等问题。

4. 基层工作者层面

数字化技术的应用带来了“指尖上的负担”问题。由于数字乡村相关平台多样，呈现“万码奔腾”现象，基层干部疲于应对，存在重复工作、低效工作等问题。同时，相关数字化建设任务存在“一刀切”现象，导致基层工作者面临心理和身体的双重压力，出现数据“保量不保质”的问题。另外，基层工作者末端数据收集设施建设不完善，以及设施自动化、智能化水平不足等客观原因，或者基层工作者工作意识和工作方式未能有效与数字乡村工作需要相匹配，导致工作负担重、效果差等问题。

第四节　建设重点

一、视角突破

数字乡村的建设发展涵盖了生产、生活、生态、治理等各领域，涉及主体除了传统的和现代的乡村居民，还包括诸多“非农”主体。对于数字乡村而言，其本身就是一个复杂的动态系统，是从对立竞争走向和谐共生的演进成果，这与共生理论强调的多元交互特性具有内在相通性。鉴于此，本书突破传统研究视角，从共生理论视角着眼分析数字乡村建设问题，并认为数字乡村本质上是在农业农村领域中，相关共生单元借助共生界面形成的一种数字化协同发展共生系统的过程及结果，即数字乡村共生系统。

（一）共生单元

数字乡村建设的共生单元构成了一个复杂且多样化的生态系统，这些单元相互作用，共同推动数字乡村的发展。生产者是数字乡村生态系统的核心组成部分，包括农户、农业合作社、农业企业等。他们借助数字技术实现农业生产的数字化转型，提高了生产效率和农产品质量，实现了可持续农业发展。消费者包括从生产者到终端消费者的各层面。中枢企业在数字乡村中充当了连接生产者和终端消费者的重要纽带，帮助农产品进入市场。终端消费者通过数字平台购买农产品，享受了便捷的购物体验。分解者是数字技术、数据分析、专家系统等，它们将信息处理、数据分析、决策支持等数字工具引入农业生产，帮助生产者更好地管理农田、农作物和养殖业务，实现精准农业。政府在数字乡村中发挥着监管、政策制定和资源调配的重要作用，推动数字乡村发展。投资者提供资金支持，帮助数字乡村项目的建设。平台企业提供数字农业服务、电商平台等，促进数字乡村的商业化运营。

这些共生单元之间相互依存、相互促进。例如，生产者通过数字技术提高了农产品质量，吸引了更多的终端消费者，从而增加了收入。消费者的需求推动了数字技术应用的创新，为农产品市场带来更多机遇。政府的政策支持和监管帮助维持了整个生态系统的稳定。然而，这些共生单元之间也存在一定的差异和竞争。例如，不同农业生产者之间可能竞争同一市场份额，数字技术提供商可能竞争合同和市场份额，政府和投资者可能有不同的发展目标与政策考虑。这些差异和竞争可以激发创新，但也需要协调和管理，以确保整个数字乡村共生系统的健康与可持续发展。

（二）共生界面

共生界面是指共生单元之间交换和传导物质、信息与能量的方式及机制，它为共生模式（或关系）的形成和发展提供了基础条件（袁纯清，1998）。换言之，各共生单元之间所有相互作用关系依赖共生界面才能得以实现。在数字乡村共生系统中，由各类传导机制构成的共生界面主要体现在以下 3 个方面。

1. 技术驱动机制

在当今世界，以互联网、云计算、大数据、人工智能、5G 等为代表的新一代信息技术迅猛发展，数据正逐步成为关键生产要素，数字技术已从提升效率的辅助角色转变为创新发展的主要驱动力。面对气候变化不确定性和资源利用的不可持续性等威胁，加之农业天然的"弱质性"特点及农村"空心化"趋势，传统的农业农村如何实现转型发展已成为当务之急。对此，数字技术创新是重要的解决方案。改造传统农业农村需要引入现代要素，因此，利用数字技术引入现代要素，成为实现乡村产业数字化、重构乡村经济社会发展模式的重要手段。当前，通过手机 App 及配套设施实现数字化种植养殖、借助遥感无人机开展厘米级植保作业、在线办理"村民一生事"、直播成为乡村新生活风尚等，许多人曾以为数字化、信息化离乡村很远，但近年来，数字技术已不断融入乡村生活的各类场景，持续改变着乡村生活的方方面面。

2. 主体融合机制

对于数字乡村建设发展而言，不同发展阶段涉及的主体不尽相同且处于动态变化之中，因此数字乡村的相关主体构成较为复杂。从县域层面来看，发展数字乡村涉及的相关行动主体涵盖县级行政区的党委政府、乡镇(街道)的党委政府、所辖行政村的村两委、村级农民组织、普通农户，以及涉农企业、数智企业、金融机构、科研院所等。除上述人类主体外，还包括大量重要的非人类主体，如本地涉农核心资源，以及土地、资金等生产要素。其中，农户无疑是最为核心的主体，也是发展数字乡村的直接受众。第三次农业普查结果显示，当前我国的小农户仍占所有农业经营主体绝大多数，农业从业人员中的90%为小农户，全国70%的耕地面积由小农户经营[①]。可见，"大国小农"在相当长一个时期内仍将是我国的基本国情农情。农村弱质性的社会基础和农民低组织化的状况已与当下市场经济的发展不相适应。要实现小农户与农业农村数字化转型的有效衔接，组织化是必然选择。数字乡村的发展虽基于村域，但应跳出村域限制。村社主体

① https：//m. sohu. com/a/298766052_ 99895630/。

可与外部环境建立有效联结，从外部网络中获取、转移、积累和创造更多创新资源，为自身赋能。概言之，通过跨组织边界的主体融合，乡村组织化程度可以进一步提升，各相关独立组织可以演变为关系紧密的合作联盟。

3. 动态攀升机制

数字乡村的生态位主要指各地数字乡村项目在持续与环境及其他相关主体互动过程中形成的动态关系状态、相应地位与功能作用。一般而言，由于“三农”的先天性状，现实中数字乡村项目的生态位起点普遍较低。一方面，农业要素具有自然依赖性，农产品的价格弹性和收入弹性较低，这导致了农业的先天不足，而农业的这一性质又决定了农民的相对弱质性。另一方面，出于历史原因，以农促工、以乡促城的城市化发展路径形成了单向的“黑洞效应”，中心城镇不断吸纳农村年轻人口，致使广大农村日益空心化，甚至面临消亡风险。为此，提升数字乡村的生态位效能可采用如下策略：一是要根据本地资源禀赋条件，走出一条根植于县域、因地制宜、特色突出的差异化数字乡村发展之路；二是要以乡村居民的多元需求为价值导向，在更大范围内探索尚未被发现和占据的潜在生态位（如乡村经济、乡村治理、公共服务等方面的需求盲点），通过创新用户价值将其转化为现实；三是要通过技术、管理或服务等创新方式积极拓展数字乡村的生态位空间，最终实现数字乡村生态位的动态攀升。

（三）共生模式

数字乡村的发展在与相关共生单元的互动中表现出一系列特征，这些特征是数字乡村生态系统的重要组成部分，影响着数字乡村的演进方向和最终成效。

1. 长远性

数字乡村的共生单元，尤其是地方政府，通常注重长远发展。他们的决策和行动并非局限于眼前利益，而是充分考量未来乡村社区的可持续性。地方政府常常扮演着数字乡村发展的主导角色，制定政策和规划，保障数字乡村的长期繁荣和居民福祉。

2. 演进性

数字乡村的发展是一个动态演进的过程。它从农业产业的数字化转型起步，然后逐步向其他领域拓展，如数字乡村治理、数字农业生态系统等。这一演进过程需要不断创新和灵活适应，以应对不断变化的需求和挑战。

3. 整合性

数字乡村的发展需要整合多个内部和外部组织，包括政府、企业、农民、数字技术提供商等。鉴于数字乡村的在线特性，数字化的整合工作全面覆盖线上和线下的各方面，确保各共生单元之间能协同合作。

4. 开放性

数字乡村共生单元之间的互动具有开放性，数字技术的应用和驱动持续打破物理距离、行业界限和其他壁垒。这使得数字乡村的多元主体共生系统能够吸纳更多创新成果和资源，进而加速数字乡村生态系统的发展。

（四）共生环境

共生单元的外部环境构成了数字乡村共生系统的共生环境，这一环境对于数字乡村的形成和发展至关重要。共生环境可以分为硬环境和软环境两个方面，以下是对这两个方面的扩充和解释：硬环境方面，乡村信息化基础设施是数字乡村发展的重要组成部分。它包括通信网络、宽带互联网覆盖、5G 网络、数字农业设备等。良好的硬环境可以确保数字技术的顺畅应用，促进农村数字化转型。软环境方面，制度环境对数字乡村的发展至关重要，包括法律法规、政策法规体系，以及政府的政策支持。合适的法律法规能够保护数字乡村发展的权益，鼓励创新和投资。相关共生单元，尤其是农民和农村企业，须具备数字素养，即运用数字技术的能力。培养农村居民和从业者的数字技能，是数字乡村发展的重要一环。

关于制度环境的特殊说明：乡村振兴战略是我国农村发展的总体战略，旨在实现农业农村现代化。数字乡村发展需要与乡村振兴战略有效衔接，确保数字技术在乡村振兴中发挥关键作用。这要求在政策支持、资金投入、人才培养等方面实现有机结合。数字乡村战略是数字化农村发展的具体行动计划，旨在推动数字技术在农村的广泛应用。它需要与乡村振兴战略相互配合，确保数字化的工具和方法有助于乡村振兴目标的实现。这需要政府、企业和农民共同努力，确保数字乡村建设与乡村振兴有机融合，共同开创农业农村现代化的新局面。

综合而言，本书基于共生理论分析框架，数字乡村建设发展中的各相关主体(共生单元)在一定共生环境中，因利益诉求和生态位的差异，以及数字技术的渗透与应用，通过共生界面形成了相对理想的数字化共生模式，旨在构建一个共同进化、协同发展的数字乡村共生系统(见图3-1)。

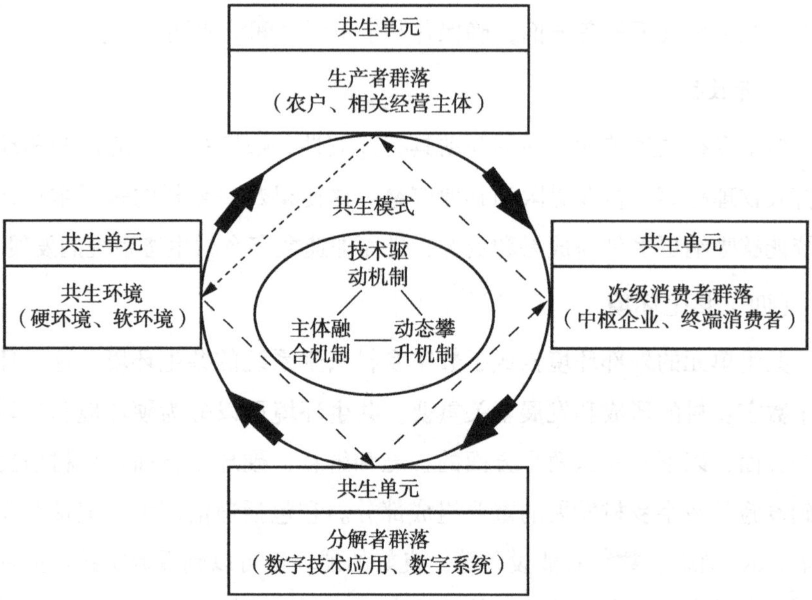

图3-1 数字乡村共生系统模型

资料来源：徐旭初，吴彬，金建东．数字赋能乡村：数字乡村的理论与实践[M]．杭州：浙江大学出版社，2022.

二、重点解析

构建健康的、可持续发展的、高效运作的数字乡村共生系统，既是数字乡村建设的重点，也是数字经济与乡村振兴的融合点。本书主要从数字乡村共生系统生成过程、演进机制和治理体系三个重点进行解析，构建“生成过程—演进机制—治理体系”三位一体的研究框架。本书认为，在中国数字乡村建设中存在以下三个重点领域，这三个重点领域直接决定数字乡村建设的成效，关乎数字乡村战略实施的效果。

（一）厘清数字乡村建设过程中利益相关者的逻辑关系

探索数字乡村共生系统的形成逻辑和生成过程，是数字乡村建设的重点。数字乡村共生系统由数字经济虚拟系统与乡村振兴实体系统有机耦合而成。深度剖析数字乡村共生系统的生成过程，有助于规避数字乡村建设过度数字化的问题。

（二）正确处理数字乡村建设过程中多元主体的共生关系

探索数字乡村共生系统的演化机制和共生模式，是数字乡村建设的重点。数字乡村共生系统存在独立共生、竞争共生、寄生共生、偏共生和互利共生五种模式，数字乡村共生系统沿着不同的共生模式演化，最终的形态差异显著。其中，互利共生是所有共生模式中的最优选择。因此，本书借助数学建模来模拟数字共生系统的演化机制，从而得到中国数字乡村共生系统的共生模式。

（三）解决数字乡村共生系统演化过程中遇到的垄断和不经济问题

探索数字经济共生系统的现代化治理体系和治理逻辑，是数字乡村建设的重点。在数字乡村建设过程中，过度数字化现象时有发生，垄断平台企业对农村小商小贩会形成毁灭式的挤压，严重扰乱农村经济市场秩序。此外，数字化给农村文化程度较低、年龄较大、生活比较困难的弱势群体带来诸多困难，这类弱势群体被数字商品过度包围，却难以共享数字商品带来的红利。

第四章

中国数字乡村共生系统生成过程

第一节　概念辨析与界定

一、数字乡村

（一）数字和数据

数字乡村中的“数字”在英文中用 digital 表示，通常与数字技术（digital technology）连用，根据剑桥英语在线词典（https：//dictionary. cambridge. org/），数字（digital）是指用一串分别代表信号存在或不存在的数字“0”和“1”来记录或存储信息，数字时代特别强调的是二进制数字（binary digit），“0”和“1”也是计算机可以处理的最小单元。数字化（digitalization）是指把一个诸如文档之类的事物（something）转化为数字形式（digital form），即一种能被计算机传输、保存和处理的形式，这是数字形成的过程。数字技术（digital technology）指借助一定的设备将各种信息（图、文、声、像等）转化为电子计算机能识别的二进制数字“0”和“1”后进行运算、加工、存储、传送、传播、还原的技术。例如，大数据、云计算、区块链、物联网、人工智能、虚拟现实技术等数字技术，本质上都是信息、计算、沟通和连接技术的组合。

数据（data）是一个较为宽泛的概念，在剑桥英语在线词典中，数据是指可以被检验或被用来做决策的信息（information），通常是被收集到的事实（fact）或数字（number），抑或是电子形式的信息，可以被计算机存储和使用。数据化（datafication）则是指“把一种现象转变为可以制表分析的量化形式的过程”，也是一个较为宽泛的概念。

（二）乡村和农村

数字乡村中的“乡村”在英文中使用 rural，有时候与 country 混用，country 表示的范围更广，是广义上的乡村。“乡村”和“农村”的英文单词都是“rural”，在翻译的时候通常将“乡村”和“农村”混用。农村是相对于城市的称谓，农村具有特定的自然景观和社会经济条件，指以从事农业生产为主的劳动者聚居的地方，是不同于城市、城镇，主要从事农业的人群聚居地。

《辞源》一书中，乡村被解释为主要从事农业生产、人口分布较城镇分散的地方。美国学者 R. D. 罗德菲尔德在《美国乡村的变迁——原因、后果和可供选择的对策》（*Chang in Rural America——Causes, Consequences and Alternatives*）中指出“乡村是人口稀少、相对隔绝、以农业生产为主要经济基础、人们生活基本相似，且与社会其他部分，特别是城市有所不同的地方”。所以，农村和乡村是有差别的，农村主要是从事农业的人居住的场所，而乡村居住着各种各样的人，不一定以农民为主，乡村的主体更加多元化，乡村的功能更加多样，这与数字时代打破地理空间、实现万物互联的特点相契合。

《中华人民共和国乡村振兴促进法》首次在法律上对乡村概念进行界定，即“城市建成区以外具有自然、社会、经济特征和生产、生活、生态、文化等多重功能的地域综合体，包括乡镇和村庄等”。这一概念包含以下几个方面的重点：

1. 乡村是与城市相对应的区位概念

包括乡镇、村庄，以及城市郊区和其他城市建成区以外的区域。该区域具有明显的自然、社会和经济特征，也存在某些共同的制度特点，如土地主要由集体所有，产业以种植业和养殖业为主，基础设施和公共服务相对滞后，需要从法律和政策上给予特别扶持。

2. 乡村具有生产、生活、生态和文化等多重功能

从生产功能看，既包括传统的种植业和养殖业，又包括特色农业、休闲农业、现代农产品加工业、乡村手工业、绿色建材、红色旅游、乡村旅游、康养，以及乡村物流、电子商务等乡村新兴产业。乡村的生产功能在

保障粮食安全、为消费者提供丰富的食品原料和工业原料、创造就业机会、保障农业从业者收入等方面发挥着不可替代的作用，因此需要相应的制度保障，以促进乡村产业发展。从生活功能看，乡村是众多人口的生活空间。尽管在城市化进程中，不少农民进城就业和居住，但目前仍然有近半数的人口常年生活在农村地区，因此需要保障这些人口的居住、交通、环境、教育、医疗等基础生活条件和基本公共服务。从生态功能看，以农业为主的乡村产业是人与自然相互交融的产业，作物、林木、草原在水土保持、空气净化、生态涵养等方面具有重要作用，农业在利用自然资源的同时又在保护资源和改善生态环境。从文化功能看，乡村是农耕文明传承的重要载体，具有丰富多彩的乡风、家风、民风特征，传统生活方式及村民之间的社会交往方式等是中华文明的重要组成部分。

（三）数字乡村

数字乡村不是数字技术的简单叠加，也不是农业信息化进一步的延伸，而是依托数字经济的发展，以现代信息网络为载体，以物联网、互联网、5G、大数据、云计算、人工智能等信息技术为推动力，重构乡村经济发展新格局，加快农业农村现代化进程，实现乡村全面振兴。与数字乡村相关的概念很多，如农村信息化、数字农业、智慧农业、互联网+农业、智慧乡村、互联网+农村、乡村数字治理等。相比之下，数字乡村的内涵更为丰富，涵盖了上述相关概念。数字乡村的建设发展涉及生产、生活、生态等各领域，参与主体除传统乡村居民外，还包括诸多“非农”主体，如数智企业、平台企业、科研院所。最为关键的是，数字乡村将大数据技术、云计算技术、人工智能技术、区块链技术等各类先进的数字技术视为“元技术”（即在诸多现代技术中处于基础性地位、发挥奠基作用的技术形态），并积极推动以数字技术为核心的农业农村“技术簇”逐步形成、发展壮大，使其在农业农村各领域逐渐渗透、扩散并广泛应用，这势必改变以往农业生产方式、农村生活方式、乡村社会运行模式乃至农民思维方式。

数字乡村的核心特征在“数字”，而“数字”的实现需依托广泛的信息网络建设，构建具备深度互联网特性的信息体系，打造协同的信息共享机制，实现信息的智能处理，并拓展信息的开放应用，使之成为可以指挥决策、实时反应、协调运作的“系统之系统”。所以，数字乡村是一个开放复杂的系统，它与周边村镇、城乡、区域乃至世界都存在着物质、能量和信息的交换，其包含的子系统数量众多、功能复杂、结构庞大、层次丰富，是典型的开放复杂巨系统，需运用系统科学和系统工程的新方法加以认识和研究。

二、共生系统

共生一词最早源于生物学，由德国真菌学家德贝里(Anton de Bary)于1879年首次提出，并将其定义为“不同种属生活在一起”，种属与种属之间由此形成共生关系(又称共生模式)。共生系统是共生关系存在的基本属性，是进一步研究分析共生规律的基本认识单元。系统是一个宽泛的概念，只有与具体的物质内容相联系时才具有实际意义和针对性。一般而言，共生系统是由共生单元按某种共生模式和共生类型构成的共生关系的集合。其中，共生单元构成系统的要素，共生模式和共生类型则决定系统的结构。虽然共生系统起源于生物界，但人类社会同样包含各种各样、类型复杂且多变的共生系统。共生系统具有多重性、协同进化性、不可逆性和自主增容性等特征。

(一)多重性

这里指共生系统包含多重共生关系，这种共生关系往往是立体性的、网络性的和同时性的。在多种共生关系中，通常有一种或几种居于主导或支配地位，决定共生系统的演化方向和速度。多重性体现了共生系统的复杂性和多样性。

(二)协同进化性

这是指共生系统内的共生单元之间、共生单元与共生系统之间存在相互促进、相互激发的作用，这种作用可加速共生单元的进化创新，提高其生存和繁殖能力。但这种协同进化的作用具有多样性，而不是对称性的。协同进化反映了共生系统的普遍本质。从另一角度来说，协同进化可以理解为抗退化作用，即共生单元之间的结合可以阻抗或削减因环境因素变化可能造成的共生单元退化。

（三）不可逆性

共生系统是一个不可逆系统。这种不可逆性表现在两个方面：一是任何共生单元一旦参入共生系统，不论以哪种模式和哪种类型发生，其进化发展都会与共生系统密切联系在一起。当其退出该系统时，无法还原到原有状态，总会留下共生系统的印记。二是任何共生系统的进化发展都具有不可还原性，即系统从一种状态转换到另一种状态后，无法还原。因为任何系统都是时间、空间和共生模式及共生类型的函数，即使其他因素可逆，时间也是不可逆的。不可逆性对我们认识自然共生系统和设计社会共生系统具有重要意义。

（四）自主增容性

自主增容是指共生系统具有自主控制的增容特性，包括维度增容和密度增容，当然也包括相反方向的变化，即维度缩容和密度缩容。增容反映系统的扩张能力或系统内共生单元的繁殖能力。但任何系统的维度增容或密度增容都必须以系统的能量增长为前提。

三、数字乡村共生系统

（一）数字乡村共生系统内涵

数字乡村共生系统由数字经济虚拟系统与乡村振兴实体系统嵌入性耦合而成。这种耦合不是简单的“嫁接”，也不是表面的相互渗透，而是数字经济系统的核心要素、虚拟结构和衍生功能，分别与乡村振兴系统的主体要素、实体结构和多样功能进行有机耦合，因此它具有要素虚拟化、结构扁平化和功能多样化特征。数字乡村共生系统包含要素、结构和功能三个关键元件，以及动力、联动、嵌入三种机制，据此建构一个包含“要素—结构—功能”和“动力—联动—嵌入”的二元三维立体型生成机理框架（见图 4-1）。

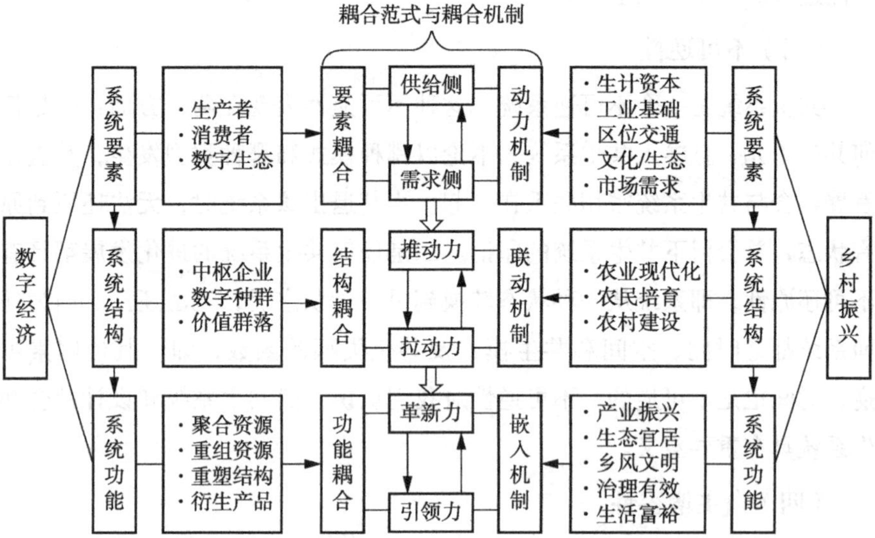

图 4-1　数字乡村共生系统过程模型

资料来源：笔者整理绘制。

（二）数字乡村共生系统基本构成

与所有生态系统一样，数字乡村共生系统主要包括生产者、消费者、分解者和生态环境四个部分。其中，生产者、消费者和分解者之间建立起紧密的合作博弈关系，它们共担风险、共享收益，并且不断地与生态环境进行物质、能量和信息的交换。

1. 生产者

数字经济中的生产者主要依托信息通信业、互联网、物联网、电子信息制造业、软件服务业等，产出信息产品和服务。它们借助平台或系统集成商发挥作用，产生大量的数据，既满足自身行业的需求，又能为整个生态系统提供数据支撑。

数据作为数字经济时代的重要生产要素，在经济社会发展中发挥着越发基础性和关键性的作用。与传统经济生产要素的排他性不同，数据具有开源性、共享性和可复制性。从事数据生产的行业或主体作为数字乡村共生系统中的先导力量，具有重要的战略地位和市场价值。

产业应用的背后离不开基础科学和技术支撑，如芯片、量子计算、海量存储、多线程数据处理等前沿和高端科技。这些科技进展为数字乡村共生系统的健康发展筑牢了根基。

数字经济发展遵循梅特卡夫法则，即网络的价值与其节点数的平方成正比。作为生态系统的基础部分，网络节点越多，所产生的数据量及数据价值就越大。在此过程中，边际成本变化较小，而边际收益增长显著。由于规模效应的存在，边际收益大于边际成本。

2. 消费者

数字乡村共生系统中的消费者主要体现为数字产业与第一、第二和第三产业的深度融合及应用。通过充分挖掘数据要素的生产力，各产业不断提高自身竞争力，生产关系也随之发生深刻变化。在价值共创的驱动下，供需双方的信息交流更加便捷及时，企业边界得以拓展，呈现协同共生关系。

中国信息通信研究院数据显示，三大产业数字化的比例呈逐步上升趋势。2020 年，农业、工业和服务业数字经济渗透率分别为 8.9%、21.0%、40.7%。目前，第三产业数字化比例最高，第一产业和第二产业数字化的比重也在逐渐扩大。作为数字经济的主要组成部分，产业数字化的迅速发展，拉动数字经济在我国国民经济中的比重逐年上升，融合发展向深层次演进。

产业融合激发新产业、新业态和新模式不断涌现。"互联网+农业"一方面实现农产品供需双方之间的直接对接，降低了中间成本，拓宽了农产品的销售渠道。另一方面也在改变着现代农业的生产方式。随着数字经济的成熟，生产性服务业蓬勃发展。工业机器人推动智能生产和先进制造业加速发展，大大提高了劳动生产率。共享经济、跨境电商、云课堂、远程医疗、线上会议等覆盖面越来越广。

3. 分解者

数字乡村共生系统中的分解者主要涵盖大数据、云计算、人工智能等提供数据增值服务的产业，如数据存储、处理和分析业务。它们以生产者群体和消费者群体为分解对象，将加工所得的知识化数据和信息，反馈给生产者和消费者，并与生态环境相适应，完成生态系统中能量与物质的循环流动。

分解者在生态系统循环中发挥着至关重要的作用。数字经济发展遵循摩尔定律和达维多定律，芯片的处理能力每18个月翻一番，进入市场的第一代产品自动获得50%的市场份额，因此企业必须及时对产品进行更新换代。分解者加速这个过程，及时淘汰落后产能，避免系统被落后产能拖累，运用最先进的科技手段，增强整个生态系统的竞争力。

4. 生态环境

生态环境主要包括数字基础设施、创新、投融资和数字经济治理四个方面。完善的数字基础设施是我国发展数字经济的基础和先决条件。新型数字基础设施既涵盖传感终端、5G网络、大数据中心、工业互联网等，又包括利用物联网、边缘计算、人工智能等新一代信息技术，对交通、能源、生态、工业等传统基础设施进行数字化、网络化、智能化改造升级。完善的数字基础设施体系依托多维度的复杂网络系统形成畅通快捷的信息传输渠道，实现了万物互联，为数字经济全方位协同发展筑牢根基、赢得先发优势。同时，新技术的产业应用，催生出大量新业态、新模式，带动相关产业迅速发展，并沿着产业链上下游延伸，进而推动全产业链的集聚和壮大。

创新是数字经济发展的根本动力，开放包容的创新环境有利于数字经济健康快速发展。创新环境主要包括两个方面：一是有利于基础理论和先进科技创新，能够吸引高端科研人才，不断推出颠覆性创新成果；二是有利于经营和管理模式创新，在产业数字化过程中，不断探索与之相匹配的经营和管理模式。

资本是数字经济发展的主要能量来源，发达完善的资本市场为数字经济发展营造了良好的投融资环境。数字经济依托的高端科技属性，需要大量且持续不断的科研投入。另外，数据作为重要生产要素，本身也可以作为资本。应创新数据资本化模式，依据数据价值参与收益分配。

数字经济治理通过构建与数字经济特征和规律相适应的治理体系，扫除数字经济发展的制约和阻碍因素，配合严密有力的监管体系，为数字经济时代生产工具、生产力和生产关系相匹配创造条件。具体来看，数字经济治理主要包括数据安全与流动、数字市场反垄断、网络空间治理等方面的法律法规、制度和政策。数据安全主要包括个人隐私和国家安全两个层面，确保数据安全风险可控，有利于数据合理顺畅流动。同时，产权归属清晰和定价规则明确也在极大程度上影响着数据流动。反垄断有助于营造更加公平的竞争环境，避免“富者愈富”，解决数字经济环境下两极分化不断扩大的问题。网络空间治理模式需要不断创新，提倡网络主体多元共治。数字经济治理是数字乡村共生系统快速健康发展的催化剂，能够加速生产者、消费者和分解者之间的物质和能量交换，改造提升传统产业，不断催生重大创新成果，使数字乡村共生系统保持发展壮大的活力。

（三）数字乡村共生系统运行特征

保持数字乡村共生系统稳定运行，需以整体性提供基础条件，以多样性带来持久活力，以自组织性为保障，以创新性是动力来源，以共生性为重要支撑。

1. 整体性

结构完整性指数字乡村共生系统中各参与主体在时间和空间上保持连续、稳定、有序的状态。主体种类及每一种类的数量，在一定时间和空间结构中保持稳定且具有连续性，这是生态系统存在的基本条件。具体来看，包括产品结构、市场结构、区域结构、贸易结构、主体结构和运行方式等方面。

生产者、消费者和分解者之间数据、信息和数字技术高效便捷流动，同时与生态环境不断进行能量交换。熵增表现为系统趋向混乱，而熵减使系统变得有序。对于数字乡村共生系统，在其发展壮大阶段，促进熵增有助于扩大系统范围；而成熟阶段，则宜促进熵减保持系统稳定。随着系统演化至新一轮，再次通过熵增和熵减助推生态系统升级至更高水平。

2. 多样性

多样性表现在生态系统种类、核心企业和价值群落等方面。数字乡村共生系统按照内容、层次、范围等不同标准，可划分为多种类型。例如，按内容划分，可分为创新、生产、应用和治理等子系统；按生产总过程划分，可分为生产、分配、交换和消费等子系统；按层次划分，可分为微观、中观和宏观生态系统。

在数字乡村共生系统中，围绕数据的产生、处理、应用等环节，行业种类繁多。数字经济参与主体众多，依托核心企业产业链横向、纵向延伸，形成产业生态网络，并与大量需求方连接。数字技术促进了供需对接，满足了消费者的多样化需求，带动了消费升级。

3. 自组织性

数字乡村共生系统本身具有强大的自组织性。通过开放运行，发挥自修复功能抵御系统内外部风险，保持生态系统的平衡状态，并在系统平衡被打破时，能够通过自调节找到新的平衡，或演化升级至更高水平。自组织性主要表现在动态性、演进性、自修复性等方面。

数字乡村共生系统是动态开放的系统，系统内外部均处于动态变化中，技术流、资金流、人才流、物资流和数据流有序畅通流动，以保持活力。系统的开放性有利于内部主体与外部环境之间的物质和能量交换，也有利于借助外部力量使自身发展壮大。经济主体既在适应环境，又在塑造和改变环境。

系统在自我学习和外部力量冲击的共同作用下，在原有水平上实现跃升，演进升级至更高水平。数字乡村共生系统的演化过程充满不确定性，新产品和新模式投入市场的时间大大缩短，迅速补充或淘汰现有市场产品和模式。系统具有自调节功能，在被破坏之后能够进行自适应调节，恢复至新的平衡状态。例如，利用勒索软件进行网络攻击的事件急剧上升，2021 年 5 月 7 日美国最大的成品油管道运营商 Colonial Pipeline 受到勒索软件攻击，被迫关闭其位于美国东部沿海各州供油的关键燃油网络。5 月 13 日开始重启工作，逐渐恢复燃油供应。

4. 创新性

创新是数字经济共生系统的灵魂。新型经济形态不是对既有经济形态的否定，而是在此基础上的创新与发展，技术持续更新迭代，经济新形态不断涌现。

技术创新是数字经济共生系统创新的核心部分。从成效来看，数字经济技术创新生态系统中创新整体效能明显提升，关键核心技术突破加快，颠覆式创新不断涌现。从形式来看，微观层面各主体之间处于合作博弈的动态演化中，组织间信任在开放式创新生态系统中发挥着重要的治理作用；宏观层面国家大力推动构建创新生态，强化创新驱动发展战略，促进产学研合作及科研成果转化。从结构来看，技术创新分为数字产业化、产业数字化转型和数字化治理三个方面，三者相互促进、不可分割。新兴技术带来新产品和新业态，平台经济、共享经济等新模式不断涌现，促使经营方式和商业模式变革，进一步发挥数字经济优势。

与其他要素的竞争性和排他性不同，数据具有可复制性和非排他性。与传统经济学理论的生产成本理论不同，数据要素的边际成本几乎为零。由于数据的网络属性，数字经济具有规模效应和范围效应，因此数字经济的快速发展也在冲击传统经济学理论，与数字革命相匹配的理论创新体系亟待建立。

制度创新能够释放发展活力。数据隐私、知识产权保护、跨境数据流动等方面健全的法律法规，能够为数字经济发展营造良好的生态环境。涉及的伦理道德问题也需要人文社科方面跟上数字经济的发展。相反，政策制度等方面不完善则会严重制约数字乡村共生系统发展壮大。

5. 共生性

共生性主要表现在企业共生、产业共生和价值共生三个层次。

随着数字经济占国民经济比重的提升，企业之间合作更加密切，甚至形成“你中有我、我中有你”的局面，企业边界变得模糊。核心企业利用数字平台连接大量企业，由于数字技术的应用，资源整合效率大大提升，企业成本下降，吸引更多企业加入数字网络生态系统。企业间耦合连接弥补了资源和能力短缺，形成了企业大规模协作生态网络。

数字经济相关产业之间互相促进，形成协同发展的良好生态，纵横交错的合作关系促使产业共生网络组织更加完善。数字产业化为产业数字化奠定基础，产业数字化进一步拉动数字产业化的发展，两者相互促进。数字经济与实体经济加速融合，是未来的重要经济发展趋势。

数字经济参与主体基于价值共创，生成价值网络生态体系，网络成员之间生产要素的利用水平达到帕累托最优。价值共创产生“1+1>2”的效果，竞合共生发挥着关键作用。表现在价值共创的驱动下，众多参与主体之间竞合博弈，颠覆式创新不断涌现，淘汰或取代现有产品，系统自身创新能力持续提升。

价值共生是数字乡村共生系统的参与主体之间共生合作的更高水平。包括生产者、消费者、分解者和环境因素在内的众多参与主体之间，进行价值共创和价值共享，共同承担风险，在相互依存和高效合作中实现共同发展，推动整个生态系统的高水平运行。

第二节　生成过程理论构建

一、研究对象

理论源于资料，资料源于实践。本章秉着“在经验资料的基础上建立理论”这一主要宗旨，以数字乡村典型案例库和成功案例为遴选依据，经过课题小组(1 名教授、2 名副教授、1 名博士后科研人员、3 名博士研究生)多次讨论、反复研讨，并充分结合全国范围内的区域差异，遴选出 12 个具有代表性的典型案例作为本章研究对象。其中，这些案例包含河北巨鹿样本、江苏宿城样本、江苏沙集模式、河南孟津模式，以及数字乡村示范县浙江德清县、浙江省平湖市、重庆市石柱县，还有被誉为西北电商第一县的陕西武功县等。12 个典型案例遍布东部、东北部、中部、西部，涉及金银花产业、养鱼养猪业、木耳产业、家具业等产业，且彼此间存在较强的完备性和互补性(白长虹等，2019)。

为形成完整的证据链，并通过三角验证保证研究资料的完整性和准确性，本章通过多种渠道获取典型案例资料。主要来源包括：①开展实地调研，与县级以上乡村振兴局有关领导进行面对面访谈，并整理访谈记录与言论；②针对典型案例的发展历程、事件经过、结果呈现等，主要通过政府文件、项目文档、发展报告等形式进行采集；③针对事件观点、理论观点、学术观点等，主要通过核心论文、专家评论、学术会议等渠道获取。课题小组成员对收集的资料进行整理、编号、精练，确保真实地、准确地反映实际情况。

二、扎根分析过程

扎根理论是一种典型的自下而上理论规模方法，其扎根分析过程兼具科学性和严谨性，它特别强调从实际资料中生成理论，要求所产生的理论一定要能追溯至原始资料，这样产生的理论才具有鲜活生命力。受篇幅所限，有关扎根理论详细介绍不再赘述，主要参考《质性研究的基础：形成扎根理论的程序与方法》①。扎根分析过程主要包含开放式编码、主轴式编码和选择性编码三级编码，具体分析如下：

（一）开放式编码

开放式编码是对原始资料进行贴标签和概念化的过程，需对生成的标签和概念进行持续修订与校验。为消除主观倾向对编码结果的影响，组织课题小组成员仔细研读案例资料，针对存在争议的编码，通过举手投票的方式决定，并反复比较资料的逻辑关系，剔除重复冗余的概念，最终在整理好的 75 份原始资料中，贴上 107 个标签，概括出 107 个概念，部分示例如表4-1所示。

表 4-1　从原始资料到概念化的形成过程举例

<table>
<tr><th>编号</th><th>概念化</th><th>贴标签</th><th>原始资料</th></tr>
<tr><td>A_1</td><td>畅通全产业链</td><td>T_1 电商直播打通市场链、带动生产链、打通人才链</td><td>河北巨鹿借助电商直播等互联网新营销方式，结合现代物流体系，打通“市场链”，带动金银花水、金银花茶等农产品深加工的“生产链”，通过电商培训、电商客服中心等项目，吸引年轻人返乡就业，打通“人才链”（F-1）</td></tr>
<tr><td>A_2</td><td>提升产品品牌</td><td>T_2 电商直播提升产品知名度</td><td rowspan="3">一年时间里，当地老乡和商户参加了 30 多场助农直播带货活动，使巨鹿的金银花水、金银花茶慢慢有了自己的名气。在阿里公益团队的牵线下，大主播纷纷为巨鹿直播带货，助力金银花深加工产品打破地域限制。随着电商销售规模的大幅增加，物流运费也相应降低了三成（F-2）</td></tr>
<tr><td>A_3</td><td>扩大销售规模</td><td>T_3 电商直播扩大销售规模</td></tr>
<tr><td>A_4</td><td>增加农民收益</td><td>T_4 电商直播增加收益</td></tr>
</table>

① 朱丽叶·M. 科宾，安塞尔姆·L. 施特劳斯．质性研究的基础：形成扎根理论的程序与方法［M］．重庆：重庆大学出版社，2023.

续表

编号	概念化	贴标签	原始资料
A_5	有助于实时调优	T_5 按照消费者要求实时调优	电商销售直接面对消费者，就应该按照消费者的需求实时调优。当金银花水销售额成功突破 1000 万元大关时，当地商户建议将原本每瓶 500 多毫升的包装规格调整为每瓶 350 毫升(F-3)
A_6	政府参与	T_6 政府与电商协会合作	为发挥电商平台渠道优势，推动巨鹿金银花成为畅销网络的优质农产品，当地政府和电商协会共同组成了“巨鹿优品研究所”，从视觉设计、包装规格、产品标准等方面，对现有产品进行改进升级，还研发出金银花茶单品、花草组合茶等深加工产品(F-4)
A_7	产品多样化	T_7 产品升级与研发衍生品	为发挥电商平台渠道优势，推动巨鹿金银花成为畅销网络的优质农产品，当地政府和电商协会共同组成了“巨鹿优品研究所”，从视觉设计、包装规格、产品标准等方面，对现有产品进行改进升级，还研发出金银花茶单品、花草组合茶等深加工产品(F-4)
A_8	理念创新	T_8 传统产业焕发新活力，理念创新非常重要	让老产业焕发新活力，打通生产链和市场链之间的关系，不仅涉及生产，而且涵盖流通，各环节相互带动，这个理念创新以后，会引发一系列的连锁反应，甚至改变人们的思维模式(F-5)
A_9	思维模式被打破	T_9 连锁反应导致思维模式被打破	让老产业焕发新活力，打通生产链和市场链之间的关系，不仅涉及生产，而且涵盖流通，各环节相互带动，这个理念创新以后，会引发一系列的连锁反应，甚至改变人们的思维模式(F-5)
A_{10}	品牌建设	T_{10}品牌建设是高质量和可持续的必备条件	现今巨鹿金银花种植面积超过 13 万亩，年产优质干花 1 万余吨，总产值超过 20 亿元，占全国金银花总产量的 60%以上，已成为我国最大的金银花种植区和集散地。这一过程中，金银花产业链的完善不仅要有销售规模和数量上的增长，而且要寻求高质量和可持续性，所以品牌建设刻不容缓。品牌能力提升才能为巨鹿县培育出真正有市场竞争力的标杆企业，未来才能吸引更多人投身金银花深加工行业(F-6)
A_{11}	政企合作	T_{11}政府与互联网企业合作	巨鹿县政府电商办和阿里巴巴合作，通过举办系列电商人才培训巨鹿乡村致富班，邀请淘宝大学金牌讲师对本土学员授课。全年累计培训覆盖 800 人次，并开展本地直播大赛，部分优秀主播实现日交易额破万元的佳绩(F-7)
A_{12}	创造数字就业岗位	T_{12}互联网项目创造数字就业岗位	“阿里客服县”是阿里巴巴乡村振兴特派员高泉引入巨鹿的首个“大项目”，在巨鹿注册当地企业，在当地缴税，为员工缴纳社保、引入互联网公司的管理模式，更重要的是，项目招聘当地人才，为当地创造数字就业岗位，吸引了不少青年返回家乡就业(F-8)
……	……	……	……
A_{107}	107 个概念	107 个标签	75 个原始资料

（二）主轴式编码

主轴式编码是在开放式编码基础上，对初始概念进行对比分析，根据初始概念之间的内在逻辑联系，将具有相同内在逻辑的不同初始概念提炼为更高一级的范畴。例如，本章将“数字基础设施普及率”“数字化服务站点”“农产品质量安全监督平台”“数字设施向农户扩散”“农业运作智能化平台”“农产品生产可视化平台”“农产品销售可视化平台”等初始概念，提炼、归纳为“数字基础设施”范畴。同理，本章最终将107个初始概念提炼成16个范畴，范畴与初始概念对照关系如表4-2所示。

表 4-2 主轴式编码形成的范畴与初始概念对照关系

编号	范畴化	概念化
B_1	数字基础设施	A_{30}数字基础设施普及率；A_{41}数字化服务站点；A_{44}农产品质量安全监督平台；A_{51}数字设施向农户扩散；A_{93}农业运作智能化平台；A_{95}农产品生产可视化平台；A_{97}农产品销售可视化平台
B_2	农业数字化	A_{22}数字红利反哺乡村；A_{32}数字技术融合乡村生产生活；A_{33}产品链数字化改造；A_{63}互联网改变乡村经济面貌；A_{101}智慧种植；A_{107}数字农业硅谷
B_3	农业数字产业化	A_{27}数字技术赋能；A_{29}数字技术应用；A_{38}数据融合；A_{73}电商产业迭代升级；A_{74}电商产业辐射效应；A_{80}电商创业就业；A_{86}电商产业集聚；A_{90}电商产业发展；A_{92}数字产业发展；A_{94}现代信息技术应用；A_{106}信息技术在农业领域中的应用与创新
B_4	政府支持	A_6政府参与；A_{11}政企合作；A_{28}政企协同合作；A_{34}财政投资；A_{42}政府牵头指导工作；A_{56}政府积极介入；A_{70}政府主动介入；A_{71}政府做后盾；A_{83}政府营造氛围；A_{84}政企培育淘宝村；A_{85}政府牵头
B_5	时代背景	A_{45}互联网时代；A_{87}互联网企业下乡；A_{58}电商优化双创环境；A_{65}市场机制主导
B_6	劳动结构	A_{54}新型农民培育；A_{102}新农业人培育；A_{104}新型职业农民
B_7	理念变革	A_8理念创新；A_9思维模式被打破；A_{64}价值观深刻变革；A_{69}改变传统思想
B_8	积极探索	A_{31}数字农业战略合作；A_{67}带动效应；A_{68}能人效应
B_9	赋能对象	A_{13}数字赋能乡村治理；A_{43}赋能全产业链；A_{47}互联网赋能；A_{59}网络创业赋能乡村；A_{53}互联网赋能农民；A_{81}平台+政府双向赋能；A_{89}分类赋能
B_{10}	精准赋能	A_2提升产品品牌；A_3扩大销售规模；A_5有助于实时调优；A_7产品多样化；A_{10}品牌建设；A_{35}销售智能化；A_{46}创新营销模式；A_{48}增强消费者购买力；A_{99}提升农产品品牌价值

续表

编号	范畴化	概念化
B_{11}	赋能增值	A_1 畅通全产业链；A_{12}创造数字就业岗位；A_{57}互联网赋能产品多元化发展；A_{76}电商增强农民幸福感；A_{82}电商有效配置公共资源
B_{12}	产业兴旺	A_{16}农业产业数字化；A_{25}智慧型农业；A_{50}产业融合发展；A_{52}网络销售赋能产业发展；A_{72}传统产业数字化转型；A_{91}产业交叉融合；A_{100}数字农业；A_{103}农机装备研发；A_{105}提高农业机械总动力
B_{13}	生态宜居	A_{15}数字服务；A_{19}生活数字化；A_{49}增强消费者体验感；A_{62}生态保护；A_{78}生态更加宜居
B_{14}	乡风文明	A_{24}弘扬文明乡风，丰富乡村文化；A_{79}乡风更加文明；A_{61}增强文化创意
B_{15}	治理有效	A_{14}乡村智治；A_{17}数字治理；A_{20}数据治理；A_{26}人治到智治；A_{36}智慧监管；A_{37}数字手段监管；A_{39}以图管农、以数而策；A_{40}激发居民主动参与自治；A_{77}高效的乡村治理；A_{88}村庄规划
B_{16}	生活富裕	A_4 增加农民收益；A_{18}村民收入增加；A_{21}互联网使村民收入增加；A_{23}直播增收；A_{55}农民生活富足幸福；A_{60}电商增加农民收入；A_{66}网店增加订单量；A_{75}电商带动农户增收；A_{96}农民收入增加；A_{98}增加农民收入

（三）选择性编码

选择性编码是在主轴式编码基础上，寻求和提炼出高度概括的核心范畴，从而建立核心范畴与范畴之间的联系。例如，本章将“数字基础设施”“农业数字化”“农业数字产业化”提炼为“数字经济”核心范畴。同理，本章最终将 16 个范畴提炼成为 5 个核心范畴，如表 4–3 所示。

表 4–3 选择性编码形成的核心范畴与范畴内涵关系

编号	核心范畴	范畴	内涵关系
C_1	数字经济	B_1 数字基础设施	数字基础设施建设是支撑农业农村数字经济运行和发展的基础
		B_2 农业数字化	传统农业生产与数字技术相结合正转向覆盖整个农业生产销售过程的数字化
		B_3 农业数字产业化	农村数字产业化是农村地区数字产业的发展程度与产业规模大小
C_2	外部环境	B_4 政府支持	政策支持和财政支持为营造农村地区数字化转型氛围起到关键作用
		B_5 时代背景	农业农村现代化建设在数字化浪潮中不可独善其身

续表

编号	核心范畴	范畴	内涵关系
C_3	内部环境	B_6 劳动结构	新型职业农民是农业农村现代化建设的主要实施者
		B_7 理念变革	传统思维和固定模式在数字化过程中破茧重生
C_4	关键活动	B_8 积极探索	试错性探索是农业农村数字化转型的前提条件
		B_9 赋能对象	依据乡村实际情况选取优先数字化转型对象是重要一环
		B_{10} 精准赋能	针对产业链、产品生命周期不同环节进行数字化升级和优化
		B_{11} 赋能增值	增加就业、增加收入、提升幸福感等都属于乡村振兴范畴
C_5	乡村振兴	B_{12} 产业兴旺	以数字农业为主攻方向的产业兴旺是乡村振兴的重点
		B_{13} 生态宜居	以数字生态为绿色发展理念的生态宜居是乡村振兴的关键
		B_{14} 乡风文明	以数字文化为内在推动力的乡风文明是乡村振兴的保障
		B_{15} 治理有效	以数字治理为精细化手段的治理有效是乡村振兴的基础
		B_{16} 生活富裕	以数字赋能为重要带动作用的生活富裕是乡村振兴的根本

三、理论模型

通过三级编码，提炼出数字经济、外部环境、内部环境、关键活动和乡村振兴五个核心范畴。为使核心范畴间的潜在关系具体化，增强分析逻辑的连贯性，本章借鉴陶小龙等(2021)和綦良群等(2021)的研究方法，采用“故事线”的方式，将原本零散的事件重新聚拢在一起，诠释出原始资料呈现的理论框架，如图 4-2 所示。

本章认为，数字经济与乡村振兴作为两个耦合主体，在外部环境和内部环境共同作用下，通过关键活动这一耦合过程实现交叉耦合。其中，数字经济包含数字基础设施、农业数字化和农业数字产业化三个范畴；乡村振兴包含产业兴旺、生态宜居、乡风文明、治理有效、生活富裕五个范畴；关键活动包括积极探索、赋能对象、精准赋能和赋能增值四个范畴；

外部环境包括政府支持和时代背景两个范畴；内部环境包括劳动结构和理念变革两个范畴。关键活动是一个反复循环过程，数字经济与乡村振兴的耦合在关键活动的不断迭代中向前演化升级，最终实现两者高水平协调发展，而外部环境和内部环境能够加快向高阶演化速度。

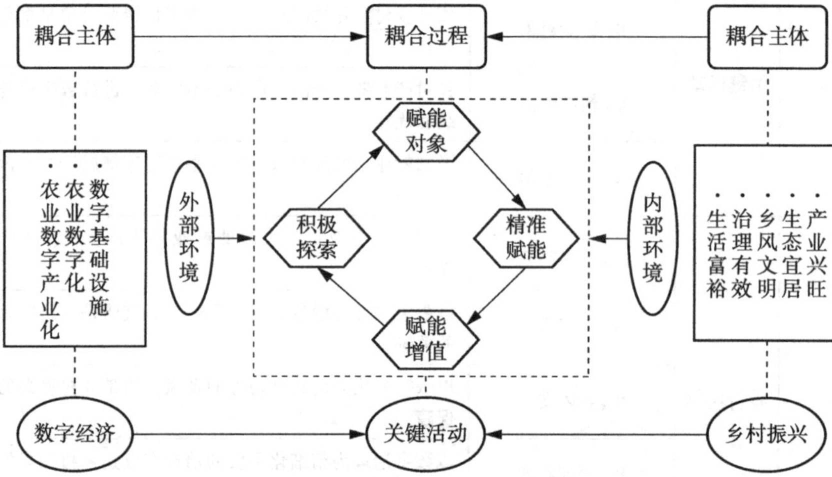

图 4-2　数字乡村生产过程理论模型

资料来源：张旺，白永秀．数字经济与乡村振兴耦合的理论构建、实证分析及优化路径[J]．中国软科学，2022(1)：132-146.

本章认为，数字经济与乡村振兴耦合最终形成数字乡村共生系统，该系统的形成和演化对建设数字乡村、实现农业农村现代化建设来说必不可少。数字经济是一种与自然生态系统类似的复杂动态的生态系统，由多个亚系统和多个复杂的要素构成，其结构与功能紧密相连，主要由生产者亚系统、消费者亚系统、分解者亚系统和数字生态环境组成。乡村振兴作为国家宏观战略体系，涵盖了乡村地域系统"人""地""业"众多要素，是一个具有特定结构与功能的目标系统，也是乡村地域系统的一个子系统。根据人地关系地域系统理论，以及乡村地域系统（乡村综合体）是由人文、经济、资源与环境相互联系、相互作用而构成的，具有一定结构、功能和区间联系的乡村空间体系这一论述，本章认为数字经济生态系统与乡村振兴地域系统同属于人地关系地域系统，数字经济生态系统重点强调乡村空间体系的数字生态环境，而乡村振兴地域系统重点强调乡村空间体系的乡村地域环境。数字经济子系统与乡村振兴子系统通过要素、结构、功能实现耦合，两者相互作用、相互影响，形成一个有机的耦合整体，本章将其界定为数字乡村共生系统，该共生系统是一个复杂的、动态的、不断演化的系统。

本章认为，数字乡村共生系统是实现农业农村现代化的必由之路，是对乡村振兴实施过程中遇到堵点的积极回应，以数据要素和数字技术作为推动农业农村现代化的核心力量，涵盖乡村振兴领域的产业兴旺、生态宜居、乡风文明、治理有效、生活富裕等方面。对于产业兴旺，数字经济通过资源整合、信息共享和要素互联，健全一二三产业融合发展利益联结机制，推进农业产业全面升级（Onitsuka et al.，2018）；对于生态宜居，数字经济可以实现农业生产过程的透明化，助力农业生产过程中对肥料、化肥、农药等生产要素的精细化操作，以精细化生产替代传统粗放式生产，保护农村生态环境；对于乡风文明，数字经济通过乡村文化资源数字化和网格化，推动乡村文化业态升级，打造统一的公共文化空间，实现城乡文化融合发展；对于治理有效，大数据与乡村治理、互联网与乡村治理网格化、数字乡村和公共服务、智慧乡村等已成为乡村治理的主要形式，大幅度提升了政府的治理效能；对于生活富裕，数字经济通过重构乡村人、地、钱三要素在产业链和价值链中的位置，优化组合形成直播带货、“农业生产+电商”、“农业基地+盒马”的乡村经济发展新模式，在拉动网络消费和网络创业方面效果显著，对提高农户收入和改善生产水平具有重要的带动作用。

第五章

中国数字乡村共生系统发展水平测度

第一节　指标体系构建

本章紧扣数字乡村共生系统生成过程理论模型，先构建数字乡村共生系统指标体系，再通过实证分析对理论模型进行阐释，确保理论模型与实证分析互为支撑、互为补充。本章指标体系构建主要基于法律政策依据、理论依据和现实依据三大遴选依据。其中，法律政策依据是指依据党和政府文件中关于数字经济与乡村振兴耦合的阐释；理论依据是指借鉴学术界在数字经济与乡村振兴耦合、数字经济指标体系、乡村振兴指标体系等方面的理论成果；现实依据是指依据数据的可获得性和实际操作性，主要用于具体衡量中代理指标的遴选。

本章遵循指标体系三大遴选依据，在构建农村数字经济指标时，主要参考张鸿等(2021)和慕娟等(2021)的学术成果；在构建乡村振兴指标时，主要借鉴党和政府文件，以及李志龙(2019)、张挺等(2018)、程明等(2020)的学术成果，遴选出包含数字经济和乡村振兴两个系统8个要素层26个指标层的数字乡村共生系统指标体系。其中，指标层权重通过熵权法计算得出，要素层权重由指标层合成而来，具体详情如表5-1所示。

本章以中国2012—2019年30个省(区、市)面板数据为考察样本，鉴于数据的可获得性和可比较性，暂不考虑西藏地区及港澳台地区。原始数据主要来源于《中国统计年鉴》《中国农村统计年鉴》《中国城乡建设统计年鉴》《中国人口与就业统计年鉴》等，“农村数字普惠金融指数”来源于《北京大学数字普惠金融指数(2011—2020)》，“淘宝村个数”来源于《中国淘宝村研究报告(2009—2019)》。农业数字化规模测算借鉴慕娟等(2021)和许宪春等(2020)的处理方式，首先利用投入产出表测算第一产

表 5-1 数字乡村共生系统指标体系①

要素层(权重)			指标层(单位，属性)	指标衡量公式	权重
数字乡村共生系统发展水平	数字经济(X)	X_1 数字基础设施(0.151)	X_{11}农村互联网普及率(%，+)	农村宽带接入用户/农村户数	0.017
			X_{12}农村智能手机普及率(部/百人，+)	农村居民每百户年移动电话拥有量	0.077
			X_{13}农业气象观测站(个，+)	农业气象观测业务	0.057
		X_2 农业数字化(0.652)	X_{21}农业数字化规模(万元，+)	第一产业中数字经济增加值	0.285
			X_{22}农产品数字化交易(亿元，+)	农村电子商务销售额和采购额	0.296
			X_{23}农业生产投资力度(%，+)	农、林、牧、渔业固定资产投资/社会固定资产总投资	0.071
		X_3 农业数字产业化(0.197)	X_{31}农村网络支付水平(＊＊，+)	农村数字金融普惠指数	0.049
			X_{32}农村信息技术应用(人，-)	平均每一营业网点服务人口	0.014
			X_{33}农业农村创业创新基地(个，+)	淘宝村个数	0.135
	乡村振兴(Y)	Y_1 产业兴旺(0.296)	Y_{11}劳动生产率(元/人，+)	第一产业增加值/乡村人口	0.043
			Y_{12}土地生产率(元/亩，+)	第一产业增加值/农作物总播种面积	0.109
			Y_{13}人均机械总动力(千瓦/人，+)	农用机械总动力/第一产业从业人员	0.094
			Y_{14}第一产业增加值比重(%)	第一产业增加值/地区生产总值	0.050
		Y_2 生态宜居(0.265)	Y_{21}卫生厕所普及率(%，+)	使用卫生厕所的农户数/农户总数	0.029
			Y_{22}千人村卫生室人员(人，+)	卫生技术人员数/乡村人口	0.147
			Y_{23}绿化覆盖率(%，+)	绿化覆盖面积/乡村总面积	0.090
		Y_3 乡风文明(0.1385)	Y_{31}文化站覆盖率(%，+)	乡镇文化站个数/乡镇个数	0.036
			Y_{32}文化教育支出比例(%，+)	文化教育支出量/总消费量	0.019
			Y_{33}平均受教育年限(年，+)	(文盲数×1+小学人数×6+初中人数×9+高中和中专人数×12+大专及本科以上人数×16)/6 岁以上人口总数	0.015
			Y_{34}电视综合覆盖率(%，+)	电视拥有量/农户总数	0.068
		Y_4 治理有效(0.208)	Y_{41}开展村庄整治的比例(%，+)	开展整治的村庄个数/行政村个数	0.049
			Y_{42}有村庄建设规划的比例(%，+)	有建设规划的村庄个数/行政村个数	0.040
			Y_{43}村民委员会覆盖率(%，+)	村民委员会个数/自然村个数	0.119
		Y_5 生活富裕(0.094)	Y_{51}人均居住面积(平方米/人，+)	住宅建筑面积/乡村人口	0.060
			Y_{52}城乡居民收入对比(元/人，-)	城市居民收入/(农村居民收入=1)	0.018
			Y_{53}恩格尔系数(%，-)	食品支出总额/消费支出总额	0.016

① 张旺，白永秀．数字经济与乡村振兴耦合的理论构建、实证分析及优化路径[J]．中国软科学，2022(1)：132-146.

业数字活动①增加调整系数，然后计算得到第一产业部门数字活动增加值，用以表征农业数字化规模。具体而言，令 ρ 为第一产业数字经济调节系数，π_d 为第一产业数字产品和服务中间投入，π 为第一产业部门总中间投入，θ_{dav} 为第一产业数字活动增加值，θ 为第一产业增加值，则调整系数 $\rho=\pi_d/\pi$，第一产业数字活动增加值 $\theta_{dav}=\rho\times\theta$。对于一些基础数据主要由 EPS 数据平台中"三农数据库""宏观经济数据库""中国城乡建设数据库"等下载而来；对于部分缺失的数值采用插值法进行填补。为方便后续分析，依据国家统计局 2011 年划分办法，将中国 30 个省(区、市)分为东部地区、东北部地区、中部地区和西部地区四大经济区②。

第二节　模型介绍

一、熵权法

熵权法是一种客观赋权方法，能够客观真实地反映隐含在指标数据中的信息，利用其计算出评价指标权重，为综合评价提供依据。有关熵权法主要计算程序参考王军等(2021)和周成等(2016)学术成果。具体计算程序如下：

（一）标准化处理

$$Z'_{ij}=\frac{Z_{ij}-\min(Z_{ij})}{\max(Z_{ij})-\min(Z_{ij})}(+) \qquad i=1,2,\cdots,m;\ j=1,2,\cdots,n$$
$$Z'_{ij}=\frac{\max(Z_{ij})-Z_{ij}}{\max(Z_{ij})-\min(Z_{ij})}(-) \tag{5-1}$$

式(5-1)中，Z_{ij} 是第 i 年第 j 个指标的值，Z'_{ij} 是指标标准化结果，

① 在地区 2012 年投入产出表中，将中间投入代码为 20、21、32 视为第一产业数字活动。

② 东部地区：北京、天津、河北、上海、江苏、浙江、福建、山东、广东和海南；中部地区：山西、安徽、江西、河南、湖北和湖南；东北部地区：辽宁、吉林和黑龙江；西部地区：内蒙古、广西、重庆、四川、贵州、云南、西藏、陕西、甘肃、青海、宁夏和新疆。

$\max(Z_{ij})$是指标Z_{ij}的最大值，$\min(Z_{ij})$是指标Z_{ij}的最小值。

（二）计算第 i 年第 j 个指标的比重

$$d_{ij} = Z'_{ij} / \sum_{i=1}^{m} Z'_{ij} \tag{5-2}$$

（三）计算第 j 个指标信息熵

$$e_j = -1/\ln(m) \sum_{i=1}^{m} \{d_{ij} \ln(d_{ij})\} \tag{5-3}$$

（四）计算第 j 个指标权重

$$\psi_j = -(1 - e_j) / \sum_{j=1}^{n} (1 - e_j) \quad \psi_j \in [0,\ 1];\ \sum_{j=1}^{n} \psi_j = 1 \tag{5-4}$$

（五）计算各子系统第 i 年的发展指数

$$f(x) \text{org}(y) = \sum_{j=1}^{n} \psi_j \times d_{ij} \tag{5-5}$$

式(5-2)至式(5-5)中，m 为年数，n 为指标数，$f(x)$和 $g(y)$分别为数字经济子系统和乡村振兴子系统发展指数。

二、耦合协调度模型

耦合协调度表征两个或两个以上子系统相互作用影响的程度，耦合作用和协调程度决定了耦合系统演化发展状况。本章所构建的数字乡村共生系统表现为一种复杂的非线性耦合关系，则数字乡村共生系统协调度模型可表示为：

$$D=\sqrt{C \times T} \tag{5-6}$$

其中：

$$C=\left\{\frac{f(x) \cdot g(y)}{\left[\frac{f(x)+g(y)}{2}\right]^2}\right\}^{1/2} \tag{5-7}$$

$$T=\alpha f(x)+\beta g(y) \tag{5-8}$$

式(5-6)至式(5-8)中，D 为耦合协调度，C 为耦合度，T 为两个子系统的综合发展指数，α 和 β 为待定系数，对于两个子系统通常取 0.5。耦合协调度 D 的取值范围为 0 到 1，本章借鉴李志龙(2019)的“四分法”划分方法，将耦合系统协调度区间进行划分，见表 5-2。

表 5-2　耦合协调度等级区间划分

耦合协调度	协调水平	耦合协调度	协调水平
(0, 0.4]	低度协调耦合	(0.5, 0.8]	高度协调耦合
(0.4, 0.5]	中度协调耦合	(0.8, 1)	极度协调耦合

三、耦合演化模型

数字乡村共生系统是一个复合系统，包含数字经济子系统和乡村振兴子系统，本章根据系统理论，将两个子系统演化方程表示为：

$$F(x,\ t) = \mathrm{d}F(x)/\mathrm{dt} \tag{5-9}$$

$$G(y,\ t) = \mathrm{d}G(y)/\mathrm{dt} \tag{5-10}$$

式(5-9)和式(5-10)中，$F(x, t)$ 和 $G(y, t)$ 为受自身与外界影响下的数字经济子系统和乡村振兴子系统的演化状态，则两个子系统的演化速率分别为：

$$V(x) = \mathrm{d}F(x,\ t)/\mathrm{dt} \tag{5-11}$$

$$V(y) = \mathrm{d}G(y,\ t)/\mathrm{dt} \tag{5-12}$$

将 $V(x)$ 和 $V(y)$ 的演化轨迹投影到同一二维平面，对于某一时间点，曲线 $V(x)$ 和 $V(y)$ 的夹角 γ 可表示为 $Tan\gamma = V(x)/V(y)$，则 $\gamma = \arctan[V(x)/V(y)]$，夹角 γ 反映了数字经济与乡村振兴两个系统变化趋势之间的特征与差异。

四、障碍度模型

协调发展是系统内部各子系统及其子系统要素相互适应、协作、促进，形成的由低级到高级、由无序到有序、由简单到复杂的演化过程。可见，数字乡村共生系统协调发展与两个子系统及其要素关系密切，为了有效促进两者耦合协调发展，借助障碍度模型诊断影响两者耦合协调发展的障碍因子，障碍度模型如下：

$$I_{ij} = 1 - Y_{ij} \tag{5-13}$$

$$h_j = \left(\frac{F_j I_{ij}}{\sum_{j=1}^{m} F_j I_{ij}} \right) \times 100\% \tag{5-14}$$

$$H_j = \sum h_j \tag{5-15}$$

式(5-13)、式(5-14)、式(5-15)中，Y_{ij}为指标标准值，等于熵权法中的Z'_{ij}，I_{ij}为指标偏离度，即单项指标与耦合协调目标间的差距，F_j为因子贡献度，即单项指标对耦合协调目标的权重，h_j和H_j分别为指标层与要素层的障碍度。

第三节　结果讨论

一、子系统发展指数分析

为了能够清晰展示数字经济和乡村振兴两个子系统发展指数的差距，将数字经济发展指数和乡村振兴发展指数写成分式形式，分子为数字经济发展指数，分母为乡村振兴发展指数。分别计算全国、东部、中部、东北部和西部各区域这两种发展指数的均值，以此更直观地展示两种发展指数的区域差异，详情见表5-3。

整体而言，数字经济发展指数普遍低于乡村振兴发展指数，但差距在演化过程中逐步缩小，截至2019年，出现了个别年份、个别省份数字经济发展指数高于乡村振兴发展指数的情况，说明农村数字经济增长速度超过了乡村振兴增长速度，这种发展趋势有利于耦合系统向高阶演化。然而，整体而言，两者的发展指数普遍偏低，增长速度也较为缓慢。例如，2019年数字经济发展指数和乡村振兴发展指数的全国均值分别为0.273和0.323。局部而言，都存在东部地区遥遥领先，中部、东北部和西部地区低于全国均值之下的态势。但增长速度在不同区域呈现不同现象，如西部地区的乡村振兴增长速度较快、中部地区的数字经济增长速度较快，说明数字经济演化趋势与乡村振兴演化趋势同步不同速，这主要是因为数字经济与乡村振兴发展基础不同。

二、耦合协调度分析

计算耦合系统的耦合度和协调度，分子分母分别表示耦合度和协调度，详情见表5-4。

表 5-3　数字乡村共生系统子系统发展指数

省份	2012 年	2013 年	2014 年	2015 年	2016 年	2017 年	2018 年	2019 年
北京	0. 158/0. 429	0. 216/0. 433	0. 266/0. 444	0. 292/0. 524	0. 284/0. 548	0. 345/0. 567	0. 353/0. 583	0. 404/0. 621
天津	0. 076/0. 336	0. 089/0. 366	0. 106/0. 379	0. 125/0. 405	0. 126/0. 449	0. 137/0. 462	0. 152/0. 432	0. 166/0. 490
河北	0. 171/0. 339	0. 201/0. 358	0. 214/0. 363	0. 222/0. 369	0. 248/0. 352	0. 269/0. 363	0. 286/0. 346	0. 303/0. 354
上海	0. 111/0. 362	0. 151/0. 356	0. 225/0. 354	0. 231/0. 384	0. 261/0. 384	0. 275/0. 372	0. 305/0. 364	0. 347/0. 377
江苏	0. 158/0. 350	0. 210/0. 365	0. 214/0. 382	0. 229/0. 391	0. 241/0. 408	0. 272/0. 422	0. 319/0. 420	0. 348/0. 430
浙江	0. 150/0. 380	0. 193/0. 387	0. 204/0. 383	0. 236/0. 385	0. 263/0. 419	0. 297/0. 436	0. 353/0. 435	0. 398/0. 437
福建	0. 257/0. 334	0. 289/0. 359	0. 297/0. 373	0. 324/0. 378	0. 352/0. 427	0. 364/0. 424	0. 400/0. 415	0. 440/0. 440
山东	0. 150/0. 382	0. 203/0. 404	0. 215/0. 421	0. 245/0. 426	0. 288/0. 407	0. 342/0. 405	0. 383/0. 405	0. 370/0. 418
广东	0. 208/0. 211	0. 311/0. 233	0. 340/0. 240	0. 375/0. 238	0. 429/0. 260	0. 495/0. 258	0. 573/0. 271	0. 636/0. 283
海南	0. 068/0. 295	0. 076/0. 323	0. 084/0. 347	0. 093/0. 357	0. 101/0. 368	0. 114/0. 395	0. 126/0. 386	0. 134/0. 410
山西	0. 116/0. 270	0. 140/0. 279	0. 149/0. 296	0. 172/0. 292	0. 186/0. 272	0. 207/0. 256	0. 2370. 258	0. 227/0. 265
安徽	0. 075/0. 220	0. 101/0. 247	0. 113/0. 255	0. 133/0. 261	0. 145/0. 271	0. 165/0. 279	0. 189/0. 278	0. 204/0. 283
江西	0. 078/0. 280	0. 096/0. 265	0. 105/0. 278	0. 120/0. 288	0. 134/0. 292	0. 155/0. 296	0. 167/0. 294	0. 183/0. 300
河南	0. 135/0. 263	0. 168/0. 273	0. 177/0. 280	0. 197/0. 283	0. 215/0. 279	0. 235/0. 262	0. 261/0. 270	0. 275/0. 279
湖北	0. 333/0. 242	0. 373/0. 260	0. 392/0. 275	0. 412/0. 283	0. 451/0. 292	0. 465/0. 292	0. 482/0. 283	0. 522/0. 288
湖南	0. 107/0. 209	0. 143/0. 231	0. 146/0. 258	0. 166/0. 293	0. 181/0. 300	0. 194/0. 303	0. 221/0. 294	0. 241/0. 313
辽宁	0. 125/0. 218	0. 137/0. 237	0. 143/0. 251	0. 156/0. 263	0. 158/0. 257	0. 171/0. 254	0. 192/0. 253	0. 202/0. 269
吉林	0. 089/0. 204	0. 103/0. 213	0. 116/0. 227	0. 134/0. 231	0. 142/0. 228	0. 151/0. 229	0. 162/0. 229	0. 174/0. 247

续表

省份	2012 年	2013 年	2014 年	2015 年	2016 年	2017 年	2018 年	2019 年
黑龙江	0. 134/0. 218	0. 148/0. 241	0. 158/0. 261	0. 172/0. 263	0. 180/0. 269	0. 206/0. 277	0. 213/0. 283	0. 231/0. 342
内蒙古	0. 124/0. 198	0. 136/0. 209	0. 134/0. 225	0. 157/0. 244	0. 169/0. 248	0. 184/0. 269	0. 190/0. 273	0. 210/0. 285
广西	0. 170/0. 181	0. 187/0. 196	0. 200/0. 220	0. 233/0. 230	0. 250/0. 239	0. 272/0. 251	0. 297/0. 250	0. 330/0. 269
重庆	0. 083/0. 174	0. 103/0. 179	0. 121/0. 194	0. 136/0. 202	0. 148/0. 224	0. 165/0. 224	0. 182/0. 235	0. 196/0. 247
四川	0. 183/0. 196	0. 201/0. 194	0. 208/0. 199	0. 227/0. 211	0. 247/0. 218	0. 283/0. 230	0. 317/0. 233	0. 352/0. 260
贵州	0. 054/0. 131	0. 070/0. 188	0. 075/0. 168	0. 088/0. 194	0. 103/0. 198	0. 127/0. 200	0. 147/0. 208	0. 167/0. 208
云南	0. 118/0. 155	0. 141/0. 170	0. 145/0. 194	0. 169/0. 197	0. 178/0. 205	0. 203/0. 219	0. 221/0. 221	0. 249/0. 243
陕西	0. 098/0. 222	0. 113/0. 228	0. 125/0. 242	0. 140/0. 245	0. 156/0. 244	0. 179/0. 223	0. 198/0. 233	0. 214/0. 239
甘肃	0. 099/0. 165	0. 111/0. 179	0. 111/0. 192	0. 133/0. 203	0. 140/0. 208	0. 165/0. 217	0. 182/0. 215	0. 190/0. 222
青海	0. 087/0. 246	0. 108/0. 266	0. 091/0. 285	0. 108/0. 275	0. 112/0. 278	0. 125/0. 279	0. 135/0. 285	0. 135/0. 308
宁夏	0. 070/0. 187	0. 076/0. 200	0. 085/0. 222	0. 092/0. 234	0. 104/0. 219	0. 121/0. 221	0. 133/0. 224	0. 143/0. 233
新疆	0. 143/0. 271	0. 157/0. 312	0. 149/0. 326	0. 160/0. 325	0. 160/0. 327	0. 172/0. 331	0. 196/0. 343	0. 202/0. 317
东部	0. 151/0. 342	0. 194/0. 358	0. 217/0. 369	0. 237/0. 386	0. 259/0. 402	0. 291/0. 410	0. 325/0. 406	0. 355/0. 426
中部	0. 141/0. 247	0. 170/0. 259	0. 180/0. 273	0. 200/0. 283	0. 219/0. 285	0. 237/0. 281	0. 259/0. 279	0. 275/0. 288
东北部	0. 116/0. 213	0. 129/0. 231	0. 139/0. 246	0. 154/0. 253	0. 160/0. 251	0. 176/0. 253	0. 189/0. 255	0. 202/0. 286
西部	0. 112/0. 193	0. 128/0. 211	0. 131/0. 224	0. 149/0. 233	0. 161/0. 237	0. 182/0. 242	0. 200/0. 247	0. 217/0. 257
全国	0. 131/0. 256	0. 158/0. 272	0. 170/0. 284	0. 189/0. 296	0. 205/0. 303	0. 229/0. 307	0. 252/0. 307	0. 273/0. 323

表 5-4　数字乡村共生系统的耦合度与协调度

省份	2012 年	2013 年	2014 年	2015 年	2016 年	2017 年	2018 年	2019 年
北京	0. 886/0. 510	0. 942/0. 553	0. 968/0. 586	0. 959/0. 626	0. 949/0. 628	0. 970/0. 665	0. 969/0. 673	0. 977/0. 708
天津	0. 777/0. 400	0. 794/0. 425	0. 826/0. 447	0. 848/0. 474	0. 827/0. 488	0. 840/0. 502	0. 878/0. 506	0. 869/0. 534
河北	0. 944/0. 491	0. 960/0. 518	0. 966/0. 528	0. 969/0. 535	0. 985/0. 544	0. 989/0. 559	0. 996/0. 561	0. 997/0. 572
上海	0. 848/0. 448	0. 915/0. 482	0. 975/0. 531	0. 968/0. 546	0. 982/0. 563	0. 989/0. 566	0. 996/0. 577	0. 999/0. 601
江苏	0. 926/0. 485	0. 963/0. 526	0. 960/0. 535	0. 965/0. 547	0. 966/0. 560	0. 976/0. 582	0. 991/0. 605	0. 995/0. 622
浙江	0. 901/0. 489	0. 942/0. 522	0. 952/0. 529	0. 971/0. 549	0. 974/0. 576	0. 982/0. 600	0. 995/0. 626	0. 999/0. 646
福建	0. 991/0. 541	0. 994/0. 567	0. 994/0. 577	0. 997/0. 591	0. 995/0. 622	0. 997/0. 627	1. 000/0. 638	1. 000/0. 663
山东	0. 900/0. 489	0. 944/0. 535	0. 946/0. 548	0. 963/0. 568	0. 985/0. 585	0. 996/0. 610	1. 000/0. 628	0. 998/0. 627
广东	1. 000/0. 457	0. 990/0. 518	0. 985/0. 534	0. 975/0. 547	0. 970/0. 578	0. 949/0. 598	0. 934/0. 628	0. 923/0. 652
海南	0. 780/0. 376	0. 785/0. 396	0. 794/0. 414	0. 809/0. 427	0. 823/0. 439	0. 835/0. 461	0. 861/0. 470	0. 862/0. 484
山西	0. 917/0. 420	0. 943/0. 445	0. 944/0. 458	0. 966/0. 473	0. 982/0. 474	0. 994/0. 480	0. 999/0. 497	0. 997/0. 495
安徽	0. 871/0. 358	0. 908/0. 398	0. 922/0. 412	0. 946/0. 432	0. 953/0. 446	0. 967/0. 463	0. 982/0. 479	0. 987/0. 490
江西	0. 825/0. 384	0. 884/0. 399	0. 892/0. 413	0. 911/0. 432	0. 929/0. 445	0. 949/0. 463	0. 962/0. 471	0. 970/0. 484
河南	0. 947/0. 434	0. 971/0. 463	0. 974/0. 472	0. 984/0. 486	0. 992/0. 495	0. 998/0. 498	1. 000/0. 515	1. 000/0. 526
湖北	0. 987/0. 533	0. 984/0. 558	0. 985/0. 573	0. 983/0. 584	0. 977/0. 603	0. 973/0. 607	0. 965/0. 608	0. 957/0. 623
湖南	0. 946/0. 387	0. 972/0. 426	0. 961/0. 441	0. 961/0. 470	0. 969/0. 483	0. 976/0. 492	0. 990/0. 505	0. 991/0. 524
辽宁	0. 963/0. 406	0. 963/0. 424	0. 962/0. 435	0. 967/0. 450	0. 971/0. 449	0. 981/0. 456	0. 991/0. 470	0. 990/0. 483
吉林	0. 920/0. 367	0. 937/0. 385	0. 947/0. 403	0. 964/0. 419	0. 973/0. 425	0. 979/0. 431	0. 985/0. 439	0. 985/0. 456

续表

省份	2012 年	2013 年	2014 年	2015 年	2016 年	2017 年	2018 年	2019 年
黑龙江	0. 971/0. 414	0. 970/0. 434	0. 970/0. 451	0. 978/0. 461	0. 980/0. 469	0. 989/0. 489	0. 990/0. 496	0. 981/0. 530
内蒙古	0. 973/0. 396	0. 977/0. 411	0. 968/0. 417	0. 976/0. 442	0. 982/0. 453	0. 982/0. 471	0. 984/0. 477	0. 988/0. 495
广西	0. 999/0. 419	1. 000/0. 438	0. 999/0. 458	1. 000/0. 481	1. 000/0. 494	0. 999/0. 511	0. 996/0. 522	0. 995/0. 546
重庆	0. 935/0. 347	0. 963/0. 369	0. 973/0. 391	0. 981/0. 407	0. 979/0. 427	0. 989/0. 439	0. 992/0. 455	0. 993/0. 469
四川	0. 999/0. 435	1. 000/0. 444	1. 000/0. 452	0. 999/0. 468	0. 998/0. 482	0. 995/0. 506	0. 988/0. 522	0. 989/0. 550
贵州	0. 909/0. 290	0. 891/0. 339	0. 924/0. 335	0. 927/0. 361	0. 949/0. 378	0. 975/0. 399	0. 985/0. 418	0. 994/0. 432
云南	0. 991/0. 367	0. 996/0. 393	0. 990/0. 410	0. 997/0. 427	0. 997/0. 437	0. 999/0. 459	1. 000/0. 470	1. 000/0. 496
陕西	0. 921/0. 384	0. 942/0. 400	0. 948/0. 417	0. 962/0. 430	0. 975/0. 442	0. 994/0. 447	0. 997/0. 464	0. 998/0. 475
甘肃	0. 969/0. 357	0. 973/0. 375	0. 964/0. 382	0. 978/0. 405	0. 981/0. 413	0. 991/0. 435	0. 997/0. 444	0. 997/0. 453
青海	0. 880/0. 383	0. 906/0. 412	0. 857/0. 402	0. 899/0. 415	0. 905/0. 420	0. 924/0. 432	0. 934/0. 443	0. 921/0. 452
宁夏	0. 891/0. 338	0. 893/0. 351	0. 894/0. 370	0. 901/0. 383	0. 934/0. 389	0. 956/0. 405	0. 968/0. 416	0. 971/0. 427
新疆	0. 951/0. 443	0. 944/0. 471	0. 929/0. 470	0. 940/0. 478	0. 940/0. 478	0. 949/0. 489	0. 962/0. 509	0. 975/0. 503
东部	0. 895/0. 469	0. 923/0. 504	0. 937/0. 523	0. 942/0. 541	0. 946/0. 558	0. 952/0. 577	0. 962/0. 591	0. 962/0. 611
中部	0. 916/0. 419	0. 944/0. 448	0. 946/0. 461	0. 959/0. 480	0. 967/0. 491	0. 976/0. 501	0. 983/0. 512	0. 984/0. 524
东北部	0. 951/0. 396	0. 957/0. 414	0. 959/0. 430	0. 969/0. 444	0. 975/0. 448	0. 983/0. 459	0. 989/0. 468	0. 985/0. 489
西部	0. 947/0. 378	0. 953/0. 400	0. 949/0. 409	0. 960/0. 427	0. 967/0. 438	0. 978/0. 454	0. 982/0. 467	0. 984/0. 482
全国	0. 924/0. 418	0. 942/0. 446	0. 946/0. 460	0. 955/0. 477	0. 961/0. 489	0. 969/0. 505	0. 976/0. 518	0. 977/0. 534

整体而言，绝大多数省份的耦合度始终稳定在0.9以上，处于高水平耦合阶段，说明中国农村数字经济与乡村振兴两个子系统之间存在紧密的相互依赖、相互作用关系，即数字经济与乡村系统之间具有强烈的相关性。但是，具备高水平耦合度并不代表两者实现了高水平的协调发展，由式(5-6)可知，耦合协调度不仅与耦合度有关，而且与两个子系统综合发展指数密切相关。当子系统发展指数普遍较低时，同样难以实现高水平协调发展。由表5-3和表5-4可知，各省份耦合协调度普遍偏低，绝大多数省份处于低度协调耦合和中度协调耦合区间，仅有极少数省份在个别年份勉强达到了高度协调耦合区间。协调度大致为耦合度的一半，但呈现逐年上升趋势，主要得益于近年来农村地区数字经济和乡村振兴相关政策的驱动。局部而言，出现了一些反常态的现象，东部、中部、东北部和西部地区的耦合度依次递增，表明数字经济与乡村振兴的相关性依次逐渐增强。换句话说，东部地区两者的相关性弱于西部地区两者的相关性。但东部、中部、东北部和西部地区的协调度却依次递减，说明数字经济与乡村振兴协调性在减弱，即东部地区协调性最强，西部地区协调性最弱。也就是说，相关性和协调性成反比，相关性高的地区，协调性反而低，这主要是因为数字经济与乡村振兴子系统演化速度和方向不稳定，当两者相关性较高时反而难以实现高水平协调。

三、子系统演化方程拟合

分别对数字经济子系统和乡村振兴子系统进行时序拟合，通过反复试算和比较发现，四阶幂函数的拟合优度分别为0.9992和0.9968，因此得到两个子系统的演化方程为：

$$F(x,\ t)=-0.0001449t^4+0.002767t^3-0.01748t^2+0.06025t+0.08598 \tag{5-16}$$

$$G(y,\ t)=0.0001364t^4-0.002172t^3+0.0102t^2-0.00359t+0.2519 \tag{5-17}$$

式(5-16)和式(5-17)中，$F(x,\ t)$和$G(y,\ t)$分别表示数字经济子系统演化方程和乡村振兴子系统演化方程。本章对演化方程两边求导，求得各子系统演化速度函数如下：

$$V(x)=-0.0005796t^3+0.008301t^2-0.03496t+0.06025 \quad (5-18)$$

$$V(y)=0.0005456t^3-0.006516t^2+0.0204t-0.00359 \quad (5-19)$$

式(5-18)和式(5-19)反映了农村数字经济子系统和乡村振兴子系统的演化速度，演化速度的表达式为三阶幂函数。

为清晰展现子系统演化趋势和演化速度变化规律，对式(5-16)至式(5-19)进行制图，并将2020年、2021年和2022年的预测数据一并在图示中进行显示，如图5-1所示。

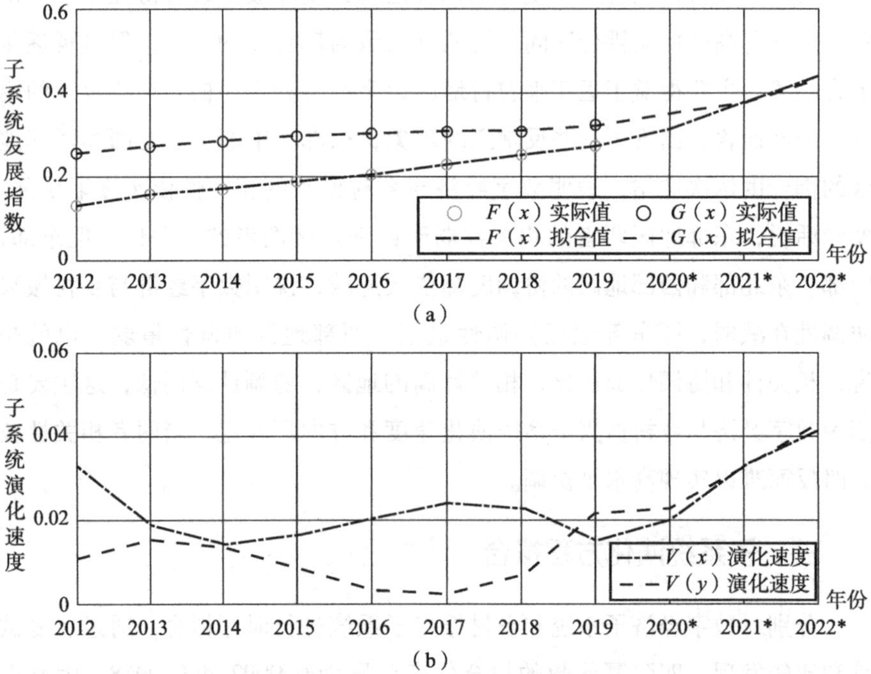

图5-1 数字乡村共生系统演化趋势和演化速度

由图5-1(a)发现，实际曲线和拟合曲线基本吻合，这表明本章拟合的演化趋势基本体现了农村数字经济子系统和乡村振兴子系统的演化规律。在样本考察期内，数字经济发展指数一直低于乡村振兴发展指数，这进一步印证了中国农村数字经济发展整体弱于乡村振兴发展的观点，但数字经济的增长速度快于乡村振兴的增长速度，两者差距在演化过程中正逐步缩小。预测数据显示，2022年以后，数字经济子系统和乡村振兴子系统耦合协调水平将显著提升，两者演化规律趋于同步同速，为深度融合提供现实基础，待基础设施得到大幅度改善后，两者将迎来深度耦合快速发展阶段。

由图 5-1(b)发现，在样本考察期内，数字经济子系统和乡村振兴子系统演化速度趋势相反，且数字经济演化速度一直处于乡村振兴演化速度之上，这再次说明两者尚未达到最优耦合状态，难以高效实现协调互补发展。虽然数字经济和乡村振兴都具备要素、结构和功能，但数字经济属于虚拟系统，乡村振兴属于实体系统，两者在系统要素、结构和功能上差异较大，目前的耦合环境难以支撑两者高水平协调发展。本章认为，经过近十年的曲折发展和不断调整，2022 年以后数字经济子系统和乡村振兴子系统将进入高速度、高水平协调发展阶段，届时农村数字经济和乡村振兴都将迈上新台阶。

为更进一步分析样本考察期内子系统的演化方向，本章通过公式 $\tan\gamma = V(x)/V(y)$ 和 $\gamma = \arctan[V(x)/V(y)]$，借助 Matlab2021a 工具计算得到演化速度之间的夹角 γ 值分别为 71.82°、50.62°、46.49°、61.74°、79.75°、85.07°、73.25°、34.51°。夹角 γ 值总体呈波动趋势，但在整个演化过程中均为锐角，最大值为 2017 年的 85.07°，最小值为 2014 年的 46.49°，再次说明农村数字经济—乡村振兴耦合系统演化方向并不稳定，既不是数字经济主导，又不是乡村振兴主导，两者处于磨合阶段。在这个演化方向不稳定的阶段，需要政府介入，发挥方向牵引、宏观调控、政策刺激的作用，确保耦合系统向着更高质量、更高效率、更好协同的方向不断演化，这也是政府在数字经济反哺农村发展过程中应发挥的主要功能。

四、障碍因子分析

分别计算出数字经济子系统和乡村振兴子系统的障碍度，按照障碍度大小对障碍因子进行排序，本章将各省份、各年份排名前三的障碍因子称为主要障碍因子，筛选结果见表 5-5。

表 5-5　数字乡村共生系统指标层主要障碍因子

省份	数字经济子系统			乡村振兴子系统		
	2012 年	2015 年	2019 年	2012 年	2015 年	2019 年
北京	$X_{21}/X_{22}/X_{23}$	$X_{21}/X_{22}/X_{23}$	$X_{21}/X_{22}/X_{23}$	$Y_{22}/Y_{12}/Y_{13}$	$Y_{13}/Y_{22}/Y_{14}$	$Y_{13}/Y_{14}/Y_{23}$
天津	$X_{22}/X_{21}/X_{23}$	$X_{21}/X_{22}/X_{23}$	$X_{21}/X_{22}/X_{23}$	$Y_{22}/Y_{12}/Y_{23}$	$Y_{22}/Y_{12}/Y_{14}$	$Y_{12}/Y_{14}/Y_{43}$
河北	$X_{22}/X_{21}/X_{23}$	$X_{22}/X_{21}/X_{23}$	$X_{22}/X_{21}/X_{23}$	$Y_{22}/Y_{12}/Y_{23}$	$Y_{22}/Y_{12}/Y_{23}$	$Y_{22}/Y_{12}/Y_{23}$
上海	$X_{22}/X_{21}/X_{23}$	$X_{21}/X_{22}/X_{23}$	$X_{21}/X_{22}/X_{23}$	$Y_{22}/Y_{12}/Y_{13}$	$Y_{12}/Y_{13}/Y_{43}$	$Y_{12}/Y_{13}/Y_{43}$
江苏	$X_{22}/X_{21}/X_{23}$	$X_{21}/X_{22}/X_{23}$	$X_{21}/X_{22}/X_{23}$	$Y_{22}/Y_{12}/Y_{43}$	$Y_{22}/Y_{12}/Y_{43}$	$Y_{22}/Y_{43}/Y_{12}$
浙江	$X_{22}/X_{21}/X_{23}$	$X_{21}/X_{22}/X_{23}$	$X_{21}/X_{22}/X_{23}$	$Y_{22}/Y_{12}/Y_{13}$	$Y_{22}/Y_{23}/Y_{12}$	$Y_{22}/Y_{13}/Y_{43}$
福建	$X_{22}/X_{21}/X_{23}$	$X_{22}/X_{21}/X_{23}$	$X_{22}/X_{21}/X_{23}$	$Y_{22}/Y_{13}/Y_{12}$	$Y_{22}/Y_{13}/Y_{43}$	$Y_{22}/Y_{13}/Y_{43}$
山东	$X_{22}/X_{21}/X_{23}$	$X_{22}/X_{21}/X_{23}$	$X_{21}/X_{22}/X_{23}$	$Y_{22}/Y_{12}/Y_{13}$	$Y_{22}/Y_{12}/Y_{23}$	$Y_{22}/Y_{12}/Y_{13}$
广东	$X_{22}/X_{21}/X_{23}$	$X_{21}/X_{22}/X_{23}$	$X_{21}/X_{23}/X_{12}$	$Y_{22}/Y_{12}/Y_{13}$	$Y_{22}/Y_{13}/Y_{12}$	$Y_{22}/Y_{13}/Y_{43}$
海南	$X_{22}/X_{21}/X_{23}$	$X_{22}/X_{21}/X_{23}$	$X_{22}/X_{21}/X_{23}$	$Y_{22}/Y_{13}/Y_{43}$	$Y_{22}/Y_{13}/Y_{43}$	$Y_{22}/Y_{13}/Y_{43}$
山西	$X_{22}/X_{21}/X_{23}$	$X_{22}/X_{21}/X_{23}$	$X_{22}/X_{21}/X_{23}$	$Y_{12}/Y_{22}/Y_{13}$	$Y_{12}/Y_{22}/Y_{13}$	$Y_{12}/Y_{22}/Y_{13}$
安徽	$X_{22}/X_{21}/X_{23}$	$X_{21}/X_{22}/X_{23}$	$X_{21}/X_{22}/X_{23}$	$Y_{12}/Y_{22}/Y_{43}$	$Y_{22}/Y_{12}/Y_{43}$	$Y_{22}/Y_{12}/Y_{43}$
江西	$X_{22}/X_{21}/X_{23}$	$X_{22}/X_{21}/X_{23}$	$X_{22}/X_{21}/X_{23}$	$Y_{12}/Y_{22}/Y_{43}$	$Y_{22}/Y_{12}/Y_{13}$	$Y_{22}/Y_{12}/Y_{43}$
河南	$X_{22}/X_{21}/X_{23}$	$X_{22}/X_{21}/X_{23}$	$X_{22}/X_{21}/X_{23}$	$Y_{12}/Y_{22}/Y_{23}$	$Y_{22}/Y_{12}/Y_{13}$	$Y_{22}/Y_{12}/Y_{13}$
湖北	$X_{22}/X_{21}/X_{23}$	$X_{22}/X_{21}/X_{23}$	$X_{22}/X_{23}/X_{12}$	$Y_{22}/Y_{12}/Y_{13}$	$Y_{22}/Y_{12}/Y_{13}$	$Y_{22}/Y_{12}/Y_{13}$
湖南	$X_{22}/X_{21}/X_{23}$	$X_{22}/X_{21}/X_{23}$	$X_{22}/X_{21}/X_{23}$	$Y_{22}/Y_{12}/Y_{13}$	$Y_{22}/Y_{12}/Y_{13}$	$Y_{22}/Y_{12}/Y_{13}$
辽宁	$X_{22}/X_{21}/X_{23}$	$X_{22}/X_{21}/X_{23}$	$X_{21}/X_{22}/X_{23}$	$Y_{22}/Y_{12}/Y_{13}$	$Y_{22}/Y_{12}/Y_{13}$	$Y_{22}/Y_{12}/Y_{13}$
吉林	$X_{22}/X_{21}/X_{23}$	$X_{22}/X_{21}/X_{23}$	$X_{22}/X_{21}/X_{23}$	$Y_{12}/Y_{22}/Y_{23}$	$Y_{12}/Y_{22}/Y_{23}$	$Y_{12}/Y_{22}/Y_{23}$
黑龙江	$X_{22}/X_{21}/X_{23}$	$X_{22}/X_{21}/X_{23}$	$X_{22}/X_{21}/X_{12}$	$Y_{12}/Y_{22}/Y_{23}$	$Y_{12}/Y_{22}/Y_{23}$	$Y_{22}/Y_{12}/Y_{23}$
内蒙古	$X_{22}/X_{21}/X_{23}$	$X_{22}/X_{21}/X_{23}$	$X_{21}/X_{22}/X_{23}$	$Y_{12}/Y_{22}/Y_{23}$	$Y_{12}/Y_{22}/Y_{23}$	$Y_{12}/Y_{22}/Y_{43}$
广西	$X_{22}/X_{21}/X_{23}$	$X_{22}/X_{21}/X_{23}$	$X_{22}/X_{21}/X_{23}$	$Y_{22}/Y_{12}/Y_{13}$	$Y_{22}/Y_{12}/Y_{13}$	$Y_{22}/Y_{12}/Y_{13}$
重庆	$X_{22}/X_{21}/X_{23}$	$X_{22}/X_{21}/X_{23}$	$X_{21}/X_{22}/X_{23}$	$Y_{12}/Y_{22}/Y_{13}$	$Y_{12}/Y_{22}/Y_{13}$	$Y_{22}/Y_{12}/Y_{13}$
四川	$X_{22}/X_{21}/X_{23}$	$X_{22}/X_{21}/X_{23}$	$X_{22}/X_{21}/X_{23}$	$Y_{12}/Y_{22}/Y_{13}$	$Y_{22}/Y_{12}/Y_{13}$	$Y_{22}/Y_{12}/Y_{13}$
贵州	$X_{22}/X_{21}/X_{23}$	$X_{22}/X_{21}/X_{23}$	$X_{22}/X_{21}/X_{23}$	$Y_{12}/Y_{22}/Y_{13}$	$Y_{12}/Y_{22}/Y_{13}$	$Y_{22}/Y_{12}/Y_{13}$
云南	$X_{22}/X_{21}/X_{23}$	$X_{22}/X_{21}/X_{23}$	$X_{22}/X_{21}/X_{23}$	$Y_{12}/Y_{22}/Y_{13}$	$Y_{12}/Y_{22}/Y_{13}$	$Y_{22}/Y_{12}/Y_{13}$
陕西	$X_{22}/X_{21}/X_{23}$	$X_{22}/X_{21}/X_{23}$	$X_{22}/X_{21}/X_{23}$	$Y_{12}/Y_{22}/Y_{13}$	$Y_{22}/Y_{12}/Y_{23}$	$Y_{22}/Y_{12}/Y_{13}$
甘肃	$X_{22}/X_{21}/X_{23}$	$X_{22}/X_{21}/X_{23}$	$X_{22}/X_{21}/X_{23}$	$Y_{12}/Y_{22}/Y_{13}$	$Y_{12}/Y_{22}/Y_{13}$	$Y_{12}/Y_{22}/Y_{13}$
青海	$X_{22}/X_{21}/X_{23}$	$X_{22}/X_{21}/X_{23}$	$X_{22}/X_{21}/X_{23}$	$Y_{12}/Y_{22}/Y_{23}$	$Y_{22}/Y_{12}/Y_{23}$	$Y_{22}/Y_{12}/Y_{23}$
宁夏	$X_{22}/X_{21}/X_{23}$	$X_{22}/X_{21}/X_{23}$	$X_{22}/X_{21}/X_{23}$	$Y_{12}/Y_{22}/Y_{23}$	$Y_{12}/Y_{22}/Y_{43}$	$Y_{12}/Y_{22}/Y_{43}$
新疆	$X_{22}/X_{21}/X_{23}$	$X_{22}/X_{21}/X_{23}$	$X_{22}/X_{21}/X_{23}$	$Y_{22}/Y_{12}/Y_{13}$	$Y_{22}/Y_{12}/Y_{13}$	$Y_{22}/Y_{12}/Y_{43}$

就指标层而言，不同省份、不同年份主要障碍因子均有变化，但也能在一定程度上反映出子系统协调演化的主要障碍因子。例如，北京在 2012 年、2015 年和 2019 年数字经济子系统的主要障碍因子排序均为 X_{21}/X_{22}/X_{23}，而乡村振兴子系统在 2012 年主要障碍因子排序为 Y_{22}/Y_{12}/Y_{13}，2015 年为 Y_{13}/Y_{22}/Y_{14}，到 2019 年却演化为 Y_{13}/Y_{14}/Y_{23}。说明障碍因子并非一成不变，而是随着系统演化不断调整的，也就是说，障碍因子与系统发展程度密不可分。

就要素层而言，按照障碍因子出现频次，归纳数字经济子系统的主要障碍因子排序为农业数字化（X_2）>数字基础设施（X_1）>农业数字产业化（X_3），其中 8 年考察期内 30 个考察对象共有 240 个组合，符合上述排序的组合个数中 X_2 出现频次为 240/240，X_1 出现频次为 128/240，X_3 出现频次为 112/240。同理，归纳乡村振兴子系统的主要障碍因子排序为产业兴旺（Y_1）>生态宜居（Y_2）>治理有效（Y_4）>乡风文明（Y_3）>生活富裕（Y_5），产业兴旺出现频次为 215/240，生态宜居出现频次为 202/240，治理有效出现频次为 195/240，乡风文明出现频次为 240/240，生活富裕出现频次为 240/240。

第四节　阶段识别

本章认为，数字乡村共生系统本质上是一个具有特殊性的人地关系地域系统，其特殊性主要表现在系统要素高端化、系统结构扁平化和系统功能多样化这三个方面。共生系统的要素呈现数字化和虚拟化特征，流动性更强，更容易形成集聚效应和乘数效应；共生系统的结构呈现柔性化和模块化特征，既能连接一切，又能压缩时空，更容易提高资源配置效率；共生系统的功能呈现碎片化和自由化特征，既能满足基本商品功能需求，又能兼顾生态、景观等功能，更有利于实现价值增值和价值实现。在内外动力驱动下，共生系统的演化轨迹呈现从低级协调向高级协调演化的态势。本章依循因果关系逻辑，将耦合系统的演化过程分为压力阶段、嵌入阶段、调整阶段、协调阶段这四个阶段，各阶段之间衔接紧密、连贯，如图 5-2 所示。

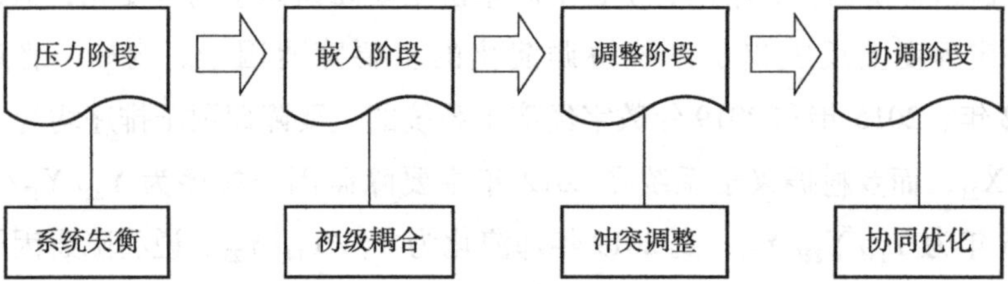

图 5-2 数字乡村共生系统演化阶段

数字经济与乡村振兴耦合过程就是系统演化过程，演化轨迹体现出原因—结果—对策的因果驱动原则。当乡村振兴地域系统出现状态失衡（价值流失、经济下行、环境破坏等），形成一股制约乡村进一步发展的压力，乡村振兴地域系统自发作出响应，寻求新的发展方向，更渴望外界新动能及时介入，以打破制约、实现高层次的平衡。数字经济兼具数据要素和数字技术双重属性，以新动能身份嵌入乡村振兴地域系统中，为维持乡村振兴地域系统平衡运作和向高阶演化注入了勃勃生机，此时耦合系统开始进入嵌入阶段，两个子系统之间耦合现象初现端倪，且尚未发生较大冲突。数字经济与乡村振兴耦合并非一帆风顺，在耦合过程中也会衍生出一系列问题，例如，数字经济的高速增长与乡村振兴相对落后的基础设施之间存在矛盾；粗放的管理体系和无序的开发相互交织；商业氛围过于浓厚掩盖了乡土气息等问题凸显。耦合系统慢慢步入调整阶段，子系统在演化趋势、演化速度、演化方向等方面均产生冲突。此时，需要引入政策法规缓解冲突、调整方向、增添动能，漫长的耦合调整阶段逐步迈向协调发展。耦合系统借助内生动力和外部机制进行自我调节，子系统配套设施和体制机制逐步完善，耦合系统开始进入互促互补、共生互利、协调优化的高水平协调发展阶段，朝着高质量、高水平的发展道路前行。

基于上述阶段划分，结合实证分析的计算结果，本章认为目前中国数字乡村共生系统已经历了压力阶段和嵌入阶段，正处于调整阶段尾声，预计调整阶段将持续约 10 年。由预测值来判断，2022 年以后共生系统将进入协调阶段，数字经济与乡村振兴将逐步实现协同优化和高水平协调发展。在制定政策时，需要重点考虑这一重要变化。主要有三个识别依据：一是耦合度保持在 0.9 以上，处于高水平耦合状态，说明数字经济与乡村振兴之间耦合已经持续了相当一段时间，具备了一定的耦合基础；二是在样本考察期内，数字经济与乡村振兴两个子系统呈现不协调、不同速现象，耦合协调度普遍偏低，这是耦合系统调整阶段的典型特征；三是 2020 年以后，有关数字经济和乡村振兴的政策逐步向农业农村发展倾斜，在高耦合水平情况下，两者发展指数的大幅提升必然会带动耦合协调度的大幅提高，届时将实现更高层次的协调发展。

第六章

中国数字乡村共生系统演化机制

第一节 演化动力机制

共生演化是指种群规模、共生模式、状态随时间推移而发生的变化（冷碧滨等，2017），它是一个从低度有序到高度有序、从简单到复杂、从不完善到逐渐完善的进化过程。共生演化通过不断自我调整与螺旋进阶，来满足科技创新发展的需求。共生演化过程受经济水平、资源环境、政府调控等因素的综合影响，演化动力机制可归纳为经济驱动机制、生态平衡机制、竞争协同机制、复杂适应机制及政策调控机制 5 种机制。

一、经济驱动机制

经济驱动机制是数字乡村共生系统演化动力源，经济社会创新驱动发展离不开经济驱动机制。由于创新要素不足或缺位，单一种群创新活动难以充分施展，核心竞争力很难得到培育。在数字乡村共生系统发展初期，在经济驱动机制作用下，种群发展呈现非线性、指数式的上升趋势。发展到一定阶段后，受外部资源供给和自身密度等因素影响，种群增长速率变慢，逐渐达到饱和。

二、生态平衡机制

一定资源环境下，数字乡村共生系统承载力是有限的，种群开展创新活动本质上是一个动态博弈过程。生态平衡机制是种群共生演化的一种自组织性机制，种群的现存量、新增量和输出量之间亦存在着非线性、负反馈的生态共生关系。生态平衡机制对系统整体稳定和平衡起到决定性作用，能推动种群共生演化并促进其持续发展。

三、竞争协同机制

竞争与协同是数字乡村共生系统共生演化过程中相互矛盾但又相互作用的两个过程，两者交替或同时出现在共生演化过程中。竞争引发系统局部范围涨落，协同促成系统范围涨落，从而推动系统向高阶演化。竞争协同机制直接促使种群共生演化趋势呈现螺旋上升态势，是种群实现适者生存的根源所在。

四、复杂适应机制

数字乡村共生系统是典型的复杂适应系统，其演化和发展遵循生态学的基本机制，即复杂适应机制。整个系统的演化和发展比单一种群生物量增长要复杂得多，不仅受生态环境因素限制，而且受到种群自身规模、宏观调控等方面影响。在这种复杂适应机制的支配下，数字乡村共生系统的演化以分周期、多因素的复合曲线式增长，演化态势呈现复杂的行为和轨迹。

五、政策调控机制

数字乡村共生系统共生演化潜力是巨大，过程中种群发展呈现一系列上升台阶曲线，表现为：上升、平缓、再次上升、再次平缓。当受到环境资源限制和平衡机制的制约时，系统会达到饱和状态。在宏观政策调控下，系统又能获得进一步发展空间，进入下一阶段。这种不断重复循环的过程，间接促使系统演化趋势呈现阶梯式上升。

第二节　演化模型描述

在生态系统中，种群增长规律有 Malthus（王顺庆等，2004）增长和 Logistic（林振山等，2010）增长两种，即 Malthus 模型和 Logistic 模型（见图 6-1）。前者假设种群内增长率为常数（不考虑资源约束下 J 型增长），后者则假设资源环境只能供养一定数量的种群（考虑资源约束下 S 型增长），从而引入一个竞争项。由于数字乡村共生系统种群共生演化受到经济、技术、资源环境等条件约束，预先假设种群增长规律满足 Logistic 模型，后续实证分析证明了假设科学性。主要表现为：种群规模越大，密度越大，资源越稀疏，迫使增长速率变慢逐渐达到饱和。本章对种群共生演化作如下假设：

假设 1：种群个体数量本应取离散值，由于种群数量一般较大，设种群数量为连续变量，且在种群演化阶段不考虑个体寿命差异。

假设 2：在一定资源环境下，允许种群存在一个最大值，称为环境容量或负荷量，用 N 表示。当种群达到 N 值时，种群将不再增加。

假设 3：在一定环境资源下，种群密度的增加对其增长率的降低作用不存在时滞性。

根据上述假设，数字乡村共生系统种群演化生态学 Logistic 模型为：

$$\begin{cases}\dfrac{dy(t)}{dt}=ry(t)\left[1-\dfrac{y(t)}{N}\right]\\ y(0)=y_0\end{cases}\tag{6-1}$$

其中，r 为种群内增长率；N 为资源环境最大承载种群量；$1/N$ 为种群平均消耗资源量；$y(0)$ 为初始时刻种群个体数量；$y(t)$ 为 t 时刻种群总量；$y(t)/N$ 为种群消耗总资源量；$[1-y(t)/N]$ 为系统剩余资源限制项，体现种群相对于最大承载种群量的相对距离。

性质 1：当 $t=\ln\left(\dfrac{N}{y_0}-1\right)^{r^{-1}}$，$y(t)=\dfrac{N}{2}$ 时，种群演化曲线达到拐点（见图 6-1）。当 $t\to0$ 时，$y(t)\to y_0$，资源环境尚未被利用，种群呈指数增长；当 $t\to+\infty$ 时，$y(t)\to N$，资源环境得到充分利用，种群达到饱和状态。种群的相对增长率与当时所剩余资源量成正比。

已知，种群演化会经历起步、成长、成熟、饱和四个时期。在前两个时期，种群数量较少，资源相对丰富，资源环境制约作用较小。随着种群不断发展，创新种群数量增长逐步加快，呈现指数式上升模式。进入成熟期后，环境容量趋紧，需求供给达到平衡，创新种群数量增长速度减慢，种群数量最终稳定在饱和状态。

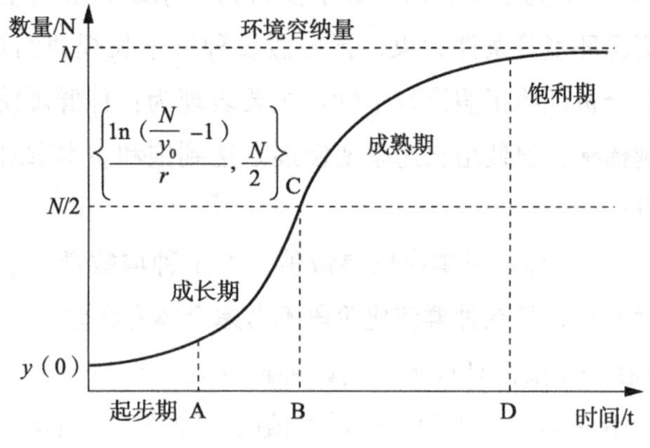

图 6-1　种群演化 Logistic 模型

资料来源：刘平峰，张旺．创新生态系统共生演化机制研究[J]．中国科技论坛，2020(2)：17-27.

第三节　多种群演化模型构建

在一定资源环境下，数字乡村共生系统多种群形成多边多向交流机制，彼此间存在不同程度的相互影响，从而体现出不同的共生效应。于是，应在剩余资源中减去相对应的共生效应项(田刚等，2013)。共生效应与该共生种群数量成正比，与该种群最大容量成反比。因此，在多种群存在共生效应下，种群演化动力学模型为：

$$\Phi_1[y_1(t),\ t]=\frac{dy_1(t)}{dt}=r_1y_1(1-\frac{y_1}{N_1}+\delta_{12}\frac{y_2}{N_2}+\cdots+\delta_{1i}\frac{y_i}{N_i}),\ y_1(0)=y_{10}$$

$$\Phi_2[y_2(t),\ t]=\frac{dy_2(t)}{dt}=r_2y_2(1-\frac{y_2}{N_2}+\delta_{21}\frac{y_1}{N_1}+\cdots+\delta_{2i}\frac{y_i}{N_i}),\ y_2(0)=y_{20}$$

$$\vdots$$

$$\Phi_i[y_i(t),\ t]=\frac{dy_i(t)}{dt}=r_iy_i(1-\frac{y_i}{N_i}+\delta_{i1}\frac{y_1}{N_1}+\cdots+\delta_{mn}\frac{y_n}{N_n}),\ y_i(0)=y_{i0}\quad(6-2)$$

其中，$y_i(t)$表示种群 i 在 t 时刻数量；r_i 为其增长率；N_i 为最大容量；共生度 δ_{mn} 表示种群 n 对种群 m 共生度，表示共生强弱机制，m，$n\in[1,\ +\infty]$，$m\neq n$。种群共生度关系如表 6-1 所示。

表 6-1　种群共生度关系

δ_{mn}/δ_{nm}	+	0	-
+	互利共生	偏利共生	寄生共生
0	偏利共生	独立共生	偏害共生
-	寄生共生	偏害共生	竞争共生

资料来源：笔者根据资料自行整理。刘平峰，张旺．创新生态系统共生演化机制研究[J]．中国科技论坛，2020(2)：17-27.

若 $\delta_{mn}=\delta_{nm}>0$，表示种群 n 对种群 m 是对称互利共生。

若 $\delta_{mn}\neq\delta_{nm}>0$，表示种群 n 对种群 m 是非对称互利共生。

若 $\delta_{mn}=\delta_{nm}<0$，表示种群 n 对种群 m 是对称竞争共生。

若 $\delta_{mn}\neq\delta_{nm}<0$，表示种群 n 对种群 m 是非对称竞争共生。

定义 1：种群 n 对种群 m 共生系数为 θ_m^n，种群 m 对种群 n 共生系数为 θ_n^m。则 θ_m^n 和 θ_n^m 表示方式如下：

$$\theta_m^n=\frac{|\delta_{mn}|}{|\delta_{mn}|+|\delta_{nm}|} \tag{6-3}$$

$$\theta_n^m=\frac{|\delta_{nm}|}{|\delta_{mn}|+|\delta_{nm}|} \tag{6-4}$$

显然 $\theta_m^n+\theta_n^m=1$，在对称共生情况下，则 $\theta_m^n=\theta_n^m=\frac{1}{2}$。

若 $\theta_m^n=0$，则种群 n 对种群 m 无共生效应，只有种群 m 对种群 n 有共生效应。

若 $\theta_m^n=1$，则种群 m 对种群 n 无共生效应，只有种群 n 对种群 m 有共生效应。

若 $0<\theta_m^n<\frac{1}{2}$，则种群 m 对种群 n 共生效应大于种群 n 对种群 m 共生效应。

若 $\theta_m^n=\frac{1}{2}$，则种群 m 对种群 n 共生效应与种群 n 对种群 m 共生效应相同。

若 $\frac{1}{2}<\theta_m^n<1$，则种群 n 对种群 m 共生效应大于种群 m 对种群 n 共生效应。

第四节　三种群均衡态分析

数字乡村共生系统三种群共生演化是一个动态博弈过程，演化均衡态（郭本海等，2018）需满足，某平衡态的任何小领域内发出的轨线最终都演化趋于该平衡态。根据多种群共生演化模型，可知三种群共生演化动力学模型为：

$$\begin{cases}\Phi_1(y_1(t),\ t)=\dfrac{dy_1(t)}{dt}=r_1y_1(1-\dfrac{y_1}{N_1}+\delta_{12}\dfrac{y_2}{N_2}+\delta_{13}\dfrac{y_3}{N_3}),\ y_1(0)=y_{10}\\ \Phi_2(y_2(t),\ t)=\dfrac{dy_2(t)}{dt}=r_2y_2(1-\dfrac{y_2}{N_2}+\delta_{21}\dfrac{y_1}{N_1}+\delta_{23}\dfrac{y_3}{N_3}),\ y_2(0)=y_{20}\\ \Phi_3(y_3(t),\ t)=\dfrac{dy_3(t)}{dt}=r_3y_3(1-\dfrac{y_3}{N_3}+\delta_{31}\dfrac{y_1}{N_1}+\delta_{32}\dfrac{y_2}{N_2}),\ y_3(0)=y_{30}\end{cases} \tag{6-5}$$

根据雅克比矩阵定性分析系统在均衡态的局部稳定性。三种群共生演化动力学模型雅克比矩阵 J 为：

$$J=\begin{bmatrix}\dfrac{\partial\Phi_1}{\partial y_1} & \dfrac{\partial\Phi_1}{\partial y_2} & \dfrac{\partial\Phi_1}{\partial y_3}\\ \dfrac{\partial\Phi_2}{\partial y_1} & \dfrac{\partial\Phi_2}{\partial y_2} & \dfrac{\partial\Phi_2}{\partial y_3}\\ \dfrac{\partial\Phi_3}{\partial y_1} & \dfrac{\partial\Phi_3}{\partial y_2} & \dfrac{\partial\Phi_3}{\partial y_3}\end{bmatrix}$$

$$=\begin{bmatrix}r_1\left(\delta_{12}\dfrac{y_2}{N_2}-2\dfrac{y_1}{N_1}+\delta_{13}\dfrac{y_3}{N_3}+1\right) & \delta_{12}\dfrac{r_1y_1}{N_1} & \delta_{13}\dfrac{r_1y_1}{N_1}\\ \delta_{21}\dfrac{r_2y_2}{N_1} & r_2\left(\delta_{21}\dfrac{y_1}{N_1}-2\dfrac{y_2}{N_2}+\delta_{23}\dfrac{y_3}{N_3}+1\right) & \delta_{23}\dfrac{r_2y_2}{N_3}\\ \delta_{31}\dfrac{r_3y_3}{N_1} & \delta_{32}\dfrac{r_3y_3}{N_2} & r_3\left(\delta_{31}\dfrac{y_1}{N_1}-2\dfrac{y_3}{N_3}+\delta_{32}\dfrac{y_2}{N_2}+1\right)\end{bmatrix} \tag{6-6}$$

其中，雅克比矩阵行列式 $\det J=J_{11}(J_{22}J_{33}-J_{23}J_{32})+J_{12}(J_{23}J_{31}-J_{21}J_{33})+$

$J_{13}(J_{21}J_{32}-J_{22}J_{31})$；雅克比矩阵迹 $trJ=J_{11}+J_{22}+J_{33}$。

令方程组 $\Phi_1(y_1(t),\ t)=0$，$\Phi_2(y_2(t),\ t)=0$，$\Phi_3(y_3(t),\ t)=0$ 成立，解得三种群共生演化模型内存在 8 个特殊均衡点：G_1，G_2，G_3，G_4，G_5，G_6，G_7，G_8 构成共生演化系统边界。三种群共生演化均衡态及均衡条件如表 6-2 所示。

表 6-2　三种群共生演化均衡态及均衡条件

均衡态	特征值	均衡条件
$G_1(0,\ 0,\ 0)$	均为正值	不是均衡态
$G_2(N_1,\ 0,\ 0)$	均为负值	$\delta_{21}<-1$；$\delta_{31}<-1$
$G_3(0,\ N_2,\ 0)$	均为负值	$\delta_{12}<-1$；$\delta_{32}<-1$
$G_4(0,\ 0,\ N_3)$	均为负值	$\delta_{13}<-1$；$\delta_{23}<-1$
$G_5\left\{0,\ \frac{N_2(1+\delta_{23})}{1-\delta_{23}\delta_{32}},\ \frac{N_3(1+\delta_{32})}{1-\delta_{23}\delta_{32}}\right\}$	有正值	不是均衡态
$G_6\left\{\frac{N_1(1+\delta_{13})}{1-\delta_{13}\delta_{31}},\ 0,\ \frac{N_3(1+\delta_{31})}{1-\delta_{13}\delta_{31}}\right\}$	有正值	不是均衡态
$G_7\left\{\frac{N_1(1+\delta_{12})}{1-\delta_{12}\delta_{21}},\ \frac{N_2(1+\delta_{21})}{1-\delta_{12}\delta_{21}},\ 0\right\}$	有正值	不是均衡态
$G_8\{g_{81},\ g_{82},\ g_{83}\}$	均为负值	$\begin{cases}\frac{\delta_{12}+\delta_{13}+\delta_{12}\delta_{23}+\delta_{13}\delta_{32}-\delta_{23}\delta_{32}+1}{\delta_{12}\delta_{21}+\delta_{13}\delta_{31}+\delta_{23}\delta_{32}+\delta_{12}\delta_{23}\delta_{31}+\delta_{13}\delta_{21}\delta_{32}-1}<0\\ \frac{\delta_{21}+\delta_{23}+\delta_{13}\delta_{21}+\delta_{23}\delta_{31}-\delta_{13}\delta_{31}+1}{\delta_{12}\delta_{21}+\delta_{13}\delta_{31}+\delta_{23}\delta_{32}+\delta_{12}\delta_{23}\delta_{31}+\delta_{13}\delta_{21}\delta_{32}-1}<0\\ \frac{\delta_{31}+\delta_{32}+\delta_{12}\delta_{31}+\delta_{21}\delta_{32}-\delta_{12}\delta_{21}+1}{\delta_{12}\delta_{21}+\delta_{13}\delta_{31}+\delta_{23}\delta_{32}+\delta_{12}\delta_{23}\delta_{31}+\delta_{13}\delta_{21}\delta_{32}-1}<0\end{cases}$

$g_{81}=\frac{-N_1(\delta_{12}+\delta_{13}+\delta_{12}\delta_{23}+\delta_{13}\delta_{32}-\delta_{23}\delta_{32}+1)}{\delta_{12}\delta_{21}+\delta_{13}\delta_{31}+\delta_{23}\delta_{32}+\delta_{12}\delta_{23}\delta_{31}+\delta_{13}\delta_{21}\delta_{32}-1}$；$g_{82}=\frac{-N_2(\delta_{21}+\delta_{23}+\delta_{13}\delta_{21}+\delta_{23}\delta_{31}-\delta_{13}\delta_{31}+1)}{\delta_{12}\delta_{21}+\delta_{13}\delta_{31}+\delta_{23}\delta_{32}+\delta_{12}\delta_{23}\delta_{31}+\delta_{13}\delta_{21}\delta_{32}-1}$

$g_{83}=\frac{-N_3(\delta_{31}+\delta_{32}+\delta_{12}\delta_{31}+\delta_{21}\delta_{32}-\delta_{12}\delta_{21}+1)}{\delta_{12}\delta_{21}+\delta_{13}\delta_{31}+\delta_{23}\delta_{32}+\delta_{12}\delta_{23}\delta_{31}+\delta_{13}\delta_{21}\delta_{32}-1}$

命题 1：在一定资源环境下，均衡点 G_1，G_5，G_6，G_7 一定不是共生演化动力学模型渐进均衡态。

证明：

(1)易知，共生演化模型在 G_1 点时的雅克比矩阵为：$J=\begin{bmatrix}r_1 & 0 & 0\\ 0 & r_2 & 0\\ 0 & 0 & r_3\end{bmatrix}$，

解得在 G_1 点时的特征值为：$\lambda=\begin{bmatrix} r_1 \\ r_2 \\ r_3 \end{bmatrix}$，特征值均为正数。则，$G_1$ 一定不是稳定态。

(2)以均衡点 G_5 为例，易知，共生演化模型在 G_5 点时的雅克比矩阵为：

$$J=\begin{bmatrix} \frac{r_1(\delta_{12}+\delta_{13}+\delta_{12}\delta_{23}+\delta_{13}\delta_{32}-\delta_{23}\delta_{32}+1)}{1-\delta_{23}\delta_{32}} & 0 & 0 \\ \frac{r_2\delta_{21}(\delta_{23}+1)}{1-\delta_{23}\delta_{32}} & \frac{-r_2(\delta_{23}+1)}{1-\delta_{23}\delta_{32}} & \frac{r_2\delta_{23}(\delta_{23}+1)}{1-\delta_{23}\delta_{32}} \\ \frac{r_3\delta_{31}(\delta_{32}+1)}{1-\delta_{23}\delta_{32}} & \frac{-r_3\delta_{32}(\delta_{32}+1)}{1-\delta_{23}\delta_{32}} & \frac{-r_3(\delta_{32}+1)}{1-\delta_{23}\delta_{32}} \end{bmatrix} \tag{6-7}$$

解得，在 G_5 点时的特征值分别为：

$$\lambda_1=\frac{r_1(\delta_{12}+\delta_{13}+\delta_{12}\delta_{23}+\delta_{13}\delta_{32}-\delta_{23}\delta_{32}+1)}{1-\delta_{23}\delta_{32}}$$

$$\lambda_2=\frac{r_2(1+\delta_{23})+r_3(1+\delta_{32})+\sqrt{2(2\delta_{23}^2\delta_{32}^2+2\delta_{23}^2\delta_{32}+2\delta_{23}\delta_{32}^2+\delta_{23}\delta_{32}-\delta_{23}-\delta_{32}-1)r_2r_3+(\delta_{23}+1)^2r_2^2+(\delta_{32}+1)^2r_3^2}}{-2(1-\delta_{23}\delta_{32})}$$

$$\lambda_3=\frac{r_2(1+\delta_{23})+r_3(1+\delta_{32})-\sqrt{2(2\delta_{23}^2\delta_{32}^2+2\delta_{23}^2\delta_{32}+2\delta_{23}\delta_{32}^2+\delta_{23}\delta_{32}-\delta_{23}-\delta_{32}-1)r_2r_3+(\delta_{23}+1)^2r_2^2+(\delta_{32}+1)^2r_3^2}}{-2(1-\delta_{23}\delta_{32})}$$

讨论 λ_1、λ_2、λ_3 符号：

易知，$\lambda_2\lambda_3=\frac{r_2r_3(1+\delta_{23})(1+\delta_{32})}{1-\delta_{23}\delta_{32}}$；$\lambda_2+\lambda_3=\frac{r_2(1+\delta_{23})+r_3(1+\delta_{32})}{-(1-\delta_{23}\delta_{32})}$

当 $1-\delta_{23}\delta_{32}<0$ 时，若 λ_2、λ_3 符号同为负，则 $\lambda_2\lambda_3>0$ 和 $\lambda_2+\lambda_3<0$ 必同时成立。易证，当 $\lambda_2+\lambda_3<0$ 成立时，$\lambda_2\lambda_3>0$ 不成立；反之，亦不成立。

当 $1-\delta_{23}\delta_{32}>0$ 时，易知，$\lambda_1=\frac{r_1(\delta_{12}+\delta_{13}+\delta_{12}\delta_{23}+\delta_{13}\delta_{32}-\delta_{23}\delta_{32}+1)}{1-\delta_{23}\delta_{32}}>0$ 一定成立。

综上，共生演化模型在 G_5 点时的特征值一定存在至少一个正值，故

G_5 点一定不是共生演化模型稳定态。同理，G_6 和 G_7 均不是共生演化模型渐进稳定态。

命题 1 得证。

命题 2：在一定资源环境下，均衡点 G_2，G_3，G_4，G_8 在满足一定条件下是共生演化动力学模型渐进稳定态。

证明：

(1)以均衡点 G_2 为例，易知，共生演化模型在 G_2 点时的雅克比矩阵为：

$$J=\begin{bmatrix} -r_1 & r_1\delta_{12} & r_1\delta_{13} \\ & r_2(\delta_{21}+1) & \\ & & r_3(\delta_{31}+1) \end{bmatrix} \tag{6-8}$$

解得在 G_2 点时的特征值为：$\lambda=\begin{bmatrix} r_2(1+\delta_{21}) \\ r_3(1+\delta_{31}) \\ -r_1 \end{bmatrix}$

若同时满足 $\delta_{21}<-1$，$\delta_{31}<-1$，则此时三个特征值均为负数，故 G_2 是渐进稳定态。同理，G_3 和 G_4 均是共生演化模型渐进稳定态。

(2)易知，共生演化模型在 G_8 点时坐标：

$$\begin{cases} g_{81}=\dfrac{-N_1(\delta_{12}+\delta_{13}+\delta_{12}\delta_{23}+\delta_{13}\delta_{32}-\delta_{23}\delta_{32}+1)}{\delta_{12}\delta_{21}+\delta_{13}\delta_{31}+\delta_{23}\delta_{32}+\delta_{12}\delta_{23}\delta_{31}+\delta_{13}\delta_{21}\delta_{32}-1} \\ g_{82}=\dfrac{-N_2(\delta_{21}+\delta_{23}+\delta_{13}\delta_{21}+\delta_{23}\delta_{31}-\delta_{13}\delta_{31}+1)}{\delta_{12}\delta_{21}+\delta_{13}\delta_{31}+\delta_{23}\delta_{32}+\delta_{12}\delta_{23}\delta_{31}+\delta_{13}\delta_{21}\delta_{32}-1} \\ g_{83}=\dfrac{-N_3(\delta_{31}+\delta_{32}+\delta_{12}\delta_{31}+\delta_{21}\delta_{32}-\delta_{12}\delta_{21}+1)}{\delta_{12}\delta_{21}+\delta_{13}\delta_{31}+\delta_{23}\delta_{32}+\delta_{12}\delta_{23}\delta_{31}+\delta_{13}\delta_{21}\delta_{32}-1} \end{cases} \tag{6-9}$$

对共生演化动力学模型式(6-4)求导可得：

$$\begin{cases} \dfrac{\partial\Phi_1(y_1,\ t)}{\partial y_1}=-r_1(1+\delta_{12}\dfrac{y_2}{N_2}+\delta_{13}\dfrac{y_3}{N_3}) \\ \dfrac{\partial\Phi_2(y_2,\ t)}{\partial y_2}=-r_2(1+\delta_{21}\dfrac{y_1}{N_1}+\delta_{23}\dfrac{y_3}{N_3}) \\ \dfrac{\partial\Phi_3(y_3,\ t)}{\partial y_3}=-r_3(1+\delta_{31}\dfrac{y_1}{N_1}+\delta_{32}\dfrac{y_2}{N_2}) \end{cases} \tag{6-10}$$

由动力系统的运动稳定性的理论（廖晓昕，2000）可知。

$$\text{当满足}\begin{cases}\Phi_1(y_1(t),\ t)=0\\ \Phi_2(y_2(t),\ t)=0\\ \Phi_3(y_3(t),\ t)=0\end{cases}\text{且}\begin{cases}\left.\dfrac{\partial\Phi_1(y_1,\ t)}{\partial y_1}\right|_{y_1=g_{81}}<0\\ \left.\dfrac{\partial\Phi_2(y_2,\ t)}{\partial y_2}\right|_{y_2=g_{82}}<0\text{时，}\\ \left.\dfrac{\partial\Phi_3(y_3,\ t)}{\partial y_3}\right|_{y_3=g_{83}}<0\end{cases}$$

$G_8(g_{81},\ g_{82},\ g_{83})$为共生演化模型稳定态。则有：

$$\begin{cases}\left.\dfrac{\partial\Phi_1(y_1,\ t)}{\partial y_1}\right|_{y_1=g_{81}}=r_1\left\{\dfrac{\delta_{12}+\delta_{13}+\delta_{12}\delta_{23}+\delta_{13}\delta_{32}-\delta_{23}\delta_{32}+1}{\delta_{12}\delta_{21}+\delta_{13}\delta_{31}+\delta_{23}\delta_{32}+\delta_{12}\delta_{23}\delta_{31}+\delta_{13}\delta_{21}\delta_{32}-1}\right\}<0\\ \left.\dfrac{\partial\Phi_2(y_2,\ t)}{\partial y_2}\right|_{y_2=g_{82}}=r_2\left\{\dfrac{\delta_{21}+\delta_{23}+\delta_{13}\delta_{21}+\delta_{23}\delta_{31}-\delta_{13}\delta_{31}+1}{\delta_{12}\delta_{21}+\delta_{13}\delta_{31}+\delta_{23}\delta_{32}+\delta_{12}\delta_{23}\delta_{31}+\delta_{13}\delta_{21}\delta_{32}-1}\right\}<0\\ \left.\dfrac{\partial\Phi_3(y_3,\ t)}{\partial y_3}\right|_{y_3=g_{83}}=r_3\left\{\dfrac{\delta_{31}+\delta_{32}+\delta_{12}\delta_{31}+\delta_{21}\delta_{32}-\delta_{12}\delta_{21}+1}{\delta_{12}\delta_{21}+\delta_{13}\delta_{31}+\delta_{23}\delta_{32}+\delta_{12}\delta_{23}\delta_{31}+\delta_{13}\delta_{21}\delta_{32}-1}\right\}<0\end{cases}$$

命题 2 得证。

综上所述，数字乡村共生系统三种群共生演化均衡态，取决于种群之间共生度强弱机制。三种群共生演化 8 个均衡点中，G_1，G_5，G_6，G_7 一定不是均衡态。G_2，G_3，G_4，G_8 是均衡态，其中 G_2，G_3，G_4 分别满足 $\delta_{21}<-1$，$\delta_{31}<-1$，$\delta_{12}<-1$，$\delta_{32}<-1$，$\delta_{13}<-1$，$\delta_{23}<-1$ 时，G_8 满足

$$\begin{cases}\dfrac{\delta_{12}+\delta_{13}+\delta_{12}\delta_{23}+\delta_{13}\delta_{32}-\delta_{23}\delta_{32}+1}{\delta_{12}\delta_{21}+\delta_{13}\delta_{31}+\delta_{23}\delta_{32}+\delta_{12}\delta_{23}\delta_{31}+\delta_{13}\delta_{21}\delta_{32}-1}<0\\ \dfrac{\delta_{21}+\delta_{23}+\delta_{13}\delta_{21}+\delta_{23}\delta_{31}-\delta_{13}\delta_{31}+1}{\delta_{12}\delta_{21}+\delta_{13}\delta_{31}+\delta_{23}\delta_{32}+\delta_{12}\delta_{23}\delta_{31}+\delta_{13}\delta_{21}\delta_{32}-1}<0\text{。}\\ \dfrac{\delta_{31}+\delta_{32}+\delta_{12}\delta_{31}+\delta_{21}\delta_{32}-\delta_{12}\delta_{21}+1}{\delta_{12}\delta_{21}+\delta_{13}\delta_{31}+\delta_{23}\delta_{32}+\delta_{12}\delta_{23}\delta_{31}+\delta_{13}\delta_{21}\delta_{32}-1}<0\end{cases}$$

第五节　三种群共生模式数值仿真

由表 6-1 易知，三种群共生模式取决于共生度不同组合。借助数值模拟和图像显示方法，在不同共生模式下，能更直观呈现三种群共生演化轨

迹。因此，本章假设研究群、应用群和开发群自然增长率分别为 0.05、0.1、0.15，初始规模均为 100，在一定资源环境下，三种群发展规模最大值均为 1000，演化周期为 400。对三种群演化动力学模型进行仿真，探讨不同共生度组合下，种群共生演化路径。

一、独立共生模式

研究群、应用群和开发群之间的共生度均为零，三种群互不产生效应，独立发展。当三种群处于平衡状态时，其规模上限为独立发展时的最大规模。独立共生模式如图 6-2 所示。

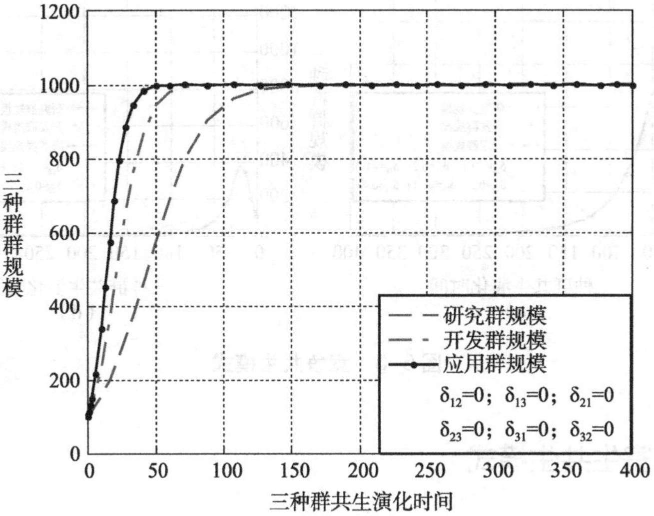

图 6-2　独立共生模式

二、竞争共生模式

竞争共生模式分平等竞争共生模式和恶性竞争共生模式两种。平等竞争共生需满足各共生度均小于 0 且大于-1，如图 6-3(a)、图 6-3(b)所示。反之，恶性竞争共生只需满足其中一个种群对另外两个种群的共生度均小于-1，后两种群会因被前者消耗大量资源而率先衰亡，前种群则得以继续生存和发展。若后两种群中至少有一个对前种群的共生度远大于前种群对该种群的共生度，那么前种群将被后两种群消耗大量资源而最终衰亡，如图 6-3(c)、图 6-3(d)所示。

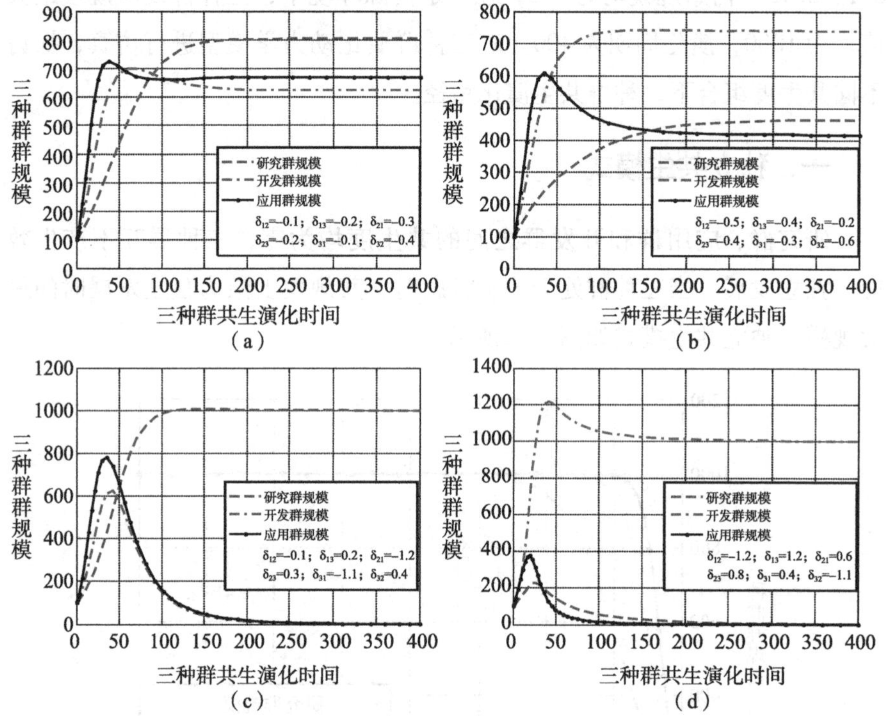

图 6-3 竞争共生模式

三、寄生共生模式

寄生共生需满足任意两种群之间的共生度互为相反数，被寄生的种群会因寄生种群的消耗，其最终稳定规模小于最大规模。而寄生种群则受益于被寄生种群，其最终稳定规模高于独立共生下最大规模。寄生共生模式如图 6-4 所示。

四、偏共生模式

偏共生模式有偏利共生模式和偏害共生模式两种。偏利共生要求任意两种群的共生度中，一个等于零，另一个大于零，如图 6-5(a)、图 6-5(b)所示。反之，偏害共生需任意两种群的共生度中，一个等于零，一个小于零，如图 6-5(c)、图 6-5(d)所示。

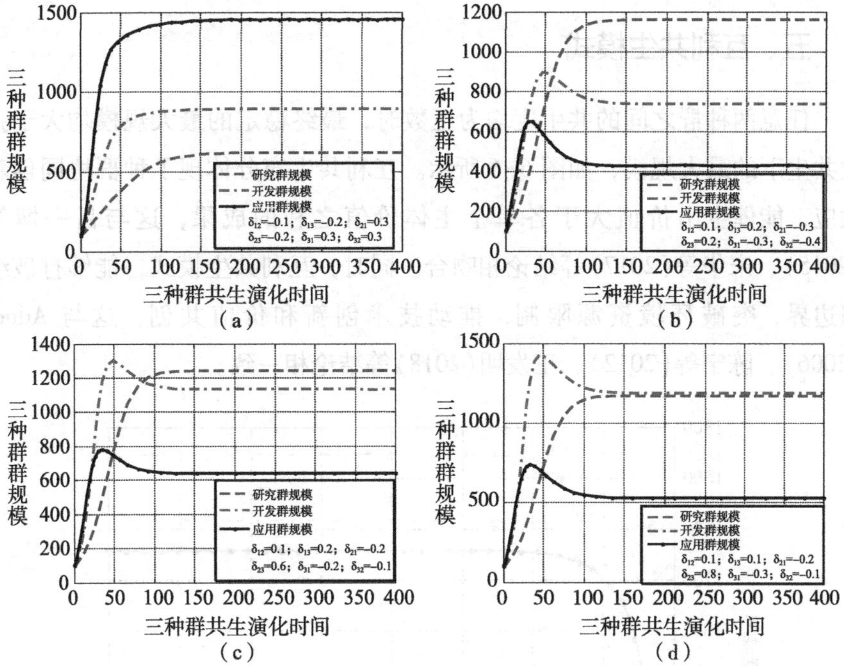

图 6-4　寄生共生模式

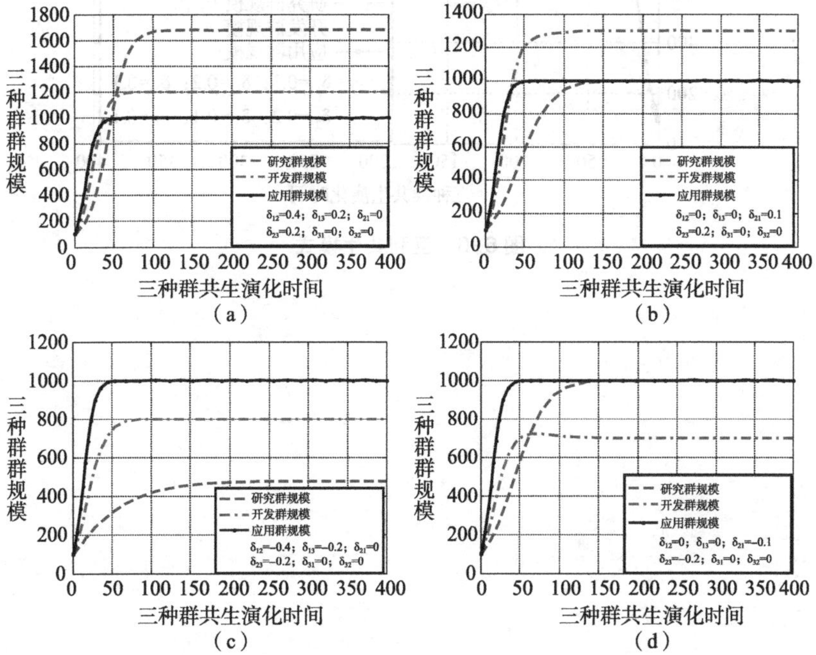

图 6-5　偏共生模式

五、互利共生模式

任意两种群之间的共生度均为正数时，最终稳定的最大规模均大于独立共生下的最大规模，如图 6-6 所示。互利共生充分体现了种群协同创新效应，能催生出价值大于各单个主体价值之和的成果，这与吕一博等(2015)、宋华等(2017)等结论相吻合。同时，互利共生模式，能够打破组织边界，突破环境资源限制，推动技术创新和价值共创，这与 Adner (2006)、陈宁等(2012)、王发明(2018)等结论相一致。

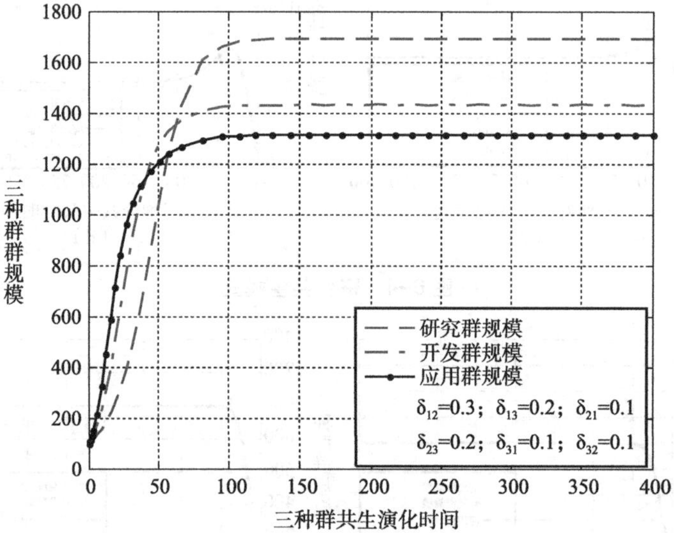

图 6-6　互利共生模式

第七章

中国数字乡村共生系统治理路径

第一节 基本界定

“治理”(Governance)是一个相对复杂的概念，其概念宽泛且富有弹性，适用范围日益广泛，自20世纪90年代以来，治理逐渐跨越政治学、经济学、社会学等多个领域，被应用于公司治理、社会治理、国家治理乃至全球治理等领域，指的是组织、机构或社会体系如何管理和引导自身事务、资源和权力，以实现共同目标、维护秩序。1995年，全球治理委员会在《我们的全球之家》研究报告中，将治理界定为“各种公共的或私人的个人和机构管理其共同事务的诸多方式的总和”。它是调和相互冲突或不同的利益，并促使各方采取联合行动的持续过程，可简单表述为“遵循一定的原则，运用一定的手段，使某一对象恢复有序状态的过程，这是一个求善的过程”。这既包括有权迫使人们服从的正式制度和规则，也包括人们同意或符合其利益的非正式的制度安排。

以下是治理的一些重要特点和原则：

透明度：治理应该是透明的，决策和行为应当公开，且可被监督和评估。

负责性：治理机构和个体应对其行为和决策负责，并接受审查和问责制度的监督。

参与和包容性：治理应鼓励广泛的社会参与，以便多元利益得到考量，包括少数群体和弱势群体。

法治原则：治理应遵循法治原则，即行动应符合法律和法规，以确保公平和正义。

效率和效能：治理应追求资源的有效分配和目标的实现，以提高效率和效能。

可持续性：治理应考虑长期利益，以确保资源和环境的可持续利用。

权力分散：权力应当分散到不同的治理层面和利益相关者之间，以防止权力滥用。

协调和合作：不同层面和部门之间的合作和协调是有效治理的关键，尤其是在跨国和跨地区问题上。

由此可见，治理不同于管制或统治，治理强调多元分散主体达成多边互动的合作网络，具体体现在治理主体的多元化、治理目标的公共性、权力的平行化和制度的规范化等方面。随着治理理论的深入发展，民主治理、多中心治理、合作式治理、网络治理、整体性治理、数字治理等模式也应运而生，推动了治理事件的发展。

当下是一个技术驱动的数字时代，大数据、云计算、物联网、人工智能等新一代信息技术加速释放社会生产力，促进了数字经济的兴起。治理理论与数字技术的渗透融合，催生出数字治理理论，成为一种新的公共管理范式。“数字乡村共生系统的治理”可以理解为：根据数字乡村当前发展阶段，针对数字乡村共生系统现实问题，采取各种有效手段，维持乡村社会秩序、防止数字平台形成绝对垄断、促进数字乡村健康发展的过程。对于中国这样一个拥有广大农村人口的特殊国家而言，数字乡村共生系统治理成效关乎乡村全面振兴及共同富裕目标的实现。数字乡村共生系统治理是社会治理的基础和关键，是国家治理的基石，是国家治理体系和治理能力现代化的重要组成部分。数字乡村共生系统治理秉承技术治理理念，却又超越技术治理，坚持以人为核心，以数字技术应用为手段，强调政府的公共服务意识和基层管理职能，打造多元主体良性互动治理格局，其最终目的是通过治理体系为乡村赋能、赋权、赋利、赋智，将其打造成为有秩序、有活力、有品质的乡村。具体而言，数字赋能，精准掌握社会需求，提升乡村整体管理效能；数字赋权，激发乡村内生动力，重塑乡村社会关系；数字赋利，简化公共服务流程，调和多方利益诉求；数字赋智，集中民意民智，提升政府决策科学性。

第二节 现实需求

数字乡村共生系统作为现代生产要素融入农业、促进农户与现代农业衔接的催化结果，在畅通生产要素流动、价值链运作和供需链梗阻等关键堵点方面具有天然优势，但也面临跨界垄断、信息不对称等严峻的市场失灵问题，特别是龙头平台企业实施的跨界垄断，以及猎杀式并购、大数据杀熟和算法合谋等新型垄断行为，严重干扰了农村市场经济秩序。习近平总书记指出“要运用大数据提升国家治理现代化水平”，这为数字乡村共生系统现代化治理指明了方向。2019 年颁布的《中国共产党农村基层组织工作条例》指出要“注重运用现代化信息技术，提升乡村治理智能化水平”。《关于加强和改进乡村治理的指导意见》提出要“探索建立‘互联网+网格管理’服务管理模式，提升乡村治理智能化、精细化、专业化水平”。《数字农业农村发展规划(2019—2025 年)》将“建设乡村数字治理体系”列为“推进管理服务数字化转型”的五大任务之一，意味着推进乡村治理数字化已进入实际操作阶段。乡村治理数字化能够赋予乡村更多智慧，使管理更有序、服务更优化、生活更便捷。大力推进乡村治理数字化，无论对当前还是长远都有着重要的意义。

一、数字乡村公共服务体系亟待完善

数字乡村公共服务体系的完善确实是当前数字化乡村建设面临的重要挑战之一。虽然数字技术在城市地区得到了广泛应用，但农村地区仍然面临许多数字鸿沟和基础设施限制。数字乡村公共服务体系亟须完善以下方面：

农村地区的高速互联网接入覆盖范围仍显不足。互联网基础设施的欠缺限制了农村居民获取在线教育、医疗保健、电子政府服务和数字农业等公共服务的能力。农村学校缺乏数字教育设备和资源，导致学生无法享受到现代化的教育。数字教育工具和在线学习资源需进一步广泛推广和提供。农村地区的医疗保健服务有限，远程医疗保健和电子健康记录系统亟待发展，以提高医疗保健的可及性和质量。农村电子商务的基础设施和培训需要改进，以帮助农民将农产品销售到更广阔的市场。农村地区需要更多的数字化政府服务，以便居民可以在线访问、办理文件、申请政府福利和获取政府信息。推广数字金融服务，如移动银行和电子支付，以支持农村金融交易和农村经济发展。推广数字化农业技术，如农业机器人、远程监测和智能农业系统，以提高农业生产效率。建立数字社区中心，为农村居民提供数字技术支持和培训，鼓励他们参与数字化社会。加强数字服务的数据安全和隐私保护，确保农村居民的个人信息得到保护。

与城市相比，中国乡村公共服务供给能力存在明显差距。提升乡村公共服务效能是乡村治理效果最直接的体现，也是当前迫切需要解决的现实问题。长期以来，我国实行非均衡、非均等的城乡二元公共服务供给制度，导致农村基本公共服务供给主体投入不足，“软”“硬”公共服务结构失衡，难以满足乡村居民对美好生活向往的需要。据调查，分别有 85.80%、83.33%、81.24%、78.87%和 73.75%的乡村居民对社保信息网络、便民信息服务、数字文化资源、数字医疗资源和数字教育资源有较大需求。因此，需要充分发挥数字技术赋能作用，加快推进城乡基本公共服务均等化，提升群众获得感、幸福感、安全感。

二、数字乡村公共管理模式亟须创新

数字乡村公共管理模式的创新，对于提高农村地区的公共服务效率、质量和可及性而言，至关重要。传统的公共管理模式面临诸多挑战，需要采用新的方法和技术来满足不断增长的数字需求。数字乡村公共管理模式亟须创新以下方面。

需扩大投资，夯实农村地区的数字化基础设施，包括高速互联网接入、无线通信网络和物联网设备。提供数字设备，如智能手机和电脑，以便农村居民能够访问数字服务。建立数字政府服务平台，提供在线政府服务、文件申请、纳税和选民登记等服务。采用电子政府解决方案，简化行政程序，减少纸质文件的使用。推广数字教育和在线学习平台，提高农村学生的教育水平。提供师资培训，使教育工作者能够有效利用数字工具进行教学。推出远程医疗保健解决方案，实现医生远程诊断和治疗。提供电子健康记录系统，帮助患者管理健康信息。引入智能农业技术，如传感器、无人机和自动化设备，提高农业生产效率。提供数字化农业信息和咨询服务，指导农民改进种植和养殖方式。推广数字金融服务，包括移动支付和数字货币，便利农村居民金融交易和储蓄。提供金融教育，帮助农民理解数字金融工具。收集和分析农村地区的数据，助力政府和组织深入了解社会需求和趋势。利用大数据和人工智能技术，优化公共政策和资源分配决策。建立数字化社区参与平台，鼓励居民反馈、参与决策。利用社交媒体和在线调查工具，增强市民参与和社区反馈。利用数字技术记录和保护农村文化遗产，包括口述历史、传统艺术和乡村传统。

数字乡村公共管理模式数字化创新包含两方面内容：一是满足乡村居民涉农政务服务“网上办”“马上办”“一网通办”需求。在基层政务服务方面，据调查，乡村居民对网上办理各类申请证明、行政审批的需求分别高达46.81%、38.32%，乡村政务服务“最后一公里”等问题仍待解决。目前涉农管理部门建设数据管理平台的并不多，完成资源环境一张图建设的单位更是少数。除农村土地确权登记颁证、农业行政审批、农产品质量安全监管等与农业产业相关的政务管理数字化平台有一定应用外，乡村居民在开办各类证明、办理社保等各类便民服务方面仍存在办事难、事难办、效率低的现象。农村人居环境监管、农村公共安全“县—乡—村联网”“三农”舆情监测、农民征信管理、农村社会事业统计监测等与乡村居民生活息息相关的数字化建设仍比较落后。

二是满足村务公开数字化需求。在村级事务治理方面，据调查，分别有60.56%、53.61%和50.67%的乡村居民对村级事务“阳光公开”监管平台、网上开展村务/财务监督和乡村公众号有需求。村务公开是农村村务管理的重大改革，是促进村干部廉洁自律、强化农村监督机制的重要环节，是尊重和保证村民知情权、参与权、决策权、监督权的重要措施，也是人民群众评判农村党风政风好坏的重要指标。通过乡村治理数字化，村务信息得以在数字化平台上呈现，系统在完善村务决策、村务公开、村务监督、财务管理、便民服务等方面，大大提高了村务管理的效率，使村务信息更加透明、更加公开。

三、数字乡村公共安全治理亟须加强

数字乡村公共安全治理的加强，是确保农村地区居民生活质量和社会稳定的关键。随着数字化的进一步推广，数字威胁和安全风险也在不断增加，因此必须采取措施来应对这些挑战。数字乡村公共安全治理亟须加强以下方面：为农村居民和企业提供网络安全教育和培训，使其能够识别和应对网络威胁，如网络钓鱼、恶意软件和社交工程等。制定和执行数据隐私保护政策，确保个人和企业的数字信息得到充分保护。教育农村居民和企业有关数据隐私和安全最佳实践。加强网络基础设施的安全性，包括防火墙、入侵检测系统和漏洞管理。定期审查和更新网络设备和软件，以填补安全漏洞。提高数字农业系统的安全性，防止关键农业基础设施遭受操纵或破坏。保护农村地区的物联网传感器和农业自动化设备免受网络攻击。制订数字乡村紧急响应计划，确保在网络安全事件发生时能够快速应对。建立与当地执法部门和安全机构的合作，协助调查和处理网络犯罪。提高农村居民对社交媒体和在线社交平台上虚假信息和网络欺诈的警觉性。加强在线社区的治理，防止网络欺凌和不当内容的传播。加强数字化政府服务的安全性，确保公共数据和政府系统免受攻击。鼓励政府采用多层次的身份验证和加密技术来保护公民数据。参与国际合作机制，与其他国家分享网络安全情报和最佳实践，共同应对全球网络威胁。制定适应数字时代的网络安全法律法规，明确网络犯罪的法律责任和处罚。制定数字乡村公共安全政策，指导和支持安全治理措施的实施。

近年来，我国十分重视平安乡村建设。据调查，乡村居民对安装视频监控摄像头、防灾减灾应急能力建设、增设一键报警服务号等方面的需求程度，分别达到 64.98%、64.35%、54.88%。为抓好平安乡村建设，自 2018 年中央一号文件首次提出实施乡村“雪亮工程”以来，各地积极推动乡村“雪亮工程”建设，较大程度减少了乡村违法犯罪事件。数字城管的城区智慧网格治理模式逐渐向农村地区延伸，城乡治安防控一体化取得了较大成效，但与城市相比，农村社会稳定的形势依然严峻。构建社会治安数字化防控体系，如智慧农村警务建设、村—镇公共安全视频监控联网建设、防灾减灾应急响应等，已成为乡村居民的共同期盼。

第三节 理论逻辑

充分发挥数字技术的使能作用，以数据驱动业务，实现“技术、业务、数据”功能三融合，揭示数字乡村共生系统现代化治理的“三融功能”逻辑；面对组织碎片、数据孤岛、政策冲突等诸多挑战，推动全域主体参与共治，实现“跨层级、跨地域、跨系统、跨部门、跨行业”的五跨时空治理，揭示数字乡村共生系统现代化治理的“五跨时空”逻辑；在现代化治理思想引领下，以“理念、主体、目标、场域、内容、工具”六维全视角，揭示数字乡村共生系统现代化治理的“六维结构”逻辑。旨在探寻“效率、公平、安全”三者之间的动态均衡点，以实现促创新、反垄断、防风险目标。

一、功能逻辑

（一）走向治理精准化

现代社会的特点是充斥着各种不可预见的风险和挑战，如社会治安问题、疫情蔓延、舆情扩散等，已成为社会治理的常态。数字乡村治理是一种以数字技术为基础，通过高效的治理手段、创新的治理模式，实现精准治理，提升治理效能的方法。数字乡村治理借助先进的数字技术工具，如大数据分析、人工智能、物联网和区块链等，提供了更高效的治理手段。这些技术使政府和相关部门能够更快速、准确地获取和处理大规模的数据，以便更好地了解社会问题的复杂性，制定更精准的政策和应对措施。数字乡村治理强调精准治理模式，即根据实际社会问题和需求，有针对性地制定和实施治理策略。与传统的“一刀切”政策不同，精准治理更注重个体差异和社会问题的多样性，以满足不同层次、地区和人群的需求。数字乡村治理依托数据分析和技术工具，能够更精确地定位社会问题的发生和蔓延。通过实时监测和分析社会数据，政府可以迅速识别问题的源头，并采取针对性措施，避免问题的进一步扩大。数字乡村治理也可用于优化公共服务。政府可以根据数据分析结果，改进公共服务的质量和效率，确保资源更合理地分配到需要的地方，提高村民的生活质量。数字乡村治理平台可以形成事件管理的全链条闭环，包括事件的签收、处置、流转、反馈和评价等环节。这种闭环管理确保了问题的全面解决，促进了治理效率和质量的提升。数字乡村治理注重智能化发展，通过自动化和智能决策系统加速问题的识别和处理。这不仅提高了工作效率，而且减少了人为错误和主观判断的影响。

（二）走向参与民主化

数字技术，特别是移动互联网，在乡村治理中引入了分散、集聚和赋权等强大特性，重塑了信息传播、人际交往、话语表达及集体行动的方式，为协商民主注入了新的活力源泉。传统的乡村治理中，信息往往是单向传播，政府或村委会向村民发布信息，村民反馈机会有限。而数字技术，特别是移动互联网的应用，使信息传播变得双向互动。村民能借助社交媒体、在线讨论平台等渠道发表自己的意见和看法，政府和村委会可以更容易地了解民意和需求，建立更有效的互动机制。在传统治理中，一些村民因外出务工或迁居他处，难以参与村庄治理事务。数字乡村治理借助在线平台，让脱嵌在外的村民有机会参与村庄事务，实现了虚拟参与，这有助于更广泛地凝聚村民的共识，促成共同行动。数字乡村治理为村民提供了数字民主的机会。每个村民都有平等参与公共讨论和决策的权利，数字技术赋予了他们发表观点和建议的能力。这样的数字民主不受地理位置、社会地位或经济条件的限制，让更多人能够参与到村庄的决策过程中。数字技术为村民提供了更多、更丰富的信息资源。他们可以在线获取各种与公共事务、政策和服务相关的信息，更深入地了解村庄的发展动态。这有助于村民更明智地参与决策，更好地行使自己的权利。数字技术也改变了政府与民众之间的互动方式。政府能更轻松地收集民众的意见和反馈，从而更好地满足民众的需求。政府也可以利用数字平台传达政策和服务信息，提高透明度和便捷性。数字乡村治理极大地增强了村民的话语权。他们的声音不再局限于传统的治理模式，而是能通过互联网传播到更广泛的受众。这激发了民众更加积极参与治理、推动社区发展的动力。数字技术使个体更易联合起来，为共同利益开展集体行动。村民可以在数字平台上组织讨论和行动，推动社区问题的解决，这也有助于加强社会凝聚力和合作精神。

（三）走向服务高端化

数字技术在乡村治理中的应用，不仅提高了管理效率、改善了基层民主，而且在提供优质公共服务方面发挥了关键作用。精准感知和识别服务需求：数字技术的应用使政府能够更精准地感知和识别村民的服务需求。借助数据分析和智能算法，政府可深入了解不同村民群体的需求，包括教育、医疗、就业、养老等方面。这使政府能够更好地把握社区内不同层次和群体的服务需求差异，从而更有针对性地提供服务。数字技术助力政府为不同村民提供个性化和精准化的公共服务。通过数据匹配和智能化系统，政府可以根据每位村民的具体需求，量身定制服务方案，而不是采取“一刀切”的通用性服务。这有助于提高村民对服务的满意度和获得感。数字技术建立了整体性和无缝隙的乡村数字化公共服务体系。这个体系覆盖了各服务领域，包括教育、医疗、就业、金融等。村民只需通过一个移动客户端或在线平台，即可获取各类服务，实现一站式服务受理。这样的集成服务体系为村民带来了更加便捷、高效的服务体验。数字技术让村民可以通过移动设备轻松实现在线受理和“指尖办事”。他们无须亲自前往政府办公室或相关机构，在家或工作地点就能够办理各类公共事务，极大提高了村民的生活便利性，减少了时间和精力的浪费。数字技术的应用增强了村民的服务体验感。他们可以随时随地访问所需的服务信息，快速获取帮助和支持，不再受限于传统办事时间和地点。这增强了村民对政府和社会的信任感，提高了满意度和幸福感。

（四）走向决策科学化

数据在数字乡村治理中扮演着核心的角色，是科学决策的基石。数字技术具备强大的数据汇集能力，能够整合来自不同领域、不同结构和不同维度的数据。这些数据涵盖人口统计数据、社会经济数据、环境监测数据、农业产出数据等。数字乡村治理平台可以将这些碎片化的数据整合成完整的信息链，为政府决策提供全面的背景支撑。数字技术能够根据政府和村民的需求，构建高关联度的信息链。这意味着数据不再是被动收集和存储的，而是根据实际需求主动生成和传递的。政府可以根据需求从信息链中提取相关数据，以支持科学决策。数字乡村治理平台可以帮助政府实现从经验决策到数字决策的转变。借助智能技术，平台可以实时捕获、分析和挖掘海量数据，形成客观的分析结果。这有助于避免决策的主观性和独断性，提高决策的科学性。数字乡村治理平台可以利用算法模型进行数据分析，实现精准的预测和客观的分析。政府可以借助这些模型，了解不同政策和决策可能产生的影响，从而更好地权衡不同选项，制定出更有效的政策。数字乡村治理平台可以实时收集和存储村民的反馈信息。这使政府能够及时发现并纠正决策制定和执行过程中的问题。政策制定者可以根据村民的反馈及时调整，确保政策有效实施。数字乡村治理平台可以实现多元主体之间的互动和反思。政府、村民、专家等各方可以在平台上交流意见和建议，共同参与决策制定和执行过程，增强了决策的参与性和民主性。

二、时空逻辑

（一）数字平台与数据要素相互依托

数字化信息系统的构建和完善在数字乡村治理中具有关键意义。政府、村社、村民、数智企业等各方主体借助不同信息渠道，向数字治理平台贡献数据，这些数据包含了丰富的信息和潜在的价值。数字治理平台充当了挖掘数据价值的工具，通过数据分析和处理，揭示了数据中蕴藏的关键信息，帮助政府做出更明智的决策。地理信息技术在数字乡村治理中发挥着关键作用。它以电子地图、遥感影像、三维实景地图等多类型、多尺度、多时态的空间数据为基础，实现了乡村治理的可视化。这些技术不仅提供了地理空间信息，而且能与其他子系统的数据相融合，形成全面的信息图景。数字治理平台依托感知设备构建了物联感知网，覆盖了乡村各角落。这个感知网可以实时监测和收集各类数据，包括环境数据、交通数据、农业数据等，从而帮助政府更好地了解乡村的运行情况。平台强调数据的归集和共享。数据可以根据需求进行归集，然后共享给需要的人员或系统。这种开放性和透明性有助于促进合作和信息共享，提高整体治理效率。数字治理平台不仅收集数据，而且运用技术手段对数据进行清洗、挖掘和分析，提供实时的信息支持和洞察。政府可以根据这些数据制定更具针对性的管理决策，更好地应对紧急情况、推动乡村发展。数字化信息系统可以实现高效的便民服务。村民可以通过数字应用端获取所需的信息和服务，无论是查询政府政策、办理证件，还是报告问题，这种便捷性提高了村民的满意度和参与感。

（二）乡村主体与农民心智交互融合

数字化生存的本质赋予了个体和群体更多的权力和话语权，同时塑造了新的社会结构和组织形式。互联网技术本身就是一种赋权工具，它打破了信息传播的垄断格局，让信息更加平等地传播和获取。在数字乡村治理中，这意味着村民不再受限于传统治理结构的话语垄断，可以更自由地表达自己的观点、需求和意见，从而重新获得了话语权。数字技术的赋权效应推动乡村治理从传统的政府权威治理模式向多元协同治理方向转型。不同的治理主体，包括政府、村民、企业等，可以更加平等地参与乡村治理，在数字平台上携手合作，共同制定政策、解决问题、推动乡村发展。数字心智是指个体或组织对数字技术的理解和运用能力。不同的治理主体数字心智水平各异，这会影响数字化治理的成效。政府需要理解数字技术如何赋能乡村治理，村民需要了解如何使用数字工具提高参与度，数智企业需要明白如何融入乡村社区并满足其需求。数字乡村治理的核心价值是以人为本，以村民的利益和需求为导向。这要求各类治理主体摆正心态，将村民的利益置于首位，强化责任意识。政府需要从传统的权威治理转向服务理念，实现政府权力的下沉，更好地服务村民。在数字乡村治理中政府、村民和数智企业都扮演着重要的角色。政府需要主导数字治理的发展，提供政策支持和基础设施建设；村民需要积极参与，表达需求并监督治理过程；数智企业可以提供技术支持和创新解决方案，促进乡村数字化发展。

（三）乡村空间与主体活动互构场景

数字技术引入的虚拟空间在乡村治理中发挥着重要作用。虚拟空间可以看作乡村社会公共空间的延伸。它不仅是村民线下社交互动的补充，而且扩展了乡村公共空间的范围。借助数字技术，村民可以在虚拟空间中讨论和参与各类公共事务，无须受制于地理位置，为村民提供了更广阔的参与渠道。虚拟空间中村民的互动和交流，对线下行动具有深远影响。例如，在虚拟空间中，村民可以共同探讨乡村事务、热点问题，并通过互联网平台达成共识。这些线上互动会逐渐引导线下的集体行动，如举办社区活动、开展环保行动或参与村民议事等。数字技术为线上和线下的互动创造了更多机会，促进了村民之间的合作和社区共建。虚拟空间中的讨论和互动会引发线下的行动，这堪称线上互动的发酵效应。例如，村民在虚拟社交媒体上讨论乡村发展计划，这些讨论会在虚拟空间持续发酵，达成更广泛的共识。最终，这种共识可能促使村民在现实世界中采取行动，如联名请愿、参与社区项目或提出建议。虚拟空间不仅是村民互动的场所，而且是反馈问题和解决问题的平台。村民可以在虚拟空间提出关切的问题、反馈不满意的情况，政府和其他治理主体可以通过这一渠道及时了解问题，并采取相应措施解决。这种快速反馈和问题解决的机制，有助于改善治理效率。虚拟空间为村民提供了个性化表达意见和利益诉求的机会。村民可以在数字平台上更直接地表达自己的看法和需求，无须经过传统层级的过滤。这使得政府和其他治理主体更容易理解村民的真实需求，有针对性地制定政策和提供服务。

三、结构逻辑

（一）人与媒介融合

人与媒介的相互依存和共生在数字乡村治理中具有重要意义。数字技术为个体提供了广泛的信息分享和传播空间，媒介的个人化成为可能。村民借助社交媒体、数字平台等工具，能自主分享和传播信息，表达个人观点和看法。这种个人化的媒介使用，不仅加强了村民之间的信息传递，而且有助于建立更多元的认知视角，从而丰富乡村社区的思想和观点。人通过媒介技术拓展了感官能力，数字化的媒体平台为个体创造了更多信息获取和互动的机会。在数字乡村治理中，村民借助移动设备随时随地获取各类信息，包括政府政策、村庄事务、社区活动等。媒介的作用使村民更容易参与村庄事务，也加深了他们对治理过程的了解、增强了参与感。数字技术不仅推动了人与媒介互动，而且实现了不同媒介间的连接和交互。例如，社交媒体平台可以与政府官方网站或应用程序链接，村民通过社交媒体获取政府发布的信息、提出建议或问题。这种媒介间的交互有助于信息的多样化流通和更广泛的参与。媒介不仅传递信息，而且可以引导人的行动。在数字乡村治理中，政府和其他治理主体可以通过数字平台发布任务、征集意见或提供在线服务。村民的行动和反馈数据经数字技术传回，用于描绘行动者的状态和环境。这些数据可以用于分析和预测，为村庄集体行动提供支持，如协助决策制定、应对突发事件等。数字媒介拓宽了村民的社会关系和行动场域。村民通过数字平台能与更广泛的社区成员互动，而不受地理位置的限制。这种拓展的社会关系和行动场域有助于建立更多元的合作关系和社区网络，推动乡村社区的协作和共建。

（二）连接与智能融合

数字技术的连接特性对于乡村数字治理体系的构建和发展至关重要。数字技术天然的连接特性使得治理对象、要素、资源和工具能够有机连接。在乡村数字治理中，各类治理要素，如政府机构、村社组织、村民群体、社会资源等，都可以在数字平台上实现互联互通。这种连接性有助于信息的高效流通、资源的共享，形成一体化的治理网络，快速响应各类治理需求和紧急事件。数字技术使得紧急事件的响应和动员变得更为迅速和高效。在数字乡村治理中，可以通过数字平台迅速组织和动员村民，形成紧急动员圈。这一机制可以用于应对突发事件，如自然灾害、疫情暴发等，政府和村民可以迅速响应，协同行动，提高了乡村治理的应急能力。数字技术连接了治理流程中的各环节，使治理流程整体化、一体化。政府和村社可以借助数字平台实现信息的实时传递，从而优化和简化审批流程与手续。村民可以通过移动应用程序轻松获取各类公共服务，实现“最多跑一次”，减少了烦琐的办事程序，提高了服务效率。数字技术不仅连接了人与信息，还连接了人与人之间的社会关系。村民通过数字平台分享村社趣事、交流乡村生活，建立新型的社交关系。这种情感纽带有助于增强村民对村社的归属感，形成更紧密的社区联系。数字平台也为村民提供了表达情感和关怀的渠道，进一步拉近了人际关系。开放、连接的移动互联网使分散、异质的乡村个体得以连接。村民可以根据共同的利益和目标组建虚拟群组，通过数字平台开展协同行动。这些群组可以在共同情感激发下，开展公共行动，推动乡村治理，以实现公共价值最大化为目标。这种连接性有助于村庄社区的协作和共建，推动乡村社区的可持续发展。

（三）内容与关系融合

数字技术和社交媒体的发展改变了人们之间的互动方式，尤其在乡村数字治理中，这种变革对社会产生了深远的影响。社交媒体不仅是信息传播的渠道，而且是社交关系建立和维护的平台。通过社交媒体，村民可以轻松地分享信息、发表观点，同时与他人建立联系、发展关系。这种信息与关系双重生产的特性，有助于在村庄社区中形成更加紧密的互动和交流。社交媒体赋予了个体创造、生产和传播内容的能力。村民可以通过社交媒体发布自己的观点、经验和建议，释放个体能量，将个体智慧和创造力转化为对乡村治理的积极贡献。这有助于村民更积极地参与治理活动，为村庄的发展出谋划策。社交媒体通过在线社交互动，赋予了社会中相对无权者话语权和行动权。村民可以通过社交媒体就乡村公共事务表达意见，形成集体声音，对政府的决策产生影响。这一过程强化了公民参与和民主治理的原则。社交媒体鼓励村民以虚拟群组的方式开展协同合作。村民可以自发组建群组，讨论乡村事务，共同制订行动计划。这种协同合作有助于推动乡村发展项目的实施，增加村庄社区的协同能力。村民可以通过社交媒体自主生产和传播与村庄治理相关的信息。这使村民有能力就自己关心的问题发声，传播有益信息，或者揭示问题和不公平现象。这也有助于提升政府的透明度和责任感。社交媒体有助于建立关系认同和信任机制。村民通过互动和交流建立社交关系，形成社区认同感，这有助于增强村庄社区的凝聚力和团结性。

（四）技术与结构融合

信息技术与组织结构之间的互动关系在数字乡村治理中发挥着重要作用，这一关系涉及技术、制度、文化等多个层面的相互交织与影响。技术的发展通常会引发制度变革。数字技术的兴起，改变了政府和社会机构与公民的互动方式，促使政府重新审视管理体制和机制。数字乡村治理的引入与应用，鼓励政府进行管理体制变革，推动政府部门形成更加透明、高效、便捷的运作方式。数字技术的应用塑造了全新的治理结构。数字乡村治理强调整体智慧治理，这需要重新梳理业务流程、变革服务模式，推动政府机构朝着更加扁平化和网络化的方向发展。这种结构变迁是技术应用的必然结果，能更好地满足数字化治理的需求。数字乡村治理在实际运行中，需要调试技术与组织结构之间的关系。这可能意味着重新设计工作流程，建立新的协作机制，或者重组部门和职能。这种协调调试过程旨在确保技术能够充分发挥作用，提高治理效能。技术并非独立于人类社会之外，它具有社会和政治属性。数字技术的应用效果会受到组织文化、领导者的价值观念、社会环境等因素的影响。因此，数字乡村治理的成功，需要考虑如何适应这些因素，以确保技术应用的顺利实施。数字乡村治理需要政府机构具备高水平的数字心智，包括对数字技术的理解和应用能力。政府的数字文化也需要适应数字化治理的要求，包括鼓励创新、信息共享、协同工作等方面的价值观念。数字乡村治理体系的成功实现，需要技术与结构的互动融合。这意味着政府要积极采纳技术，同时技术也会影响政府的结构和机制。最终的目标是通过技术与结构的调试和匹配，提高治理效能，更好地满足村民的需求。

第四节　治理路径

从人类社会的发展进程、经验及趋势来看，从农村型社会或农业文明向城市型社会或城市文明的转型始终伴随社会治理方式的根本性变革。随着经济社会快速发展、城镇化水平不断提高，农村社会结构发生了深刻变化，农民利益诉求日益多元化，客观上要求乡村治理不断创新方式、提升现代化水平。数字化赋能乡村治理，既能为提升乡村治理科学性、时效性等提供支撑，又能为乡村治理现代化提供新的方法路径。

一、建立数字乡村治理支撑平台

以省级政府门户网站为基础，以本地政务服务资源为抓手，建立支撑乡村政务服务信息资源跨地区、跨层级、跨部门互认共享的多层级统一“政务服务+融媒体”综合门户，逐步完善城乡一体化大数据平台建设，确保数据在使用过程中实现集中管理，在必要时能够及时共享。有条件的市、县(市、区)可积极探索建立具备数据开放利用功能的应用模块。通过建立开放的数字乡村数据库，实现数据定级、数据开放、数据分析、数据服务等功能。在农业生产、生活、政务服务等领域先行推进数据开放应用，推动“三农”数据资源的社会化利用。

深化“互联网+政务”服务改革，有序推动农村电子政务服务平台建设，优化涉农行政审批系统，推动政务服务“网上办、马上办、少跑快办”，提高乡村居民办事便捷性。推进“阳光村务工程”建设，提高村务、财务管理透明度，运用专业信息技术和软件，搭建村集体资产监督管理平台，设置村集体资产电子台账，实现乡村资产管理数字化。持续推进“雪亮工程”向乡村地区的延伸，探索创新网格化管理方式，提高乡村社会综合治理精细化与综合服务信息化水平，助力平安乡村建设。

二、分层分级开展数字乡村治理

以新一代信息数字技术的普惠效应为基本点，将信息知识溢出效应与之相结合，通过平台的互联互通，逐步推进信息资源的整合共享与高效利用，实现城乡信息基础设施互联互通、数据要素资源自由流动，促进数字乡村建设与智慧城市建设相辅相成，统筹推动城乡信息化融合发展。

加快建立“国家—省级—市(县)—村(镇)”四级乡村治理数字化体系，加大数字化技术在乡村公共管理、公共服务、公共安全等治理数字化层面的开发与应用力度，按照分区域、分类、分层梯次推进乡村治理相关内容的数字化改造或升级。试点地区要统筹开展乡村自然资源遥感监测，依托地理信息技术，探索乡村治理可视化路径，构建乡村治理“一张图”，整合乡村治理“一张网”，虚拟呈现“一个村”，并开展涵盖综合监管、远程医疗、远程养老、智慧警务、民生民意舆情监测、智慧应急指挥等全方位的乡村治理数字化试点示范工作。

三、多元主体协同治理数字乡村

第一，要充分发挥乡村居民在乡村数字化治理中的主体作用，突出多元主体参与，健全乡村治理数字化持续运营机制。将现代化信息技术与自治、法治、德治“三治融合”模式有机结合，鼓励乡村居民利用QQ、微信、网上政务平台等数字渠道，积极参与本地公共事务治理，发表意见或合理合法表达相关利益诉求，提升乡村居民的归属感和参与度。

第二，探索政府购买服务、项目专项经费支持等形式，鼓励互联网企业参与乡村治理数字化信息采集、平台建设、运营维护和更新升级，形成“政府负责、社会协同、村民自治”的乡村治理数字化多元共建共享机制。同时，要警惕在乡村治理过程中可能出现的数据安全问题，防止平台和乡村居民数据被窃取、滥用。

第三，强化农民主体地位，加快培育数字农民。一方面，将数字化技能培训纳入农民培训体系，发挥远程教育与社交网络平台的作用，培育一批具有互联网思维和信息化应用能力的数字乡村居民；另一方面，综合借鉴腾讯“为村”微信平台、北京“晓村通”、宝山“社区通”等互动平台的经验，探索建立以党建为引领、以微信等移动互联网应用为载体的大众化乡村居民互动交流平台，鼓励乡村居民在平台上就乡村事务发表意见或公开投票，让更多乡村居民参与数字乡村自治。

四、培养数字乡村治理人才队伍

乡村治理人才是基层的“细胞”，是基层建设的“一线力量”，人才队伍建设关系到数字乡村建设的实施效果。做好乡村数字治理，培育乡村数字治理人才是关键环节。一是要重视人才培养、引进、管理、使用、流动、激励等制度改革。根据乡村数字化发展的要求，搭建专业化数字人才交流平台，完善激励机制，通过政策倾斜加大对数字化产业资金投入力度，以产业发展涵养专业人才，增强乡村对信息化人才的吸引力。二是吸引专业院校学生、大学生村官、退伍军人等优秀人才回乡投身乡村数字治理，为他们提供创业发展机会。三是注重数字人才队伍的培训。对于基层政府工作人员来讲，要提升其数字化运用能力，助其树立数字治理意识。鼓励基层政府与当地专业院校合作，打造一支既了解乡村治理工作又具备一定信息化技术理念的专业人才队伍。同时，要完善人才培训机制。对于普通乡村居民来讲，要加强网络知识普及，提高其获取信息的能力。

五、完善数字乡村治理配套措施

实现乡村数字治理体系现代化、提高治理能力，做好配套政策措施的制定和实施至关重要。积极制定配套政策措施，就是要为乡村数字治理的全面、充分开展提供全方位、多层次的保障，从而确保乡村治理数字化转型实现“整体性转变、全方位赋能、革命性重塑”。

通过政府购买服务、贷款贴息等方式，吸引更多的社会力量参与数字乡村建设，并优先保障乡村重大信息基础设施建设项目用地需求。此外，要加快推进数字乡村治理体系的建设与完善，推动大数据资源平台建设，制定公共数据分类管理、便捷共享等规范，提升政府内部数据共享应用效率。建立数据异议核实与处理机制，制定公共数据授权运营管理办法、公共数据开放工作细则，加大公共数据的市场供给力度。建立政府统一采购非公共数据制度，提升财政资金集约化利用水平，加快政企数据融合应用。

同时，着重完善数字信息安全与共享方面的法律法规，理顺多元化治理主体间的关系，明确各治理主体在数据信息安全中的责任与义务，防范数据泄露的风险。在此基础上，加强组织领导，结合当地发展实际，制定乡村数字治理体系建设实施方案，明确工作目标，完善各项配套措施，提高乡村治理的数字化水平，推动数字乡村建设的顺利实施。

第八章

中国数字乡村共生系统运作条件

第一节 支撑技术

一、移动互联网

移动互联网技术是一个涵盖多种技术和应用的领域，旨在通过移动设备(如智能手机、平板电脑、可穿戴设备等)实现互联网的访问和利用。这种技术和应用的发展使人们能够随时随地连接到互联网，并享受各类在线服务和内容。移动互联网技术的核心组成部分和特征如下：

移动设备包括智能手机、平板电脑、笔记本电脑及各种可穿戴设备。这些设备具有移动性，允许用户在不受地理位置限制的情况下访问互联网。移动应用程序是专为移动设备开发的软件，用于执行多样化任务、提供各类服务。用户可以通过应用商店(如 Apple App Store 和 Google Play Store)下载和安装这些应用。移动互联网依赖无线通信技术，如 4G 和 5G 网络，以实现移动设备和互联网服务器间的数据传输。这些网络提供高速互联网连接，使用户能够流畅访问在线内容。云计算技术为移动设备提供存储和计算资源。用户可以将数据存储在云中，实现不同设备间的数据共享和同步，同时利用云上的计算能力运行应用程序和服务。移动互联网技术推动了移动支付的发展，用户能借助手机或其他移动设备完成在线购物、支付账单、转账等金融交易。借助 GPS 和其他位置技术，移动互联网技术使应用程序和服务能获取用户的地理位置信息，从而提供导航、本地搜索、社交媒体查询等与位置相关的服务。移动互联网技术促进了社交媒体平台的兴起，使用户能够与朋友、家人和同事保持紧密联系，分享照片、视频和消息等各类媒体内容。随着移动设备的普及，移动互联网技术也引发了人们对数据安全和隐私保护的重视，安全技术和措施应运而生，用于保护用户的个人信息和交易安全。

目前，移动互联网技术已应用于数字乡村各领域，即时通信、移动支付、视频直播、手机游戏、位置服务等丰富应用场景发展迅猛，为乡村带来了诸多便捷和效率。各地政府依托乡村特色文化，以移动互联网为媒介，组织开展移风易俗、农耕文化和重要农业文化遗产的网上宣传活动，改善信息传播环境，帮助农民提高文化素养。

二、物联网

物联网(Internet of Things，IoT)技术是一种允许物理世界中的设备、物体和系统互相连接和通信的技术。简单来说，物联网通过互联网将物理世界与数字世界连接起来。在物联网中，各类设备和物体可以通过传感器、通信技术和云计算来收集、交换和共享数据，以实现自动化、远程监控和智能决策等功能。以下是物联网技术的一些关键特征和组成部分：

物联网设备通常配备各种传感器，用于监测和采集环境数据，如温度、湿度、光照强度、运动状态等，将物理世界的信息转化为数字数据。物联网设备需要将采集到的数据传输到互联网或其他设备中。通信技术包括无线技术(如 Wi-Fi、蓝牙、LoRa、NB-IoT 等)和有线技术(如以太网、Modbus 等)。采集到的数据通常被发送到云端服务器进行存储和处理。云计算平台能够提供数据存储、分析、机器学习建模和远程控制等功能。通过对物联网数据进行分析，可精准洞察设备运行状态、行业发展趋势和潜在问题，为预测性维护、资源优化和自动化控制提供决策依据。物联网技术赋予不同设备和系统互操作能力，使它们能高效通信和合作，这有助于构建更大规模和更复杂的物联网生态系统。物联网技术应用广泛，包括智能家居、智能城市、工业自动化、健康医疗、农业、交通管理、环境监测等多领域。物联网涉及大量数据的传输和存储，因此数据安全和隐私保护是一个关键挑战，需构建多层次安全防护体系以保障设备与数据安全。

物联网是互联网的延伸和扩展，融合了局域网、有线网、Wi-Fi 无线网、移动互联网等多种网络形态，通过连接各类终端和传感器，构建起新的网络架构。物联网借助传感技术、识别技术、定位技术，实现物品与互联网的互联互通，完成信息交换和通信，达成监控管理、跟踪定位、智能识别等目的。实现在任何时间、任何地点的物与人、物与物的互联互通，并由此改变传统产业形态的生活方式。物联网的核心是物与物、人与物之间的信息交互，具有实时感知、全面感知、智能处理、广泛互联和全时自动的特征。射频识别技术以电子编码的形式附着在物体表面，用来作为标识，可以让物体“开口说话”，人们通过阅读器就可以读取设备的信息，随时掌握物体的准确位置和周边环境。

三、大数据

大数据技术是一组用于处理、存储、分析和管理大规模数据集的技术和工具。大数据通常涉及庞大且复杂的数据集，这些数据集可能包含结构化数据（如数据库记录）和非结构化数据（如文本、图像、音频和视频等），以及实时数据流。大数据技术的目标是从这些数据中提取有价值的信息、见解和模式，为决策制定、预测分析、业务优化和科学研究等提供支持。以下是大数据技术的一些核心组成部分和特点：

大数据技术需要能够有效地采集和接收大规模的数据。这包括从传感器、日志文件、社交媒体、互联网交易、传感器、移动应用程序和其他来源获取数据。大数据需要强大的数据存储系统来保存这些数据。传统的关系型数据库系统难以满足大数据的存储需求，因此出现了分布式存储系统，如 Hadoop 分布式文件系统（HDFS）和 NoSQL 数据库。大数据技术使用并行计算和分布式计算来处理庞大的数据集。Hadoop 是一个流行的开源框架，用于分布式数据处理。其他工具和框架，如 Apache Spark、Flink 和 Kafka，也用于数据处理、流处理和实时数据分析。大数据分析包括批处理分析和实时流分析。分析工具和编程语言，如 Python、R、Scala 等，被广泛用于探索数据、构建模型和提取见解。数据可视化工具将分析结果转化为图表、图形、仪表板和报告，帮助用户理解和交流数据的含义。大数据技术通常与机器学习、人工智能结合使用，构建预测模型、自动化决策和智能系统，这些技术可以从数据中发现模式，并用于自动化任务。大数据技术涉及大量敏感数据的处理，因此数据安全性和隐私保护至关重要。安全性措施包括数据加密、访问控制和数据掩码。大数据技术需要具备良好的扩展性，能够处理不断增长的数据量。此外，它们应具备容错性，以处理硬件故障或网络问题。

当前，随着信息化和农业现代化的深入推进，农业农村大数据正在与农业产业全面深度融合，成为加速数字乡村建设的关键。通过机器学习、人工智能等技术开展深度分析，发现新规律和新知识。大数据可广泛应用于农业各领域，如依托电商平台与大数据，农产品得以拓宽销售半径、提升市场竞争力。村务管理接入大数据平台实现了“数据多跑路、群众少跑腿”的便民目标。可以构建信息管理平台、人才数据库、干部信息数据库等基础数据资源库，实现信息的实时调取、智能筛选、便捷查询，确保评议指标、过程、结果的公开透明。

四、云计算

云计算技术是一种通过互联网提供计算资源和服务的模式。用户可通过云服务提供商的基础设施，按需获取计算能力、存储、数据库、网络、分析和其他计算资源，无须自建或维护物理服务器或数据中心。云计算将计算资源虚拟化，使其以服务的形式供应，用户可以根据需要弹性地使用这些资源。云计算技术包括以下几个关键概念和特点：

云计算主要提供三种服务模型，基础设施即服务（Infrastructure as a Service，IaaS），提供虚拟化的计算、存储和网络基础设施，用户可自主部署操作系统和应用程序；平台即服务（Platform as a Service，PaaS），提供更高级别的开发和运行环境，包括操作系统、开发工具、数据库和应用程序托管；软件即服务（Software as a Service，SaaS），提供完全托管的应用程序，用户通过互联网即可访问，无须担心应用程序的底层基础设施。云计算支持用户根据流量、工作负载或特定需求灵活地扩展或缩减计算资源，避免资源浪费。用户可以通过自助服务门户或API，管理和配置云资源，实现自动化和灵活性。云计算多租户模型允许多用户共享物理资源，但逻辑上保持分隔，互不干扰。云计算通常采用按需付费模式，用户只需为他们实际使用的资源付费，无须长期合同或前期投资。云计算基础设施通常是高度可扩展的，可以满足不同规模用户的需求。云服务提供商通常提供高度可用的基础设施和备份机制，确保服务的连续性。

"互联网+政务"服务是贯彻落实党中央、国务院决策部署，把简政放权、放管结合、优化服务改革推向纵深的关键环节，对加快转变政府职能、提高政府服务效率和透明度、便利群众办事创业、进一步激发市场活力和社会创造力具有重要意义。在云端搭建"互联网+政务"平台，实现横向与纵向各类政务服务的互联互通，为大规模数据整合和交换提供可能，实现基础软硬件资源的统一管理、按需分配、综合利用，从而加快"互联网+政务"管理的一体化进程。

五、人工智能

人工智能(Artificial Intelligence，AI)最初是在1956年的达特茅斯会议(Dartmouth Conference)上提出的。我国发布的《人工智能标准化白皮书(2018版)》将其界定为"人工智能是利用数字计算机或者由数字计算机控制的机器，模拟、延伸和扩展人类的智能，感知环境、获取知识并使用知识获得最佳结果的理论、方法、技术和应用系统"。人工智能技术是一种模拟人类智能和学习能力的计算机科学领域。它旨在使计算机系统能够执行需要智力的任务，如感知、理解、学习、决策和解决问题。人工智能技术的目标是让计算机系统模拟和表现出与人类智能类似的能力，尽管它们通常以不同的方式工作。以下是人工智能技术的一些关键概念和特点：

机器学习是人工智能的一个子领域，它涉及开发算法和模型，使计算机系统能够从数据中学习和改进性能。机器学习技术包括监督学习、无监督学习、强化学习等。深度学习是机器学习的一个分支，依托深度神经网络处理复杂数据，已在图像识别、自然语言处理和语音识别等领域取得了重大突破。自然语言处理(Natural Language Processing，NLP)是一种使计算机能够理解、解释和生成自然语言文本的技术。NLP应用包括文本分析、语音识别、机器翻译和聊天机器人等。计算机视觉使计算机系统能够解析图像和视频数据，应用领域包括图像识别、目标检测、人脸识别和自动驾驶等。这些技术允许计算机系统存储、组织和推理关于世界的知识。它们通常用于专家系统和决策支持系统等应用中。智能代理是能够感知环境并采取行动以实现特定目标的计算系统，包括自动驾驶汽车、机器人和虚拟助手等。人工智能技术旨在使计算机系统能够根据经验和反馈自动调整与改进性能。随着人工智能技术的不断发展，伦理和隐私问题变得越来越重要，涉及数据隐私保护、算法公平性和自主决策的伦理边界等。

可以利用各种基于人工智能技术的图像识别终端、智能穿戴设备，对老年人的身体健康状况进行全程监测与预警，配合电子围栏、无线门磁、红外探测等设备，对老年人所处环境及其动态进行监控、预警，提升农村老年人生活的质量，为农村老年人获得智慧生活带来便利。综合利用人工智能、物联网等技术，依托高清视频监控终端，对农村地区垃圾收运、污水治理、村容村貌进行监测分析，为农村人居环境整治提供监管依据。

六、GIS 技术

地理信息系统(Geographic Information System，GIS)是综合利用地理科学、计算机技术、遥感技术，对整个或部分地球表层(包括大气层)空间中的有关地理分布数据进行采集、存储、管理、运算、分析、显示和描述的技术系统。GIS 是一种基于计算机的工具，它可以对空间信息进行分析和处理。以下是 GIS 技术的一些关键特点和组成部分：

GIS 技术依托地理数据，包括地理坐标、地形数据、地图、卫星图像、地理特征的属性信息(如人口、土地利用、气候数据等)及其他与地理空间相关的信息。GIS 系统可以从多种来源采集地理数据，包括 GPS 设备、卫星遥感、地形测量、地理数据库和现场调查等。GIS 系统使用数据库和文件系统来存储和管理地理数据。这些数据可以组成图层(layers)，每个图层表示不同类型的地理特征或信息。GIS 技术允许用户进行各种地理分析，如空间查询、地理空间模型构建、距离分析、路径分析、地理统计等。这些分析有助于解决复杂的地理问题并辅助决策。GIS 系统可以生成地图和图表，如静态地图、交互式地图和动态地图，将地理数据可视化，以便用户更好地理解和沟通地理信息。GIS 技术用于支持决策制定，帮助政府、企业和组织作出基于地理信息的战略决策，如城市规划、资源管理、紧急响应和环境保护等。GIS 技术广泛应用于各领域，包括城市规划、土地管理、自然资源管理、环境保护、农业、交通规划、卫生保健、应急管理、地理教育和科学研究等。GIS 技术采用开放标准，使不同供应商的 GIS 软件和硬件能够互操作，从而促进了数据共享和协作。

利用GIS技术，可以获取包括地理、气象、土壤、水体、植被、农作物、GPS轨迹等各类数据。在GIS信息基础上，整合农业生产经营主体数据、耕地基本信息数据、渔业水域数据、农业投入品数据、农产品市场交易等，形成农业数据资源库，实现对农业生产和农村环境等全域、全过程、全覆盖的实时动态观测。利用GIS技术，可以对山川、湖泊、森林、湿地等进行综合监测，能够比较精准地计算水土流失面积、荒漠化面积、森林砍伐面积等，客观评估生态破坏程度和波及范围，形成山水林田湖草沙系统数据资源管理"一张图"，为各级政府进行生态环境保护与治理提供科学依据，推动农村生态环境质量持续改善。

七、区块链技术

区块链技术是一种分布式账本技术，旨在通过去中心化和安全的方式记录交易和数据。它的核心概念是将数据分散存储在多个计算机节点上，这些节点通过密码学方法连接在一起，形成一个不可篡改的链式数据结构，每个数据块(区块)包含前一个块的哈希值，从而形成了一个有序的链。区块链技术的潜力在于提供了一种安全、透明和不可篡改的数据记录方式，有助于解决信任问题和优化业务流程。

从技术上讲，区块链是分布式数据存储、点对点传输、共识机制、加密算法等计算机技术的新型应用模式。从应用上讲，区块链是一个支持任意数据参与者自由加入与退出、参与者之间无须互信的分布式数据库，也是一个分布式的共享账本。区块链具有去中心化、开放性、独立性、安全性、匿名性等特征，以及不可篡改、全程留痕、可以追溯、集体维护、公开透明等特点。这些特点保证了区块链的"诚实"与"透明"，使其在多种应用场景下是"可信可靠"的，由此，这项技术在金融、物联网、物流、公开管理、保险等多领域均有所应用。

区块链在农村数字金融领域，包括支付、保险、供应链金融中发挥了不小的作用，以其"可信"性使得交易双方无须借助第三方信用中介即可开展经济活动，并保护双方的隐私与资金安全。针对农产品质量安全传统溯源平台存在的信息不透明、数据容易篡改、安全性差、相对封闭等问题，区块链的去中心化、开放、安全等特点提供了有效解决方案。通过将农场、农户、认证机构、食品加工企业、销售企业、物流仓储企业加到区块链上，实现农产品的来源可追溯、流向可跟踪、风险可预警、产品可召回、责任可追究。

八、虚拟现实

虚拟现实(Virtual Reality，VR)技术是一种模拟真实世界或创造虚构世界的计算机技术，旨在为用户提供身临其境的感觉和沉浸式体验。借助虚拟现实技术，用户可以穿戴特定设备，如头戴式显示器(VR头盔)和手套，与计算机生成的虚拟环境进行互动，仿佛置身其中。以下是虚拟现实技术的一些关键特点和组成部分：

虚拟现实技术能创建虚拟环境，这些环境可以是模拟的真实世界，也可以是完全虚构的。这些环境通常由计算机生成，融合3D图形、音频和视频元素。VR头盔是虚拟现实体验的关键设备之一，内置屏幕和传感器，可实时追踪用户头部运动，并在屏幕上显示相应的虚拟景观。虚拟现实系统通常配备手柄或控制器，供用户在虚拟环境中进行互动和操控物体。虚拟现实技术使用感知技术，如头部追踪、手部追踪、眼动追踪等，精准捕捉用户的动作和位置，动态调整虚拟环境以适应用户的视角和动作。为了增强沉浸感，音频系统也被整合到虚拟现实设备中，模拟声音在虚拟环境中的传播和方向。虚拟现实技术允许用户与虚拟环境进行互动，如行走、探索、操作物体、解决谜题等。这种互动性是虚拟现实技术的重要特点。虚拟现实技术已广泛应用于娱乐、游戏、医疗保健、教育、培训、建筑设计、模拟训练、航空航天、房地产及社交互动等多领域。虚拟现实技术有时与增强现实(Augmented Reality，AR)技术、混合现实(Mixed Reality，MR)技术结合使用。其中AR技术允许虚拟元素与现实世界互动，而MR技术则将虚拟元素融入现实世界中。

利用虚拟现实技术，可以将乡村的历史文化、风景、民宿等内容转化为虚拟现实全景，构建相关数字场景映射。也可以将各类景色、人文风情、风俗活动等乡村旅游资源制作成虚拟现实内容和剧情，通过互联网平台传播，吸引游客，推动乡村旅游产业的发展。在乡村旅游的体验过程中，利用虚拟现实技术向游客提供导览服务，帮助游客更立体、鲜活地了解乡村，并向游客提供多元的虚拟现实娱乐体验，提升游客观光游玩体验。虚拟现实技术还可以与电子商务结合，将购买链接植入全景系统，在游客体验虚拟观光的过程中，同步介绍乡村特产或文化衍生品，推送商品信息，促进销售转化。

九、数字孪生

数字孪生技术(Digital Twin Technology)是一种将物理实体或系统与其数字化虚拟副本相结合的技术。数字孪生技术通过将现实世界的对象、设备、过程或系统的物理特征和性能数据映射到数字模型中，实现实时监测、模拟分析、系统优化和决策支持，从而助力人们更好地理解、管理和改进物理实体或系统的运行方式。以下是数字孪生技术的一些关键特点和应用：

数字孪生技术创建了物理实体的数字副本，这些数字副本整合了实体的几何形状、传感器数据、性能参数、历史记录等信息，为模拟和分析实体的行为提供了坚实基础。数字孪生技术允许实时监测物理实体的状态和性能。通过传感器和数据采集设备，将现实世界的数据反馈到数字孪生模型，从而实时更新模型并反映物理实体的变化。数字孪生技术可用于模拟和仿真不同的情景和条件，帮助预测物理实体的行为，这对于测试新设计、优化操作和预测性维护等任务非常有必要。数字孪生技术提供了基于实际数据和模型的决策支持，帮助企业更好地理解运营和生产过程，并作出更明智的决策。数字孪生技术在多领域中得到应用，包括制造业、航空航天、能源、医疗保健、城市规划、交通、农业和建筑等，如优化工厂生产线、监测设备性能、模拟城市交通流量等。数字孪生技术结合了人工智能、大数据分析和物联网等技术，用于实现自动化控制和智能决策，有助于提高效率、降低成本和提升质量。由于数字孪生技术涉及大量敏感数据的收集和分析，安全性和隐私保护成为重要考虑因素，必须采取有效措施增强对数据安全和隐私的保护。

数字孪生技术可构建“天—空—地—地下”立体化、可视化、智能化的预警系统，对重点防火单位、自然灾害高风险地区、大型公共场所等重点区域进行实时可视化监测，并对区域内各类信息进行联动分析，实现对自然灾害和应急事故的有效、稳定、可靠的预警。数字孪生技术能够将乡村学生要学的历史、生物、物理等课程内容映射到三维世界，借助 VR 等工具，让学生体验到沉浸感知、立体互动的教学模式，使学习过程鲜活生动而不再局限于桌面书本。未来，数字孪生技术有望将当前的“网课”远程教育升级为课堂校园的“孪生”形态，让分散各地的学生在三维空间里汇集成班，接受老师的统一教学。

第二节　基础设施

一、新型基础设施

新型基础设施(New Infrastructure)是一个涵盖多领域的概念，指代现代化、智能化和可持续性的基础设施建设与发展。这些基础设施项目通常整合了先进的技术和数字化元素，以满足不断变化的社会和经济需求。新型基础设施的目标是提高城市和社区的生活质量、增强经济竞争力，并助力环境保护事业。

(一)信息基础设施

信息基础设施(Information Infrastructure)是指用于支持信息和通信技术(ICT)应用和服务的关键基础设施和资源，包括了一系列物理和虚拟组件，用于存储、传输、处理和分发信息。信息基础设施在现代社会中扮演着至关重要的角色，为数字化时代的各类应用提供了支持和基础。通信网络是信息基础设施的核心组成部分，包括互联网、移动网络、有线和无线电视网络等，负责连接不同设备和系统，实现数据和信息的传输与交换。数据中心则用于大规模数据的存储和处理，通常配备服务器、存储设备、网络设备和安全措施，以支持云计算、大数据分析和应用服务。云计算基础设施包括云服务器、存储和计算资源，提供云存储、云计算、云应用等多样化云服务。物联网设备是连接到互联网的物理设备，可以采集和传输传感器数据，在智能城市、智能家居和工业自动化等领域发挥着重要作用。为了保障信息技术设备的正常运行，需要可靠的电力和能源供应。电力网络和备用发电设备通常被纳入信息基础设施范畴。网络安全是信息基础设施的重要组成部分，防火墙、入侵检测系统、加密技术和身份验证措施等都用于保护信息基础设施免受恶意攻击和数据泄露的威胁。

信息基础设施是农业农村信息化的前提条件，对推进农业农村信息化有不可或缺的基础支撑作用。本质上，数字乡村建设所需的信息基础设施在技术和设施的要求上与一般意义上的信息基础设施并无本质区别，但由于应用需求的不同，数字乡村的信息基础设施在表现形式和类别上有所不同。《数字乡村发展战略纲要》明确阐述了数字乡村建设所需的信息基础设施，涵盖乡村网络设施、信息终端、数字化转型的乡村基础设施。其中，乡村网络设施包括农村宽带通信网、移动互联网、数字电视网、下一代互联网，以及升级改造的广播电视基础设施。信息终端包括适应“三农”特点的信息终端、技术产品、移动互联网应用(App)软件，以及为农综合服务平台等。数字化转型的乡村基础设施包括农村地区水利、公路、电力、冷链物流、农业生产加工等基础设施的数字化、智能化转型。

《数字农业农村发展规划(2019—2025年)》从应用的不同方面，对数字乡村信息基础设施进行了更加具体的阐述。它指出，数字乡村的信息基础设施包括数据资源体系、生产经营信息基础设施、管理服务信息基础设施。其中，数据资源体系包括农业自然资源大数据及设施、重要农业种质资源大数据及设施、农村集体资产大数据及设施、农村宅基地大数据及设施、农户和新型农业经营主体大数据及设施。生产经营信息基础设施包括种植业、畜牧业、渔业、种业、新业态、质量安全管控等方面的信息基础设施。管理服务信息基础设施包括农业农村管理决策支持技术体系、重要农产品全产业链监测预警体系、数字农业农村服务体系、农村人居环境智能监测体系、乡村数字治理体系等。

（二）公共支撑平台

数字乡村的各类应用，需要统一、公共、普适的公共支撑平台，以提供相应的数据共享和能力开放等服务。这样就可以保证数字乡村应用不会受到所属行业和区域信息基础设施与资源的限制，各类应用可以从公共支撑平台获取所需的数据和服务，从而更高效、更灵活地促进数字乡村的发展。数字乡村对公共支撑平台的需求来源于四个方面：一是领域知识模型和整合后的信息资源需要一个公共平台作为载体，以支撑多应用的访问。二是服务访问量峰值的大幅波动需要一个计算能力可动态伸缩的云计算平台。三是第三方应用开发者需要一个易于访问使用的开放环境。四是用户可以方便获取的服务访问方式。因此需要构建一个基于新型信息技术的数字乡村公共支撑平台。数字乡村公共支撑平台将信息化系统及物联网应用中孤立的数据与能力资源由领域内封闭转变为跨领域开放，并通过将分散的、小范围的数据和能力资源汇集成为共性服务资源群，形成统一的共性服务公共支撑体系，全面满足数字乡村各类应用的共性需求。

数字乡村公共支撑平台应采用大系统、大应用集约化建设的模式，实现应用规范与技术平台、业务标准与支撑系统的完美融合。公共支撑平台从行业系统获取可开放、共享的行业数据库信息，并结合基础数据库，为各类数字乡村应用提供对应的数据资源服务。根据《数字乡村建设指南1.0》的要求，数字乡村公共支撑平台建设分为公共数据平台和应用支撑平台两部分。一是构建服务“三农”的公共数据平台，全面支撑数字乡村业务和应用，融合结构化和非结构化数据，着重解决数字乡村相关数据的汇聚、治理和应用问题。公共数据平台实现数字乡村相关数据的全汇聚，利用共享交换体系横向融通农业农村、商务、民政、公安、市场监管、自然资源等相关部门数据，汇聚形成省、市、县、乡、村各级有关农村生产、生活和管理的数据集。公共数据平台支撑数字乡村相关应用，利用专题数据库对各级部门行政事项和服务场景进行全映射，支撑各类数字乡村应用。通过开放授权系统、数据空间、数据加工工具等方式向社会提供服务，为授权机构及个人利用开放数据进行应用创新提供便利，凝聚社会力量共同参与数字乡村建设。二是应用支撑平台提供丰富的业务功能标准化模块和编程接口，支撑各级政府部门开发和提供各类兴农便民应用。平台应以政务云平台形式构建，并提供各模块的目录和详细说明，便于各级部门和开发单位检索、查询。

二、传统基础设施

传统基础设施主要包括水利、气象、电力、物流等。借助互联网、大数据、人工智能等新一代信息技术，这些传统基础设施得以实现数字化、智能化改造升级，为农业生产经营和村民生活提供更加便利的条件。

（一）智慧水利

智慧水利是一种综合利用先进信息技术提高水利管理效率和服务水平的方法。它将互联网、计算机、地理信息系统（GIS）、传感器技术等先进工具应用于水利领域，实现更高效的水资源管理和水文数据监测，从而推动水利信息化建设的全面发展。乡村智慧水利依托各类信息技术，包括互联网、计算机、传感器、远程监测和控制系统等。这些技术可实现水资源的实时监测、数据采集、分析和处理，从而更好地管理水资源。智慧水利通过将传感器和自动化控制系统集成到水利设施中，实现了智能化管理和运行，包括智能水泵、水质监测设备、远程控制系统等，可以根据需要自动调整水流、水质和水压。智慧水利的一个关键目标是信息技术的标准化，这确保了不同系统和设备之间的互操作性，使数据能够在不同平台和设备之间自由流动，从而提高了整个系统的运行效率。传感器技术的广泛应用使得水文数据的采集变得更加自动化和准确，这意味着可以实时监测水质、水位、水流速度等信息，以及检测水资源的利用情况。智慧水利需要建立强大的信息传输网络，确保数据的实时传输和共享，这涵盖建设高速互联网、数据中心及通信基础设施。信息管理的集成化是确保各水利部门和机构能够共享数据和协同工作的关键，包括统一的数据存储和管理系统，以及数据的标准化和分类。智慧水利还可借助人工智能（AI）和大数据分析进行智能决策和预测，帮助水利部门更好地规划和管理水资源。推动政务办公电子化是数字化转型的一部分，可以提高政府部门的工作效率，包括许可证审批、数据报告和信息发布等。乡村智慧水利的一个重要目标是提高农村供水保障水平，确保农村居民有稳定的饮用水供应，改善水质和供水设施。农村饮水安全巩固提升工程是一项重要的计划，旨在改善农村地区的饮用水供应，确保农村居民有安全和可靠的饮用水。在有条件的地区，可以考虑将城市的供水管网延伸到农村地区，实现城乡供水一体化，从而更好地满足农村居民的用水需求。

（二）智慧交通

智慧交通是一种基于新一代信息技术的交通运输管理和服务体系，旨在提高交通领域的效率、安全性和可持续性。在乡村地区，推进智慧交通建设是数字乡村战略的重要组成部分。数字乡村智慧交通建设对农村地区的发展至关重要。它不仅可以改善农村地区的交通管理和服务水平，而且可以提高农村地区的可达性，促进乡村旅游业和电子商务的发展，满足居民的出行需求。智慧交通依赖多种先进技术，如互联网、云计算、人工智能、物联网、自动控制和5G等。这些技术使交通管理更加智能化和高效化，具备实时监控、数据分析、交通信息发布等功能。乡村地区可以建设一体化智能交通综合管理平台，用于集成和监控各类交通信息和系统，涵盖交通管理、道路状况、车辆信息、停车管理等。可靠的信息通信网络是智慧交通的核心。在乡村地区，需要建设高速互联网和通信基础设施，确保数据的传输和共享。智慧停车系统是智慧交通的一部分，可以提供停车信息实时指引和扫描支付功能，有助于解决农村地区停车问题，提高居民和游客停车便利性。农村地区可以通过数字化和智能化手段改进公共交通服务，如提供实时查询、购票功能，以及运用旅游观光小车等公共交通工具，满足居民出行需求。确保农村地区地图导航全覆盖对智慧交通至关重要，这使居民和游客能够轻松抵达目的地，提高出行的效率。智慧交通建设不仅优化了交通服务，而且提高了农村地区的数字化建设水平，这有助于乡村地区更好地适应数字化时代的发展需求。智慧交通建设不仅改善了居民的生活质量，而且推动了乡村振兴，通过促进农村地区的发展，吸引更多的游客和投资，促进乡村经济的增长。

（三）智慧物流

智慧物流在现代物流体系中发挥着关键作用，特别是在农村地区。智慧物流的核心是信息技术。借助物联网、大数据、云计算、人工智能等先进技术，智慧物流可以实现对物流过程的全面监控、管理和优化，进而提高农产品和工业品的运输效率。智慧物流通过实时监测运输物流量和动向，可以更好地规划和管理运输过程，这包括对货物位置、温度、湿度等参数的监测，确保农产品的质量和安全。借助机器人和自动化技术，智慧物流可以实现无人化运输，减少运输过程中的人为错误，提高运输的准确性和效率。智慧物流还包括智能仓储和配送系统，这些系统可以根据需求自动调整库存和配送计划，确保及时供应并减少库存积压与浪费。智慧物流并非单一的物流系统，而是涵盖了整个生态链，包括与供应商、制造商、批发商和零售商之间的协作，以实现高效的供应链管理。智慧物流是实现农产品进城和工业品下乡的关键。通过优化供应链和物流系统，可以促进农产品和工业品的高效流通，满足城市居民和农村居民的需求。智慧物流还推动了快递和邮政服务的智能化。通过深化乡村邮政和快递网点的布局与普及，可以提高农村地区的快递和邮政服务水平，使居民更便捷地收发包裹和信件。智慧物流与农村电商紧密相连。通过培育农村电商品牌和提供高效的物流支持，可以促进农村电商的发展，让更多的农产品进入电商平台。智慧物流还有助于推广绿色物流实践，通过优化路线、减少能源消耗和排放，推动物流行业的可持续发展，减少对环境的影响。智慧物流不仅关注线上物流，而且促进线上线下融合发展。通过人工智能和大数据技术，可以赋能农村实体店，提供更多的线上线下一体化服务。

第三节　数字素养

Gilster(1997)将数字素养(Digital Literacy)界定为获取、理解、整理和批判数字信息的综合能力。Eshet-Alkalai(2004)进一步将数字素养的定义扩展为新兴数字环境下居民生活、学习和工作所需的数字素养生存技能，并从图片图像素养、再创造素养、驾驭超媒体素养、信息素养、社会情感素养和实时思考技能 6 个方面构建了概念框架。Martin(2006)将数字素养看作一种动态发展过程，认为其具有动态性、发展性和演进性，即数字素养会随着外部环境变化和个体内部不断习得而不断提升和演变，指个体正确使用数字工具和设备、合理利用数字资源、构建新知识、创新媒体表达，以及与他人沟通等的意识、态度和能力。类似地，肖俊洪(2006)认为数字素养不仅涉及纯数字技术的使用技能，还包括认知技能、情感技能和社交技能。本书认为数字素养，也称为数字化素养或数字技能，指的是个体在数字化社会中获取、理解、评估和使用信息的能力，它包括了使用数字工具和技术进行沟通、学习、工作和社交的能力，以及对数字信息的批判性思维和隐私安全的意识。数字素养已经成为现代生活中不可或缺的技能，因为数字技术在各个领域都起到了关键作用。换言之，数字素养是个人通过内外部互动逐渐发展形成的一种心理状态，具有动态性、渐进性、演进性等。综合来看，个人素养是包括情感、意志、感觉、知觉、表象、思维等全部精神活动，并表现为外在的数字技术使用能力。以下是数字素养的一些关键方面：

基本数字技能包括使用计算机、智能手机、平板电脑和其他数字设备的基本技能，以及操作系统、应用程序和互联网浏览器的能力。数字素养涉及有效搜索、筛选和评估信息的能力，包括识别可信来源、了解信息背景及识别虚假信息和误导性内容。数字素养还包括有效使用电子邮件、社交媒体、即时消息和视频通话等数字通信工具的能力，以及在网络上进行合适和安全的社交互动。数据管理和隐私保护涵盖了管理和存储数字数据的能力，以及保护个人隐私和数据安全的知识，包括了解隐私政策和数据使用协议。数字素养还涵盖了使用数字工具和媒体创建内容、表达观点和分享创意的能力，如编写博客、制作视频、绘制图形等。了解网络威胁、恶意软件、网络欺诈和网络安全最佳实践，包括创建强密码和遵循网络安全准则的能力。数字素养强调了通过在线课程、电子教材和数字学习资源持续学习和提升技能的重要性。

数字乡村建设发展的数字素养，根据主体的不同在特征表现上也有所不同。第一，政府的数字素养。政府是数字乡村建设发展的政策供给者，政府的数字素养指其对数字乡村建设发展重要性的认识、发展规律的把握，以及形成清晰、有效、合理、科学的实现路径，从而为数字乡村建设发展提供良好的政策环境。换言之，政府的数字素养水平决定了数字乡村建设发展的政策供给水平。第二，数智企业的数字素养。数智企业是数字乡村建设的技术攻击者，数智企业的数字素养指其对数字技术内在规律和应用的整体把握，从而为数字乡村建设发展提供合适的技术支撑。换言之，数智企业的数字素养决定了数字乡村建设发展的技术水平。第三，农民数字素养。农民的数字素养指其对乡村数字技术、应用等的使用意愿和能力等。意愿是主观因素，受文化、知识、技能等影响；能力是客观因素，受使用技能影响。使用能力在一定程度上影响使用意愿，两者呈正向关系。

第四节 保障体系

数字乡村依托数字经济的发展，遵循“数字革命”蕴含的数字化、网络化、平台化、智能化演化规律。鉴于数字乡村建设是一项复杂的系统工程，其保障体系也应运用系统科学方法进行构建。数字乡村建设的保障体系是一种综合性的、多层次的组织结构，旨在支持和促进农村地区的数字化转型与发展。完整的数字乡村建设保障体系包括认知、资源、技术、制度、组织五个层面。

一、认知保障

（一）思想理念保障

思想理念决定方向路径，方向路径丰富思想理念。数字乡村建设作为乡村振兴战略的重要方向，具有深远的战略意义。建设数字乡村是实现乡村振兴的关键举措和任务，因此，我们必须全面认识到数字乡村建设的重要性和紧迫性，同时要清醒认识到数字乡村建设的复杂性和长期性。数字乡村建设需要谨慎规划和有序推进，切不可急功近利，否则易导致资源浪费和效果不佳。故而，我们应该制定明智的发展策略，分步实施，确保每一步都能够取得实质性进展。数字化乡村建设的目标是提高生活质量、促进乡村发展，而非盲目追求全面数字化。在数字化过程中，必须坚持注重实体经济和人的实际需求，避免乡村空间过度虚拟化。数字乡村建设需秉持综合性的思维方式，改革思维可以帮助我们打破陈规，寻找新的解决方案；系统思维有助于我们理解各因素间的相互关系；战略思维则是长远规划和目标设定的关键。数字乡村建设应分阶段、分层次有序开展，这样可以降低风险，同时有助于吸取经验教训，逐步提高建设的效益。在资源有限的情况下，可以选择一些典型的乡村作为示范项目，通过这些项目积累经验、验证技术、吸引投资，并为其他乡村提供有益的经验。各级政府需要紧密合作，制定明确的任务方案，细化各项任务的责任部门和完成时限，确保数字乡村建设的顺利推进，取得实效。

（二）理论研究保障

中国数字乡村建设既是一个理论问题，又是一个现实问题，蕴含着重要的理论价值和现实意义。数字乡村战略的提出，是对我国农村现代化发展的战略部署，而数字乡村建设作为这一战略的核心内容，需要深入研究、理论支撑和实际推动。数字乡村建设既包括理论层面的探讨，如数字乡村的概念、内涵、发展模式构建等，又涉及具体现实问题的解决，如基础设施建设、政策制定、资源调配等。将理论和实践相结合，能够更好地指导数字乡村建设的实际推进。数字乡村建设涵盖了广泛的领域，从数字化农业到数字化教育，从数字化医疗到数字化金融，再到数字化政府服务等。因此，它既是一个抽象的概念，又需要具体的解决方案和实施计划。数字乡村建设既代表了对未来乡村发展的愿景，又是当下需要解决的紧迫问题。随着城市化进程加快，农村正面临一系列挑战，包括农村人口外流、产业结构失衡、基础设施不足等。数字乡村建设有助于应对这些挑战，提高农村的竞争力和可持续发展能力。数字乡村共生系统是数字乡村建设的核心概念，但相关研究尚显不足。深入探讨数字乡村共生系统的内涵、特征、运行机制等，有助于更好地理解数字乡村建设的本质和关键要素。数字乡村建设需要有科学的规划和顶层设计，以确保资源的合理配置和整体推进的协调性。前期的调查研究和分析工作，是制定规划方案的重要基础，也为政府决策提供坚实的理论支撑和智力支持。

（三）舆论宣传保障

在推进数字乡村共生系统建设的过程中，必须重视人的思想理念数字化问题，即如何借助传统或数字环境的影响，提高乡村居民的数字素养，确保数字乡村共生系统建设在正确的价值观和发展理念引领下前行。这一点至关重要，因为数字化不仅是技术层面的应用，而且关乎社会文化和价值观的转变。必须加强数字素养教育，其内容不应局限于技术培训，还应包括数字伦理、隐私保护和网络安全等方面的知识。这有助于培养乡村居民的数字技能和数字思维。数字乡村共生系统建设不应割裂与传统文化之间的联系，而应致力于促进传统和数字环境的融合。这可以通过数字化文化遗产保护、数字化艺术和文化传播等方式实现。数字化乡村建设需要广泛的社区参与，以确保项目符合乡村居民的实际需求和期望。建立共识和民主参与机制，有助于塑造正确的发展理念。政府、企业和社会组织在数字化乡村建设中应积极践行社会责任，关注社会公益和可持续发展，确保数字化进程不会损害乡村环境和社会和谐。扩大宣传，发挥好舆论在数字乡村共生系统建设中的支撑作用，为数字乡村共生系统建设营造良好的社会氛围。舆论引导可以促使社会各界更广泛地了解数字化乡村建设的益处，进而激发参与热情。

二、资源保障

（一）资金

数字乡村共生系统建设是一项长期的、持续性的工程，它需要充足的资金支持，以确保各项工程有序实施。在强化资金保障的同时，需要拓展资金投入来源，动员社会各界积极参与，构建多元化的投融资体系，其中政府、企业和社会都发挥重要作用。数字乡村共生系统建设需要长期资金支持，因为这是一个渐进的过程，需要不断升级和维护。政府需确保有充足的长期预算，以覆盖项目的不断发展及后续维护阶段。政府资金虽是数字乡村建设的主要支持力量，但还需要拓展其他资金来源，如社会资本、企业投资、农村合作社、农民投资等。多元化的资金来源有助于缓解财政压力，促进数字乡村建设的可持续性发展。政府可以制定政策，引导和激励企业、个人参与数字乡村建设。例如，通过提供税收优惠、融资支持、调整土地政策等激励措施，吸引更多的投资者和创业者参与。建立数字乡村共生系统的社会化投资平台，可以促进各方参与。这些平台可以连接政府项目和潜在的投资者，为数字乡村项目拓宽融资渠道。数字乡村建设可能伴随一定的风险，政府和企业可以共同承担这些风险。建立风险共担机制有助于吸引更多企业投资数字乡村项目。社会资本机构，如基金、投资公司等也可以成为数字乡村建设的重要合作伙伴，政府应鼓励这些机构在数字乡村项目中发挥积极作用，以加快建设进程。为确保投融资的有效使用，需要建立项目评估和监管机制，这有助于确保资金用于真正需要的地方，并提高项目的透明度和效益。

（二）人才

数字乡村共生系统建设的成败在很大程度上取决于人才资源是否充足，因此，人才是这一进程的核心要素。人才资源是数字乡村共生系统建设中最重要、最活跃、最具竞争力的资源之一。若缺乏具备相关技能和知识的人才，数字化乡村建设将难以顺利进行。因此，人才的引进、培养和留住至关重要。在领导人才方面，数字乡村共生系统建设需要有决策智慧和战略视野的领导人才。这类人才能够制定正确的发展战略，协调各方资源，推动整个项目稳步前行。在技术研发人才方面，数字化乡村建设离不开技术专家和工程师，他们负责开发、部署和维护数字化基础设施、应用系统和平台。在经营管理人才方面，数字化乡村的运营和管理需要具备商业智慧和管理技能的人才，他们能够有效组织和管理数字乡村项目，确保其长期可行性和营利性。在本土人才方面，本地居民和农村人才是数字乡村共生系统建设的重要人才来源，他们了解当地的文化、社会背景和需求，具备更强的适应性。在外部人才方面，为了弥补某些特殊领域的技术和管理知识不足，需要引进外部人才。这些人才往往具备更广泛的经验和视野，可以为项目注入新的思维和创新活力。政府和企业应加大对培训和发展人才项目的投资力度。培训计划可以帮助本地居民掌握所需的技能，提高他们在数字乡村建设中的参与度。为了留住关键人才，政府和企业可以制定吸引人才的政策，如提供良好的薪酬待遇、广阔职业发展空间和便利的生活条件。

（三）土地

数字乡村共生系统建设离不开乡村土地的使用和发展改造，因为乡村最宝贵的资源之一就是土地。如何有序、合理、有效地利用乡村土地资源来推进数字乡村共生系统建设，需要政府部门进行深入思考、高度重视，并进一步规范和引导土地利用。政府应该对乡村土地进行科学分类和规划用途。不同类型的土地可以用于不同的数字乡村项目，如数字化农业、数字化旅游、数字化教育等。规划应综合考虑土地的自然条件、土地权属、农村人口分布等因素，以确保土地利用的合理性和可持续性。政府可以进行乡村土地现状的详细调查，了解土地资源的分布、状况和利用情况。这有助于确定潜在的数字化项目和资源配置需求。数字化技术可以帮助优化土地资源的配置。例如，智能农业可以提高农田的产量和效益，数字化教育可以减少土地用于建设学校的需求。政府应鼓励数字技术在乡村土地利用中的应用，以提高土地资源的利用率。乡村土地的权属问题可能较为复杂，政府需要清晰界定土地权属，确保土地的合法使用和开发。同时，政府可以探索土地流转机制，以便更好地整合土地资源，支持数字化项目发展。数字乡村共生系统建设应该充分考虑环境保护和可持续性原则。政府可以制定土地利用政策，鼓励发展低碳、生态友好型的数字化项目，以减少对土地资源的负面影响。政府在土地利用规划中应该考虑当地居民和社区的需求与意见。社区的参与可以确保土地利用项目更符合当地实际情况，同时提高项目的可接受性。

三、技术保障

（一）技术创新

技术在数字乡村共生系统科学发展中扮演着至关重要的角色，它不仅是建设的根基，而且是推动乡村现代化的关键引擎。数字乡村共生系统建设需要依赖数字技术的创新，这些技术包括物联网、大数据分析、人工智能、云计算等。这些创新技术可以为农村提供更高效、智能化的解决方案，提升生产力和生活质量。数字技术可以帮助农村改善农业生产、提高农产品质量和效率，加强农村企业的管理和运营，从而提升农村的竞争力。这有助于农村脱贫致富，实现可持续发展。数字技术可以收集和分析大量数据，为政府和企业提供更准确的信息，支持决策制定。这有助于优化资源配置，提高政策效果，推动数字乡村共生系统的科学发展。政府和企业应该加大技术创新投入力度，促进相关技术的推广和应用。这可通过建设数字基础设施、培训农村居民与企业人员、支持数字农业项目等方式实现。数字技术还可以改善农村服务，涉及数字化医疗、教育、金融等领域。这有助于解决乡村医疗资源不足、教育资源不均等问题，提高乡村居民生活质量。数字化农村可以促进农村产业结构升级，推动绿色、可持续农业发展，保护农村生态环境，提高资源利用效率。

（二）数据安全

网络与信息安全是数字乡村共生系统建设的基本保障，确保数字乡村系统的稳定运行和数据安全至关重要。政府应制定并完善与数字乡村共生系统安全相关的法律法规，并强化执法力度。这包括明确数据隐私保护、网络攻击惩罚、信息泄露处理等方面的规定，以威慑潜在的网络犯罪行为。在数字乡村共生系统建设中，必须确保信息安全纳入项目整体规划。这包括建立信息安全政策和流程，定期进行风险评估和漏洞扫描，以及采取必要的安全措施，如部署防火墙、入侵检测系统等。建立信息监管机构或委员会，负责对数字乡村共生系统中的信息流动和数据处理进行监督。监管机构应该定期审核信息安全政策的执行情况，并采取措施解决发现的问题。培训和吸引信息安全专业人员至关重要。政府可以与学术界、企业合作，设立信息安全培训项目，培养更多的专业技术人员，以应对日益复杂的网络威胁。提高农村居民和企业对信息安全的认识和警惕性，可以通过举办信息安全教育和培训课程、发布信息安全宣传材料等方式实现。这将有助于防范社会工程学攻击和简单的网络钓鱼等基础威胁。对于涉及重要信息和基础设施的数字化项目，应该实施严格的技术应用安全审查，确保新技术的引入不会带来潜在的风险。这可以通过独立的第三方安全审计来完成。制订数字乡村共生系统的信息安全应急响应计划，以应对可能发生的网络攻击或数据泄露事件。这包括快速响应机制、数据备份和恢复计划等。

四、制度保障

（一）法律法规

数字乡村共生系统建设的成功，离不开法律法规的保障。法律框架既能保护数字乡村系统的权益，又能引导系统实现健康发展。数字乡村共生系统的建设属于新兴领域，因此需要新的法律框架来适配其发展。政府应积极与相关利益方合作，推进法律法规的制定，以满足数字乡村系统的应用需求，契合其探索实践。在数字乡村共生系统建设中，法律法规发挥着引领和规范的重要作用。它们可以明确数字乡村系统的权责关系，规范数据隐私保护、网络安全等方面的行为，为数字乡村系统的合法运营筑牢法律基础。数字乡村系统涉及创新和技术应用，因此需要法律保护知识产权。专利、版权和商标法规能够保护数字化农村系统中的技术和内容创新成果，激励创新投入。随着数字化的推进，数据隐私和网络安全问题日益突出。政府应该制定法律法规切实保护农村居民和企业的数据隐私，明确数据收集、存储和共享的规则，防范网络攻击和数据泄露。数字乡村系统需要合规的网络治理，以确保信息流动和交互在法律框架内进行。这包括网络中立性、互联网服务提供商的责任、数字内容合规性等方面的法律法规。数字乡村系统建设可能产生各种争端，如合同纠纷、知识产权争议等。法律法规应为争端解决提供明确的法律程序和机制，维护各方的合法权益。数字乡村共生系统的建设通常需要国家和地方政府协同推进。因此，法律法规的制定应该充分考虑不同地区的实际情况，以便更好地适应各地的需求。建设数字乡村共生系统需要营造健康的法治环境，这包括法律意识的普及、法治教育的加强，以及法律服务的提供，这有助于确保数字乡村系统的运营符合法律法规要求。

（二）体制机制

为了更好地推进数字乡村共生系统建设，除了硬件基础设施搭建外，发展机制创新也至关重要。这需要协调各方利益，破除制度障碍，为数字乡村共生系统建设提供有力的体制机制保障。为了确保数字乡村共生系统建设的可持续发展，需要建立一套全面的评价体系，包括经济、社会、环境等多个维度的评价指标，以便更全面地衡量数字乡村系统对乡村振兴的贡献。数字乡村共生系统建设涉及多个利益相关方，如政府、企业、社会组织等。需要建立协同合作机制，促进各方的合作与协调，以确保资源的有效利用和信息的共享。数字乡村共生系统建设需要大量资金投入。政府可以制定有利于数字乡村项目融资的政策，同时鼓励金融机构提供贷款和风险投资支持。政府可以针对数字乡村共生系统建设制定创新政策，如税收激励政策、奖励政策、创新基金等，以鼓励企业和个人投身数字乡村项目。数字乡村共生系统建设可能面临传统制度的限制和障碍。政府需要审视并修改不适应数字乡村发展的法规和制度，以推动数字乡村建设的顺利进行。建立数字乡村信息共享机制，鼓励各方主动分享信息，促进农村数字化项目的互联互通，提高效率和资源利用率。鼓励技术创新是数字乡村共生系统建设的关键。政府可以设立创新奖励计划，激励科研机构和企业开展技术研发和创新。数字乡村共生系统建设需要社会各界的广泛参与，政府可以建立社会参与机制，鼓励社会组织和志愿者参与数字化农村项目，发挥各方的积极作用。

（三）政策体系

数字乡村共生系统建设是一项兼具创新性和持续性的发展工程，要取得成功需要采取更有力的举措并集结更大的力量。政府应该研究出台全面支持数字乡村共生系统建设的政策，确保技术创新、资金支持、人才培养等各方面均得到周全考量。政府可以制定高起点政策，提供资金和资源的大力支持，包括设立数字乡村建设专项基金，为项目提供启动资金，加速发展。政府的政策支持应该具体落实到不同地区和项目。因为各地情况不同，政策需要根据实际情况进行调整，以适应各地的需求。政府的政策应该具有实用性，能够切实解决数字乡村共生系统建设中的问题。政策制定者应该倾听实际需求，根据问题的紧迫性和重要性来制定政策。政府应该积极营造数字乡村共生系统建设的政策环境，包括简化审批程序、减少行政阻碍，鼓励企业和个人投身数字乡村项目。政府可以建立多层次的支持政策体系，包括国家级、地方级和区域级政策。这有助于在不同层次上形成政策的协同效应，更好地支持数字乡村共生系统建设。政府可以鼓励风险投资机构参与数字乡村项目，提供资金支持和创新投资，这有助于吸引更多的创新企业和项目进入该领域。政府可以制定人才培养政策，鼓励高校和培训机构开展数字化农村领域的培训与教育，以满足数字乡村共生系统建设的人才需求。政府应该建立监督和评估机制，定期评估数字乡村共生系统建设的进展和成果，这可以帮助政府及时调整政策，确保政策的有效性和可持续性。

五、组织保障

（一）组织领导

农村党组织在数字乡村共生系统建设中扮演着根基与灵魂的重要角

色，发挥好农村基层党组织在其中的领导核心作用至关重要。农村党组织作为中国农村社区的基本组织，应在数字乡村共生系统建设中发挥领导核心作用。农村党组织可以引领农村居民积极投身数字乡村项目，确保项目顺利推进。数字乡村共生系统建设涉及多个领域和利益相关方，需要一个统一的组织和协调机构，以确保各方的合作和协同。农村党组织可以承担此重任，协调各方资源和力量。数字乡村共生系统建设需要全局性的规划和整体推进，而非零散项目。农村党组织可以推动全村的数字化发展，确保项目整体有序推进。数字乡村共生系统建设需要科学引导，农村党组织可以起到指导和监督的作用，确保项目的发展符合国家政策和农村居民的实际需求。农村党组织可以通过宣传和教育工作，增强农村居民的数字素养，提高他们对数字乡村共生系统建设的理解和支持度。数字乡村共生系统建设涉及资金和资源的分配，农村党组织应加强反腐倡廉工作，确保项目透明、公平，防止腐败问题的发生。数字化农村项目可能引发就业、土地等社会问题。农村党组织可以发挥社会稳定器作用，妥善处理相关问题，确保数字乡村建设的和谐发展。农村党组织可以监督数字乡村共生系统建设进展，定期评估项目成效。这有助于及时调整工作方向，确保项目朝着正确的方向推进。

（二）顶层设计

加强数字乡村共生系统建设的顶层设计是确保项目顺利实施并取得成功的重要步骤。数字乡村共生系统建设需要全面的规划设计，包括技术、资源、人才、资金等方面。政府和相关部门应首先确立清晰的发展愿景，明确发展目标和优先领域，以便有效地引导项目的发展。顶层设计需要与各级规划相衔接，包括国家、地区、县级等不同层级的规划。这有助于确保数字乡村共生系统建设在全国范围内有统一的方向，同时充分考虑地方差异和需求。顶层设计应包括详细的规划实施方案，明确项目时间表、里程碑、资源配置等内容。这有助于项目有序推进，确保各项任务按计划完成。为了提高数字乡村共生系统建设的可操作性，需要制定可实施的细则和操作规程。这些细则应考虑到具体的技术要求、质量标准和管理流程，以便指导实际工作。顶层设计应基于科学的数据和研究，确保项目的科学性和可行性。这需要开展充分的前期调研和分析，以便明智地制定规划方案。数字乡村共生系统建设需要协同配套的政策、技术和资源支持。顶层设计应确保各类资源的协同利用，避免浪费和重复投入。一旦顶层设计制定并实施，需要建立监督和调整机制，定期评估项目进展和成效。这有助于及时纠正问题，确保项目朝着正确的方向推进。数字乡村共生系统建设需要与不同区域的发展相协同。政府应鼓励各地制定契合自身情况的数字乡村共生系统建设方案，并确保这些方案与顶层设计保持一致。

（三）试点示范

强化试点推进、坚持示范引领，是数字乡村共生系统建设中的关键战略，而做好试点示范市的组织保障，是确保这一战略顺利实施的重要内容。试点示范市为创新实践提供了宝贵契机。在这些市区内，可以尝试各类数字乡村共生系统建设的方法、技术和策略，探寻最适合的模式。这些实践经验将为未来的全面推广提供宝贵经验教训。数字乡村共生系统建设存在一定风险和不确定性。通过在试点示范市进行实践，可以有效降低风险，在实践中发现并解决问题。这有助于为全国范围内的数字化农村项目提供更好的保障。试点示范市的成功案例可以产生示范效应，吸引更多的地区效仿并加大投资力度。这有助于加速数字乡村项目的推广和普及，推动数字化农村实现全面发展。试点示范市通常可以获得更多的政策支持和资源投入。政府通常会为这些市区提供额外资金、技术支持和政策优惠，鼓励其在数字乡村共生系统建设中取得成功。试点示范市成为数字乡村建设的经验交流平台。不同地区可在此互相学习、借鉴，分享成功经验和解决方案，促进数字乡村项目协同共进。试点示范市通常会吸引更多社会力量的参与，包括企业、社会组织和志愿者。这有助于建立多元化的合作伙伴关系，共同推动数字乡村共生系统建设。试点示范市中的实践经验可以为政府决策提供有力支持。政府可以根据试点示范市的实际情况，及时调整政策，以更好地满足数字乡村建设的需求。

第九章

案例分析

第一节 国际案例借鉴

一、美国

美国作为农业强国，一直在农业农村信息化领域拥有着显著成果。美国的农业农村信息化建设以网络设施建设为基础，在全国范围内，美国政府和私营企业已投资数十亿美元用于扩展和改善农村地区宽带互联网基础设施。这一举措旨在弥合乡村地区与城市之间的数字鸿沟，确保农村居民能够便捷访问高速互联网，享受数字化服务。美国的农业信息化是该领域的重要组成部分，农民和农业从业者可借助各类数字工具和应用程序来管理农田、监测作物、预测气象、追踪库存和销售产品。这些技术的应用，不仅提高了农业生产的效率和产量，还有效减少了资源浪费，如水和化肥的使用。农村电子商务在美国也得到了广泛发展，许多农村居民和小农场主通过在线平台销售农产品，与消费者建立直接联系，提供新鲜食品和农产品。这不仅为农村地区提供了新的收入机会，而且使城市居民能够更轻松地购买农产品。美国提供多元化农业信息服务，帮助农民和农业从业者更好地管理业务。这些服务包括农业咨询、市场分析、气象预报和作物病虫害监测。通过及时获取信息，农民能够作出更明智的决策，提高生产效率。此外，美国政府采取了一系列措施来改善农村地区的网络覆盖情况。这包括资助互联网服务提供商扩展其网络覆盖范围、提供互联网基础设施补贴，以及支持农村社区建设自己的互联网络。

在推进乡村地区的网络覆盖方面，美国政府采取了法律、政策和资金支持等多重举措。1996 年，《电信法》确立了普遍服务资助机制，要求美国联邦通信委员会(Federal Communication Commission，FCC)及各州公益事业委员会采取必要措施，确保农村和偏远地区的公民能够以承担得起的价格接入电信和信息业务。2017年，时任总统特朗普签署了一项广泛的减税法案，以刺激美国运营商加大在光纤、5G等基础设施方面的投资力度。2017年，美国FCC投票废除了奥巴马政府时期的“网络中立”规定，允许运营商更自由地管理网络流量。这为运营商扩展和改进宽带服务提供了更多的灵活性和激励。2018年，时任总统特朗普签署了两项行政命令。第一个行政命令要求内政部将一部分资产用于农村宽带建设，为偏远地区提供更多的网络资源。第二个行政命令旨在简化网络安装过程，减少网络建设的阻碍因素。美国国会、美国农业部(USDA)、美国FCC等多部门提供了大量的资金用于支持偏远贫困地区和其他网络服务较差的社区的网络建设。这些资金用于完善网络基础设施、提供宽带连接、改善网络安全性等。美国政府设立了多种农村宽带支持项目，如学校和图书馆宽带接入、农村发展宽带贷款等，旨在促进农村地区宽带的普及，确保居民能够获得高速互联网服务。

美国农业信息化建设与社会信息化基本同步推进。依靠高度信息化的农业体系，美国仅用1%的人口便维持了庞大的农业生产系统。这种高度信息化的农业生产体系不仅满足了美国本土的需求，而且大量出口到国际市场。美国在农业领域依托强大的科学技术和经济实力，鼓励各市场主体发挥重要作用，应用先进的信息技术，建立健全的信息服务体系，积极推进农业信息化建设。这一战略使美国农业生产更加高效、智能化，为提高农产品质量、增加产量、降低生产成本提供了强有力的支持。

美国的领先技术地位在数字农业领域得到了充分体现。早在20世纪80年代初，美国就提出并积极推动了精准农业的兴起，将尖端信息技术有机融入农业生产。这包括使用遥感技术、地理信息系统、全球定位系统、计算机技术、自动化技术及网络技术等多种高科技手段，逐步实现了农业生产和销售的精确化、高效化、信息化管理。随着大数据技术的不断发展，美国将其应用于农业领域。现如今，美国涌现出许多专业农业服务公司，这些公司利用大数据技术制作土壤分析报告，包括土壤成分、适合种植不同农作物的肥料需求、水分管理及未来产量等详尽数据，为农业生产活动提供了极大的便捷和科学支持。根据《数字农业研究现状和发展趋势分析》，已经有 41.6%的家庭农场、46.8%的奶牛场和 52%的年轻农场主通过计算机进行网络信息交流，专业农业技术服务机构为农民提供农业信息，以服务于农业生产管理和实现精细化耕作。这些举措进一步巩固了美国在数字农业领域的全球领先地位。

美国的农业电子商务体系经验丰富、起步较早，为全球农业电子商务发展提供了重要借鉴。根据美国农业部的数据，截至 2016 年，美国拥有超过 400 个大型农产品电子商务网站，该行业总产值已经超过 200 亿美元。此外，美国还拥有全球著名的农产品期货交易所，如芝加哥期货交易所（Chicago Board of Trade，CBOT）和纽约期货交易所（New York Board of Trade，NYBOT）。这些期货交易所为农产品交易提供了高效的平台，使交易双方能够获取所需信息，降低市场风险，从而在一定程度上推动了农产品电子商务的蓬勃发展。美国农业电子商务的兴起不仅促进了农村地区的经济增长，也为其他国家的农业电子商务提供了有益的经验和启示。

美国政府在推动农业电子商务发展中扮演了关键角色。首先，它积极主导了农业电子商务的基础设施建设，高度关注这方面的发展，致力于建设信息高速公路、多网合一平台等基础设施，为农业电子商务提供了强大的信息支持体系。截至 2015 年底，美国的大中型农场已经全部接入互联网，73%的农场已经成功实现电子商务交易。其次，美国政府通过法律立法和执法确保农业电子商务的合法运行。在《农业法》中，美国政府明确规定必须提供农业信息和相关技术服务，建立在线农产品交易平台，同时要求农民按照法律规定如实报告农产品的生产和销售情况，以便享受政府补贴。美国政府依据各州的电子商务相关法律对违规行为进行严格的执法。最后，美国政府还促进了完善的农业电子商务服务体系的形成。例如，美国东南部的田纳西州充分利用自身的农业知识产权服务特色，成立了跨州的农业知识产权服务联盟。各州政府在开发和推广方面扮演着主要角色，进一步完善了当地的农业电子商务体系。这些举措有助于确保农业电子商务的有序发展和服务质量的提高。

二、日本

日本面临着严重的农村人口老龄化问题。根据日本农林水产省2018年发布的数据，当时日本农业从业人口为175万人，而在过去的十年里已减少了100多万人。尤其令人担忧的是，65岁以上人口在农村的比例已经高达68%。据日本综合研究所的估算，到2030年，日本农业从业人口将减少至100万人以下[①]。为了解决这一严峻问题，21世纪初，日本政府提出了信息技术基本战略。这一战略旨在将信息化技术与农村各产业全面融合，推动农业和农村地区稳步发展，助力乡村振兴。通过充分利用信息技术，日本政府希望为农村地区注入新的发展动力，以应对人口老龄化和农业从业人口减少的挑战。

尽管日本农村地区人口相对较少，但网络覆盖率高，基础设施完备，城乡之间在基础设施方面的差距并不明显。截至2015年底，日本通信设施普及率表现强劲：固定电话普及率达50.23%、移动电话普及率高达126.54%、家庭计算机普及率甚至超过80%。此外，移动宽带技术，包括4G网络，在农村地区的普及率也高达128.02%[②]。这意味着农村地区与城市地区在通信和信息技术基础设施方面的差距相对较小，农村居民也能享受到先进的通信和网络服务。

日本政府对农村地区的通信网络建设高度重视，为消除城乡数字鸿沟采取了一系列重要举措。自2000年开始，农林水产省制定了“21世纪农林水产领域信息化战略”，旨在挖掘农村和农业的发展潜力，实现城乡数字平衡。这一战略包括了多项措施，如强化农村信息通信基础设施、推动农业电子商务、促进农产品信息共享等。2001年，日本进一步制定了“21世纪农村信息化战略”，通过提高农村地区光纤覆盖率、建立农产品信息平台、培养农业信息化人才等方式，进一步缩小城乡信息化差距，助力农村地区充分利用信息资源发展农业。2004年，日本还提出了“U-Japan”计划，其中一个关键目标是在全国范围内整合宽带设施，以弥合数字鸿沟。

---

①② 郭顺义，杨子真．数字乡村：数字经济时代的农业农村发展新范式[M]．北京：人民邮电出版社，2021：63.

2007年底，日本举行了“消除数字鸿沟战略会议”，规划了未来三年的信息通信发展计划。会议宣布政府将提供资金补贴，以扩展光纤网络至人口稀少地区，包括农村。会议还明确提出到2010年，将实现90%以上家庭能够高速上网的目标。政府强调需缩小大城市、中小城市与农村之间在信息获取方面的差距。此外，为促进下一代互联网的发展，日本政府考虑由国家和地方政府共同承担通信网络的运营费用。这些政策和措施共同推动了农村地区通信网络的改善和发展。

日本非常注重在农业领域充分应用信息技术。早在1994年，日本就启动了农业信息网络的研发，并成功实现了全国范围内的农业信息服务互联互通。这一举措包括广泛应用专家系统、气象系统、生产管理系统等，迅速提高了农业领域的信息化水平。日本不仅在应对农村老龄化问题上采取创新性举措，而且在农业信息系统建设和技术应用方面积极推进。日本高度重视农业信息系统的建设，为整合农业信息资源，于20世纪90年代初设立了全国联机网络农业技术信息服务体系。该体系由电信电话公司实时管理，每个县都设有分中心，农村居民可以依托这些分中心快速有效地进行农业信息的搜集、处理和共享。针对农业科技信息，日本将国内29个国立农业科研机构、381个地方农业研究机构及570个地方农业改良普及中心全部联网，使农民能够随时通过手机或电脑查询271种主要农作物的育种、栽培和种植等技术信息。此外，为提供市场信息服务，由日本“农产品中央批发市场联合会”主导的农产品市场销售服务信息系统中，农产品生产者和销售商能够在线查询每天、每月及年度的各类农产品销售数据。此外，还有一个由全国1800个“综合农业组合”组成的系统，用于预测各类农产品的生产数量和价格趋势。涉农主体可以通过这两个系统及时了解日本及国际各类农产品的市场动态，以此来调整生产和经营策略。这些举措共同推动了日本农村地区农业信息化水平的提升和农业生产效率的提高。

日本积极运用高科技手段应对农村老龄化问题。在人工智能技术应用方面，2015年，日本发布了“机器人新战略”，该战略明确围绕农林水产业等主要领域推动基于智能机械和信息技术的“下一代农林水产业创新技术”。自2016年3月起，日本投资约40亿日元(约合3600万美元)用于推动农场自动化，并协助研发了20种不同类型的机器人。此外，久保田、井关农机、雅马哈等企业也开始逐步涉足农业人工智能产业①。例如，久保田在2019年1月推出了智能拖拉机，该拖拉机利用全球定位系统可以精准定位自身位置，基于预设的农田地形和面积等详细数据，由人工智能判断拖拉机应执行何种操作。即使在不平整的地形上，智能拖拉机也能平稳行驶，完成各项农业工作。在农业物联网技术应用方面，早在2004年，日本总务省就提出了“U-Japan”计划，旨在未来构建一个无处不在的网络社会，实现人与物的互联，其中也包括农业物联网技术的广泛应用。日本政府在该计划中设定了雄心勃勃的目标，预计到2030年，农业物联网规模将达到800亿~1000亿日元。此外，日本政府以农业物联网技术为信息主要来源，大力研发和推广农用机器人，加快了数字农业建设进程。预计到2025年，农用机器人市场规模将达到100亿日元。这些举措有望有效缓解农村老龄化对农业生产的挑战。

三、德国

德国作为经济强国，不仅在工业领域取得了“工业4.0”的显著成就，而且在农业领域提出了“农业4.0”的概念。在政府政策和资金的有力支持下，德国的农业和农村地区在工业化和城市化进程中实现了协调发展。这一发展使农业生产水平显著提高，科技含量不断增加，同时带来了更优的生态环境。德国的农业农村发展模式为其他国家，包括我国推进数字乡村建设，提供了宝贵的经验和启示。尽管德国在制造业方面表现出色，但在高速宽带网络部署和信息通信技术应用方面相对滞后。根据2016年的数字经济排名，德国在全球十大数字经济强国中位列第六，落后于美国、韩国、英国、日本和中国等国家。特别是在农村宽带网络的发展方面，德国表现欠佳，与城市地区存在明显的数字鸿沟。2016年，德国农村地区拥有30Mbit/s以上宽带网络的家庭用户数量仅为城市地区的一半，拥有50Mbit/s以上宽带网络的家庭用户数量更是不及城市地区的1/3。

---

① 郭顺义，杨子真．数字乡村：数字经济时代的农业农村发展新范式[M]．北京：人民邮电出版社，2021：66.

德国在农业发展方面具备先进的基础设施、适宜的气候条件和丰富的水资源，但相对有限的土地资源和农业劳动力资源成为一项挑战。根据2017年的数据，德国农业从业人口仅占总劳动力的2%，这一比例相对较低。同时，德国面临劳动力老龄化问题，60岁以上的老年人占总人口的29%，生育率也相对较低，仅为1.5%①。

鉴于这一背景，德国提出了“农业4.0”的概念，致力于运用现代信息技术，如互联网、物联网和大数据等，改进整个农业产业链，实现农业生产的智能化和精准化、农民的专业化和职业化，以及农村的生态化和城镇化。总体来看，德国在欧洲地区处于领先地位，是农业信息化的一面旗帜。

德国高度重视农业信息化技术的研发和应用。政府资助了大型企业如SAP公司、德国电信等在“数字农业”技术领域的研发工作。2012年，德国在农业技术方面的投入达54亿欧元，彰显了政府对该领域的重视。德国在遥感技术、地理信息系统和卫星应用系统等方面拥有先进技术，为农业政策制定和精准农业发展提供了可靠的技术支持和数据基础。

此外，德国政府十分重视农民的培训与素质提升。长期以来，政府投资农业研究开发和农村教育项目，将培养农业专业人才纳入长期财政预算。在农业院校和农业职业学校，德国政府开设了计算机和信息技术相关课程，确保农民获得专业化培训。农民需通过系统化教育和培训，经考核合格后才能获得从事农业生产的资格。这一培训和技术推广体系不仅使农民更专业化和职业化，而且提高了他们的收入水平。生物能源和再生原料等领域的发展，也为农村经济作出了积极贡献。根据德国联邦统计局的数据，德国农民的年收入已超过3万欧元。

四、印度

近年来，印度经济实现了快速增长，成为全球增长最快的新兴经济体之一。作为农业大国，印度的农业相关产业占据了国内生产总值的约

① 资料来源：郭顺义，杨子真．数字乡村：数字经济时代的农业农村发展新范式[M]．北京：人民邮电出版社，2021：78.

10%。与中国一样，印度是发展中国家，其软件业迎来高速发展，互联网领域也呈现迅猛增长态势，特别是在数字农业和农村发展方面，印度正在积极探索契合自身国情的发展路径。

印度的互联网发展速度惊人，互联网普及率不断创新高。政府、电信运营商和非政府组织都在积极推动互联网的普及工作。根据印度互联网和移动协会与尼尔森发布的报告，截至 2019 年 11 月，印度农村地区的活跃互联网用户数量已达 2.27 亿户，较城市地区多出 10%，首次超过城市地区。

印度政府在农村地区的网络建设中发挥了重要作用。2014 年 8 月，印度政府提出了“数字印度计划”，旨在建设互联互通的智慧城市并推广宽带服务，以实现电子制造的自给自足。该计划包括在三年半的时间内铺设 75 万千米的光纤电缆，为所有乡村提供宽带连接。这一工程获得了印度电信普遍服务基金、电信部、通信与信息技术部及印度政府的支持。建成后，为超过 6 亿的农村居民提供了宽带连接。2017 年，印度政府启动了“数字乡村”项目，新建了 1050 个无线网络点，为农村居民提供了免费无线网络服务。该项目计划为期三年，总投资约 4 万亿卢比，包括基础设施建设、运营和维护等方面。

印度的非政府组织也在积极推动农村地区的互联网普及。2018 年 12 月，印度空间研究组织发射了 GSAT-11 卫星，这是印度发射的最重、最先进的高通量通信卫星之一，旨在实现印度的 100Gbit/s 高速数据连接，即使在农村地区也能实现电子政务服务。此外，GSAT-11 卫星还可以帮助印度建设基础设施，提供在线服务，如增强现实和虚拟现实体验服务，以及为偏远地区提供 4K 流媒体服务。

印度企业也积极推动农村地区的互联网覆盖工作。印度电信运营商 BSNL 表示将加大对农村地区基站的建设力度，以促进农村地区移动电话和宽带的普及。此外，印度本土企业与科技公司展开合作，例如，谷歌于 2016 年底开始在印度农村地区测试其网络服务，与当地无线运营商合作，为印度 1000 多座火车站提供免费 Wi-Fi 服务。脸书与印度本土运营商合作共同建设了 ExpressWi-Fi 项目。

尽管印度在农业信息化方面起步较晚，人均信息基础设施水平相对较低，但印度的软件业却取得了高速发展。近年来，印度成为全球软件业增长最快的国家之一，年均增长率保持在50%以上，远超过全球平均水平。这为印度的农业信息化发展注入了新的活力。此外，印度也在积极探索精准农业、农业物联网等技术的应用，虽然目前仍处于初步阶段，但已展现出巨大的发展潜力。印度政府的信息技术政策体系及发达的软件产业，促进了印度农业信息服务产业的发展，农产品价格监测预警应用系统等在农民中得到广泛应用，提高了市场透明度。对于农业信息产业的下游产业，印度也非常重视吸引外资和开展国际交流合作。

第二节　国内案例分析

一、浙江省湖州市德清县

德清县地处浙江省北部，地理位置十分独特，东临上海，南接杭州，位于长三角地区的腹地，可以说德清县处于中国最富活力和经济发展最快速的区域之一。长三角地区被誉为中国的经济引擎，涵盖上海、江苏、浙江等重要省市，是国内最重要的制造业和高科技产业中心之一。德清县作为长三角地区的一部分，充分受益于这一地区的繁荣发展，为其经济增长提供了强大的动力。德清县以土地制度改革为核心战略，积极承担了100多项省级以上的改革试点项目。这一改革不仅加速了土地资源的优化配置，而且鼓励了农地入市流转，为土地资源的高效利用和农村经济的发展提供了有力支持。农民通过土地入市可以获得更多的土地收益，促进了农村居民生活水平的提高。德清县在地理信息技术领域取得了巨大进展，特别是2018年首届联合国世界地理信息大会在德清县成功召开。这一盛会推动了无人机航拍、三维地图、遥感影像、高精度定位等地理信息技术在德清县的广泛应用。这些技术的应用，不仅加强了空间数据的采集和分析能力，而且提高了决策制定的科学性和准确性。借助地理信息技术，德清县在数字化农业、智慧城市规划和资源管理等领域实现了创新和发展。德清县政府基于"数字乡村一张图"项目，充分发挥了遥感监测全面、准确和可追溯的技术优势。这个项目旨在解决乡村治理中的实际问题，如改善人居环境、推进“三改一拆”、保护农地和监测水域。通过遥感监测，问题点位可以更加快速、准确地被发现，监管和处置也更加高效。这一创新性项目为乡村治理提供了有力的工具和技术支持，有助于改善居民的生活质量，促进可持续发展。

德清县在遥感监测和数字化乡村治理方面采取的重要举措如下：

(1)德清县通过全面采集遥感监测数据，实现了资源利用的高效化。这一过程包括对全县各领域的遥感数据进行整合和比对，借助大数据分析和智能分析技术，自动发现问题点位，如垃圾堆放、违章建筑、河流改道和粮食功能区变化等。这些问题涵盖了农业农村、民政、建设和水利等多个领域，一次性采集满足了多个业务部门的监测治理需求。这种整体智治的方式，不仅提高了数据的综合利用率，而且节约了资源成本，实现了乡村治理的统筹协同。

(2)“数字乡村一张图”项目借助地理信息技术，将遥感监测地图、电子地图、国土空间规划、三维实景地图等 18 个图层叠加在一起，构建了数字化的“孪生”乡村。这使得遥感监测的问题点位在地图上一目了然，村干部可以直观地了解问题点位的位置和原因。此外，前后对比的遥感监测图像为村干部的工作提供了宝贵的参考信息。这一可视化工具不仅提高了村干部的决策能力，而且加强了乡村治理的透明度。

(3)德清县实施工单管理机制，通过在线公众平台将遥感监测发现的问题自动下发给村干部，减少了烦琐的通知程序。村干部可以通过平台认领任务，进行现场确认和处置，最后将处理结果上传至系统。经镇(街道)审核后，问题得以解决。这一流程的线上可查性，免去了村干部制作台账的烦琐程序，也减轻了镇(街道)和相关部门的督查考核工作量。这一工单管理机制解放了基层干部的手脚，提高了工作效率。

(4)借助遥感监测功能，德清县解决了传统基层治理中的一系列问题，如人力不足、事件覆盖不全、发现不够及时及流程不够规范等。利用“数字乡村一张图”项目，整合了遥感监测体系和人工智能分析，实现了遥感地图服务的统一，全面发现了乡村治理问题点位，并自动归集，构建了“天上看、网上查、地上管”的闭环监管链条。这一系统已经取得了显著成效，2021年已发现问题点位达十万余个，发现时间缩短了86%，处置率高达95%①。这一成功经验为其他地区破解基层治理难题提供了有益的借鉴和参考。

二、广东省佛山市禅城区

佛山市禅城区在2021年以打造广东省智慧化共建共治共享社会治理格局综合试点为契机，以数字化为核心，采取了一系列创新举措，着力创建了一个名为“乡村大脑”的智能化治理平台，旨在提高乡村治理水平和治理能力，构建农村基层共建共治共享的新格局。禅城区以“人、事、财、物、组织”五个关键维度为出发点，借助数字化技术和人工智能技术的应用，从多个层面入手，全面提升乡村治理水平。这种综合创新思维，有助于系统性地解决乡村治理中存在的多样化问题。通过数字化智能管理，禅城区实现了“以图管人、以图管财、以图管物、以图知事、以图指挥”的目标，即利用电子地图和人工智能技术，政府可以更加高效地管理人员、财务、物资、事务，以及组织架构，使乡村治理变得更加科学、智能、高效。禅城区的“乡村大脑”平台提供了治理云图，这是一幅全面的治理信息视图，包括各类数据和指标，有助于政府和决策者更好地了解整个乡村的治理情况，从而制定更科学和有针对性的政策和计划。“乡村大脑”的建设旨在践行共建共治共享的理念，借助数字化平台，政府不仅可以更好地与村民互动和合作，而且可以实现共治，让村民参与决策和管理。此外，共享的理念也有助于优化资源利用，提高村民生活质量。禅城区的“乡村大脑”不仅提高了治理水平，而且对乡村经济和村民福祉产生了积极影响。村民人均分红约1.5万元，乡村集体经济规模接近400亿元，年乡村集体经济总收入近70亿元，这充分体现了数字化治理带来的经济效益。

禅城区的“乡村大脑”项目采取了多项创新措施，旨在进一步提高乡村治理水平和治理能力，激发农村基层党组织的活力，具体措施如下：

(1)乡村大脑建立了业务系统平台，实行标准化管理。这意味着规范了业务工作流程，使村委会工作人员可以在电脑前高效完成与村民相关的

① 陈仕林．数字乡村建设通论［M］．北京：中国农业出版社，2023：193.

业务，如合同管理、资产台账等。数据运用取代了烦琐的手工操作，镇街管理员可以远程审核基层提交的申请。这一标准化管理为村民提供了便捷的渠道，使其能更轻松地了解村庄重大事项，参与决策，并监督民生、治安管理、资产交易等事务。

(2)涉农数据实现“一张图”统揽，以直观的方式呈现农村基层相关数据，为资源配置和精细管理提供了空间数据支持和决策支持。这一云图系统包括了多个功能板块，涵盖了智慧党建、集体资产宅基地、人居环境、农业执法、招商引资等方面的数据。所有涉农数据都整合在一个视图中，便于政府更好地了解和管理农村基层的各类信息，为科学决策和资源配置提供了有力工具。

(3)村务小程序用于打通政府与村民之间的沟通渠道，使其联系更加紧密。这一小程序不仅覆盖了政务服务事项，而且公开透明地展示了财务收支、物业出租、民主表决等村务信息。重要事项和财务信息都可以通过小程序公示，且所有公示的内容都会被永久保存，供村民随时查阅。这一举措打破了时空限制，为村民提供了更便捷的渠道，使其能更积极地参与村庄事务的决策和监督。

禅城区在2022年继续投入498万元用于“乡村大脑”第二期的建设。在第二期的建设中，着重关注人居环境系统和食品安全、鱼塘水质监管等领域。此外，还对数字经济云图进行重构整合，并对数据进行深入维护，以确保系统的持续发展和有效运行。

三、山东省淄博市高青县

高青县作为山东省淄博市下辖的县级行政单位，地处鲁北平原，总面积为831平方千米，辖2个街道、7个镇、303个行政村，常住人口为31万多人①。该县积极致力于数字乡村建设，以物联网、大数据、人工智能等先进技术为依托，以多类型、多尺度、多时态的空间数据为基础，构建了数字乡村大数据底图，旨在实现“一屏观全域，一网管全城”的治理目标。高青县是农业大县，为了更好地推进农村治理和发展，县政府积极响

① 陈仕林．数字乡村建设通论[M]．北京：中国农业出版社，2023：198.

应国家数字化战略，将数字乡村建设作为发展重点，旨在提升乡村治理效率、优化资源配置、改善农村居民生活，推动乡村振兴战略的实施。在数字乡村建设过程中，高青县充分利用现代技术，如物联网、大数据、人工智能等，用于收集、分析、处理各类数据，为决策提供有力支持，提高了治理效率。数字乡村建设的基础是多类型的空间数据，包括电子地图、遥感影像、三维实景地图等，这些数据以空间信息为核心，能够直观地呈现地理、地貌、土地利用等信息。高青县将自然资源、农业、水利、交通、住建、环保、文旅、民政等不同部门的相关数据整合到数字乡村大数据底图中，这种数据整合有助于政府进行综合分析，更全面地了解和解决农村治理问题。高青县在数字乡村建设过程中的重点做法如下：

(1)高青县通过整合各类感知设备和监控系统，构建了一张密集的物联感知网络，实现了全县范围的数据收集和监控。这种感知网采用了4级网格架构，将农村各角落纳入监控范围，能够及时掌握社情民意、采集基础数据，并有效应对突发事件。这有助于推动基层管理向精细化和规范化方向发展，更好地满足农村社区的需求。

(2)高青县建立了数字化乡村模型，通过这一模型直观展示了黄河滩区迁建自然风貌和村庄变迁。这不仅有助于基础设施的可视化管理和维护，而且使人与人之间的信息互动更加直观、高效。县政府着力打造社区治理数字智能平台，以满足居民生活需求和社区治理需求为出发点，构建数字治理的“三个一”框架体系。

(3)县政府设立了服务中心，提供“一站式”服务，方便居民获取政务服务。同时，建立了老年人身体状况监测体系，通过智能手环监测老年居民的身体状况，联动乡村签约医生进行问诊，并将监测数据同步至镇医院，实现对老年居民身体状况的实时监测。此外，还建立了安防监控报警体系，涵盖社区安防监控、秸秆焚烧监控、天网工程等领域，与智能平台相互连接，提高社区的安全性和监控效率。

(4)通过获取经营主体信息、生产信息、种植环境信息等各类农业相关数据，县政府能够对农业产业的整体情况进行实时分析。这有助于为经营主体提供种植建议，使农产品的生产和销售更加高效、贴合市场需求。这也体现了数字技术在现代农业中的应用，提升了农业的科学化和智能化水平。

四、江苏省徐州市丰县

丰县地处江苏省徐州市，总面积为1450.2平方千米，下辖3个街道、12个镇，共有343个行政村，常住人口约121万。丰县是一座传统的农业大县，拥有广阔的耕地面积，总面积为120万亩，其中粮食复种面积为147.8万亩，农产品资源丰富①。近年来，丰县充分借助云计算、物联网、人工智能等新一代信息技术，全面推进数字乡村建设，涵盖了基层党建、公共服务、社会治理等多个领域。丰县致力于提升农村生产经营的精准化水平，通过农业物联网设备、智能化农机具、无人机巡检等数字技术，使县政府能够更好地监测农田状况、农作物生长情况，以及天气等因素，为农民提供种植建议，并为农业生产管理提供数据支持。数字乡村建设致力于提升管理服务的智能化水平，通过建设数字化政务平台，为农村居民提供更加高效和便捷的公共服务，如在线政务办理、电子证照颁发、远程医疗等。通过建设数字乡村大数据平台，县政府可以更好地了解社情民意、收集数据，并进行智能化分析，从而更科学地规划和调配资源，提高乡村治理效率，更好地满足农村居民的需求，改善社区管理。重点做法如下：

(1)建设农业大数据归集共享平台。该平台基于“城市公共信息平台”“城市公共基础数据库”和“丰县经济大脑”，采集涉农数据信息五大类79项，建立智慧农场可视化联动管控、农产品价格监测预警等16套农业农村数据系统。目前，已归集农业种质资源大数据、农村集体资产大数据、农村宅基地大数据3.4亿条，并实现了系统间的共享互通。

(2)建设农业“三资四化”管理平台。“三资”是指资金、资产、资源；“四化”是指生产标准化、管理可视化、作业智能化、过程透明化。丰县完善了农村集体资产监督管理平台功能，全县363个涉农村(社区)已实现“三资”监管平台全覆盖，通过“村务卡”结算2.53万笔，结算金额达31.40亿元。

(3)建设数字农牧场管理平台。丰县已建成江苏大沙河现代农业综合开发集团有限公司、徐州乐源牧业有限公司、丰县立华牧业有限公司等一

---

① 陈仕林．数字乡村建设通论[M]．北京：中国农业出版社，2023：193.

批数字农牧场管理平台，采用3S技术和智慧农场“四化”标准进行管理。

(4)建设农产品安全溯源监测平台。丰县积极推进农产品可溯源工作，完善农产品质量安全追溯管理信息平台。目前，已通过审核纳入83家溯源企业，建立溯源产品145个，创建生产档案26个，生成溯源批次156批，打印溯源标签46768张。

(5)建设农村人居环境智能监测平台。丰县建立了农村人居环境数据库，实现了对全县15个污水处理厂、23个垃圾中转站、10个规模养殖场、2个河湖断面监测点、20个空气质量监测点的远程监测。同时，对城乡公共空间治理、秸秆禁烧、疫情防控等重点工作，实现了线上监管和实时调度，对垃圾收运、污水治理、农废处置等实现了全方位、全天候的监测。

(6)建设农村电商培育平台。丰县实施“互联网+”农产品出村进城工程，全面打通农产品线上线下营销通道。丰县设立了2000万元电子商务发展专项扶持资金，建设了数字丰县产业园、淮海云商创业园、丰县快递物流园等三大县级产业园区和四个镇级发展载体。2019年，全县电子商务企业达110家，个人网商达3510家，快递发件量达4000万件，电子商务交易额达48.5亿元。

第十章

结论与展望

第一节　全书结论

前述各章节分别对数字乡村共生系统的背景、文献综述、生成过程、建设重点、演化机制、治理路径等内容进行了系统性研究，并结合案例分析和实证分析进行科学性论证，形成了数字乡村共生系统理论框架。全书总结如下：

一、探寻理论基础脉络

本书从党和政府文件、国内外研究现状、基础理论三个维度探寻理论基础脉络。其中，党和政府文件主要从国家战略部署、部际工作协调、重点任务分解、政策体系作用四个方面展开梳理，沿着由高到低、由大到小、由宏观到微观的思路进行逐步探寻；国内外研究现状主要从数字经济系统与乡村振兴系统研究进展、数字经济与乡村振兴关系研究进展、数字乡村研究进展三个方面展开梳理，通过梳理得出，数字经济属于虚拟系统、乡村振兴属于实体系统，两者均为人地关系系统的子系统，这一结果是数字经济系统与乡村振兴系统实现有机耦合，进而生成数字乡村共生系统的前提条件；基础理论主要从共生理论、耦合理论、赋能理论、利益相关者理论、创新生态系统理论、人地关系地域系统理论六个基础理论切入，将数字乡村共生系统分别与六个基础理论融合，并提炼归纳理论启示。

二、数字乡村建设重点

本书通过提炼数字乡村建设方案，梳理数字乡村建设历程，研判数字乡村建设现状，总结出中国数字乡村建设重点，即突破传统视角打造数字乡村共生系统。首先，厘清数字乡村建设过程中利益相关者的逻辑关系。数字乡村共生系统由数字经济虚拟系统与乡村振兴实体系统有机耦合而成，窥探数字乡村共生系统的生成过程，有助于规避数字乡村建设过度数字化的问题。其次，正确处理数字乡村建设过程中多元主体的共生关系。数字乡村共生系统存在独立共生、竞争共生、寄生共生、偏共生和互利共生五种模式，数字乡村共生系统沿着不同的共生模式进行演化，最终的形态差异非常大，但互利共生模式无疑是所有共生模式中的最优选择。最后，解决数字乡村共生系统演化过程面临的垄断和不经济问题。在数字乡村建设过程中，容易过度数字化，垄断平台企业可能对农村小商小贩造成毁灭式挤压，严重干扰农村经济市场秩序。此外，数字化给农村文化程度较低、年龄较大、生活比较困难的人带来困难，这类弱势群体被数字商品过度包围，却无力共享数字商品带来的红利。

三、系统生成过程解构

数字乡村共生系统是由数字经济虚拟系统与乡村振兴实体系统嵌入性耦合而成。这种耦合不是简单的“嫁接”，也不是表面的互相渗透，而是数字经济系统的核心要素、虚拟结构和衍生功能分别与乡村振兴系统的主体要素、实体结构和多样功能进行有机耦合，因此它具有要素虚拟化、结构扁平化和功能多样化特征。本书借助扎根分析过程展示了数字经济系统与乡村振兴系统有机耦合的全过程，采用三级编码方法构建了数字乡村共生系统生成过程理论框架。

四、系统演化机制分析

本书引入生态系统中 Logistic 模型构建多种群共生演化模型，运用数值仿真方法对不同共生模式背景下的共生趋势展开仿真模拟，并结合中国数字乡村共生系统真实数据进行拟合，预测未来中国数字乡村共生系统演化趋势。研究发现，中国数字乡村共生系统已历经起步期、成长期，正处于成熟期，预计 2030 年以后进入饱和期。各种群趋于饱和态后共生演化度均超过 1.1，高于种群独立共生模式下最大演化度，说明目前中国数字乡村共生系统种群共生演化模式正是互利共生模式。在政策宏观调控下，种群协同创新和价值共创仍具备较大上升空间，预计在未来25年数字乡村共生系统都将是重要热点领域。在一定资源环境下，政府的宏观调控需契合数字乡村共生系统种群共生演化规律，以推动数字乡村共生系统实现健康有序发展。

五、系统治理路径提出

本书对数字乡村共生系统治理内涵进行界定，从乡村公共服务体系、乡村公共管理模式、乡村公共安全治理三个方面对现实需求进行分析，分别从功能逻辑、时空逻辑、结构逻辑三个维度对数字乡村共生系统治理逻辑进行阐释，最后提出中国数字乡村共生系统治理路径，即建立数字乡村治理支撑平台、分层分级开展数字乡村治理、多元主体协同治理数字乡村、培养数字乡村治理人才队伍、完善乡村数字治理配套措施五条治理路径。其中，功能逻辑要求在数字乡村治理过程中要充分融合数字经济和乡村振兴两大系统的功能，进行功能拓展和精简；时空逻辑要求数字乡村共生系统在治理过程中要打破时空限制，不受地域、时间限制，实现全域全时动态治理；结构逻辑要求数字乡村共生系统治理过程中要创造出新的治理结构，破除传统治理结构的弊端。

第二节　研究不足与展望

总体而言，本书仍存在有待深入研究之处：

（一）数字乡村共生系统内涵和测度指标体系有待拓展

在不同的发展背景下，数字乡村共生系统内涵不断拓展和丰富，与此相对应的测度指标体系也需不断完善，这将成为未来研究的一个重点。本书将数字乡村共生系统界定为数字经济虚拟系统与乡村振兴实体系统有机耦合而成，但是不同领域的学者对此具有不同的理解，因此数字乡村共生系统内涵应在数字乡村建设过程中不断丰富。

（二）数字乡村共生系统共生演化机制与动力有待丰富

数字乡村共生系统最高阶段究竟是一种什么状态，目前学术界并未有学者涉猎，本书尝试通过多种群共生，借助 Logistic 模型进行模拟仿真。但是，数字乡村共生系统种群共生趋势可能存在其他增长模式，并非局限于 Logistic 模型，这为后续研究数字乡村共生系统共生演化机制提供了拓展空间。另外，驱动数字乡村共生系统共生演化的动力除经济驱动之外，是否还有其他的核心驱动力？例如，数字乡村共生系统中创新扮演何种角色、处于何种地位？乡村数字素养在数字乡村共生系统演化过程中扮演的角色或承担的任务是什么？未来可针对此类问题进行深入研究。

（三）数字乡村共生系统多元主体协同治理模式有待完善

数字乡村共生系统的治理是一项复杂的系统性工程，涉及内容广泛、时间跨度长、主体多元化，因此需要构建数字乡村共生系统现代化治理体系。未来研究应从治理态度、治理主体和治理手段三个方面设计现代化治理体系，为数字乡村共生系统高效运作提供保障。其中，从横向领域扩张与纵向范式变迁两个角度，构建数字乡村共生系统画像描述模型，精准应对数字乡村共生系统新型垄断和发展悖论，设计数字乡村共生系统分类分级治理模式；通过竞争、妥协与合作、对话等机制，为多元主体自由进入、平等交流、表达诉求、协商对话搭建公共治理平台，推动组织从碎片化走向合作化、数据从孤岛走向共享、政策从冲突走向协调，设计部门协同、区域协同和央地协同的多元协同治理机制；通过整合治理部门、平台企业、社会组织、公众及服务提供者等多源数据，实现数字乡村共生系统全生命周期实时治理、主动治理和穿透治理，强化全程智慧治理工具，以数据驱动支撑全程智慧治理。

参考文献

[1]白永秀，李嘉雯，王泽润．数据要素：特征、作用机理与高质量发展[J]．电子政务，2022(6)：23-36.

[2]白永秀，张佳，王泽润．乡村数字化的内涵特征、理论机制与推进策略[J]．宁夏社会科学，2022(5)：111-119.

[3]白长虹，刘欢．旅游目的地精益服务模式：概念与路径：基于扎根理论的多案例探索性研究[J]．南开管理评论，2019，22(3)：137-147.

[4]曾世宏，杨鹏，徐应超．互联网普及与产业结构服务化：兼论乡村振兴战略中的农村服务业发展[J]．产经评论，2019，10(1)：36-55.

[5]曾亿武，宋逸香，林夏珍，等．中国数字乡村建设若干问题刍议[J]．中国农村经济，2021(4)：21-35.

[6]常倩，李瑾．乡村振兴背景下智慧乡村的实践与评价[J]．华南农业大学学报(社会科学版)，2019，18(3)：11-21.

[7]陈国军，王国恩．“盒马村”的“流空间”透视：数字农业经济驱动下的农业农村现代化发展重构[J]．农业经济问题，2023(1)：88-107.

[8]陈坤秋，龙花楼．土地系统优化助推乡村发展转型研究进展与展望[J]．地理研究，2022，41(11)：2932-2945.

[9]陈宁，常鹤．企业创新决策与成长路径：基于资源学派视角的实证研究[J]．科学学研究，2012，30(3)：458-465.

[10]陈秧分，黄修杰，王丽娟．多功能理论视角下的中国乡村振兴与评估[J]．中国农业资源与区划，2018，39(6)：201-209.

[11]陈一明．数字经济与乡村产业融合发展的机制创新[J]．农业经济问题，2021(12)：81-91.

[12]程明，钱力，倪修凤，吴波．深度贫困地区乡村振兴效度评价与

影响因素研究：以安徽省金寨县样本数据为例[J]. 华东经济管理，2020，34(4)：16-26.

[13]程明洋，刘彦随，蒋宁．黄淮海地区乡村人—地—业协调发展格局与机制[J]. 地理学报，2019，74(8)：1576-1589.

[14]传钧．人地关系地域系统的理论研究及调控[J]. 云南师范大学学报(哲学社会科学版)，2008(2)：1-3.

[15]崔凯．数字乡村建设的实践分析：进展、规律与路径优化[J]. 中国特色社会主义研究，2023(2)：74-84.

[16]方迎君．数字乡村评价指标体系构建与分析[J]. 山西农经，2020(11)：21-23.

[17]冯朝睿，徐宏宇．当前数字乡村建设的实践困境与突破路径[J]. 云南师范大学学报(哲学社会科学版)，2021，53(5)：93-102.

[18]盖宏伟，牛朝文．现代乡村系统风险治理策略：提升组织抗逆力[J]. 学术交流，2021(6)：110-122，192.

[19]戈兴成，季璐．数字经济产业创新生态系统的形成与演化分析[J]. 经济体制改革，2023(1)：125-134.

[20]管辉，雷娟利．数据要素赋能农业现代化：机理、挑战与对策[J]. 中国流通经济，2022，36(6)：72-84.

[21]郭本海，王涵．多方博弈情景下我国自主品牌轿车价值重构问题研究[J]. 中国管理科学，2018，26(10)：140-151.

[22]韩亚品．数字经济生态系统的内涵、特征及发展路径[J]. 国际经济合作，2021(6)：43-51.

[23]郝金磊，尹萌．分享经济：赋能、价值共创与商业模式创新：基于猪八戒网的案例研究[J]. 商业研究，2018，61(5)：31-40.

[24]雷巧玲．授权赋能研究综述[J]. 科技进步与对策，2006(8)：196-199.

[25]冷碧滨，涂国平，贾仁安，等．系统动力学演化博弈流率基本入树模型的构建及应用：基于生猪规模养殖生态能源系统稳定性的反馈仿真[J]. 系统工程理论与实践，2017，37(5)：1360-1372.

[26]李百超，谢秋山．乡村振兴行动中的生存理念冲突：表现、负面

影响及应对策略[J]. 内蒙古社会科学(汉文版), 2019, 40(4): 36-41.

[27]李波, 陈豪. 数字乡村建设缩小收入差距的机制与实现路径[J]. 中南民族大学学报(人文社会科学版), 2023, 43(5): 137-145, 187.

[28]李健. 数字技术赋能乡村振兴的内在机理与政策创新[J]. 经济体制改革, 2022(3): 77-83.

[29]李蓉. 乡村振兴背景下数字乡村建设机遇、挑战与实现路径[J]. 农业经济, 2022(10): 31-33.

[30]李翔, 宗祖盼. 数字文化产业: 一种乡村经济振兴的产业模式与路径[J]. 深圳大学学报(人文社会科学版), 2020, 37(2): 74-81.

[31]李燕凌, 温馨, 高维新. 数字乡村与乡村振兴耦合协调发展的时序适配性分析[J]. 农业经济与管理, 2022(4): 1-12.

[32]李玉恒, 阎佳玉, 刘彦随. 基于乡村弹性的乡村振兴理论认知与路径研究[J]. 地理学报, 2019, 74(10): 2001-2010.

[33]李珍刚, 古桂琴. 民族地区农村数字经济发展的公共服务供给研究[J]. 广西民族研究, 2019(6): 131-138.

[34]李振, 张瑜. 辽宁省数字乡村发展就绪度评价研究[J]. 当代农村财经, 2022(2): 7-13.

[35]李志龙. 乡村振兴—乡村旅游系统耦合机制与协调发展研究: 以湖南凤凰县为例[J]. 地理研究, 2019, 38(3): 643-654.

[36]廖晓昕. 动力系统的稳定性理论和应用[M]. 北京: 国防工业出版社, 2000.

[37]林振山, 何亮. 集聚效应下的集合种群动力模式[J]. 生态学报, 2010, 30(19): 5245-5252.

[38]刘俊杰, 朱新华. 基于"要素—结构—功能"视角的乡村振兴实施路径研究[J]. 经济体制改革, 2020(6): 79-85.

[39]刘俊祥, 曾森. 中国乡村数字治理的智理属性、顶层设计与探索实践[J]. 兰州大学学报(社会科学版), 2020, 48(1): 64-71.

[40]刘彦随, 周扬, 李玉恒. 中国乡村地域系统与乡村振兴战略[J]. 地理学报, 2019, 74(12): 2511-2528.

[41]刘彦随. 中国新时代城乡融合与乡村振兴[J]. 地理学报, 2018,

73(4)：637-650.

[42]柳卸林，王倩．面向核心价值主张的创新生态系统演化[J]．科学学研究，2021，39(6)：962-964，969.

[43]龙花楼，屠爽爽．论乡村重构[J]．地理学报，2017，72(4)：563-576.

[44]罗千峰，赵奇锋，张利庠．数字技术赋能农业高质量发展的理论框架、增效机制与实现路径[J]．当代经济管理，2022，44(7)：49-56.

[45]罗仲伟，李先军，宋翔，等．从“赋权”到“赋能”的企业组织结构演进——基于韩都衣舍案例的研究[J]．中国工业经济，2017，34(9)：174-192.

[46]吕一博，蓝清，韩少杰．开放式创新生态系统的成长基因：基于iOS、Android和Symbian的多案例研究[J]．中国工业经济，2015(5)：148-160.

[47]马改艳，杨秋鸾，王恒波．数字经济赋能乡村产业振兴的内在机制、现实挑战与突破之道[J]．当代经济管理，2023，45(8)：33-38.

[48]马浩，侯宏，刘昶．数字经济时代的生态系统战略：一个ECO框架[J]．清华管理评论，2021(3)：24-33.

[49]马晶晶，胡江峰．合作社参与乡村系统内部治理的优越性及模式选择[J]．系统科学学报，2021，29(1)：117-122.

[50]马文武，韩文龙．数字经济赋能乡村振兴的内在逻辑与实现路径[J]．天津社会科学，2023(3)：91-98.

[51]马晓蕾，云振宇，张延龙，等．城乡融合发展视角下数字乡村评价指标体系构建[J]．中国农学通报，2021，37(35)：147-153.

[52]梅亮，陈劲，刘洋．创新生态系统：源起、知识演进和理论框架[J]．科学学研究，2014，32(12)：1771-1780.

[53]孟方琳，田增瑞，姚歆．基于Lotka-Volterra模型的数字经济生态系统运行机理与演化发展研究[J]．河海大学学报(哲学社会科学版)，2020，22(2)：63-71，107.

[54]孟方琳，汪遵瑛，赵袁军，姚歆．数字经济生态系统的运行机理与演化[J]．宏观经济管理，2020(2)：50-58.

[55]慕娟，马立平．中国农业农村数字经济发展指数测度与区域差异[J]．华南农业大学学报(社会科学版)，2021，20(4)：90-98.

[56]潘锡泉．中国式现代化视域下数字乡村建设助力共同富裕的实现机制——基于产业结构升级的中介效应分析[J]．当代经济管理，2023，45(8)：39-45.

[57]祁全明．乡村振兴战略与农村闲置宅基地的开发利用：以休闲农业与互联网农业为例[J]．理论月刊，2018(7)：123-129.

[58]綦良群，王琛，王成东．基于虚拟联盟的我国装备制造业与生产性服务业融合机制研究：基于扎根理论的质化研究[J]．中国软科学，2021(4)：32-41.

[59]秦秋霞，郭红东，曾亿武．乡村振兴中的数字赋能及实现途径[J]．江苏大学学报(社会科学版)，2021，23(5)：22-33.

[60]邱蓉．乡村振兴视角下西部地区农业产业同构研究[J]．贵州社会科学，2021(4)：137-145.

[61]邵志国，韩传峰，孟令鹏，等．基于Logistic的区域交通基础设施生态系统演化模型[J]．系统工程理论与实践，2018，38(11)：2918-2928.

[62]佘茂艳，王元地．科技创新与乡村振兴系统耦合协调发展及影响因素分析[J]．统计与决策，2021，37(13)：84-88.

[63]沈费伟，叶温馨．数字乡村发展的实现路径考察：基于精明增长理论的探索[J]．人文杂志，2022(4)：69-80.

[64]沈费伟，叶温馨．数字乡村建设：实现高质量乡村振兴的策略选择[J]．南京农业大学学报(社会科学版)，2021，21(5)：41-53.

[65]沈费伟，袁欢．大数据时代的数字乡村治理：实践逻辑与优化策略[J]．农业经济问题，2020(10)：80-88.

[66]沈费伟．乡村技术赋能：实现乡村有效治理的策略选择[J]．南京农业大学学报(社会科学版)，2020，20(2)：1-12.

[67]宋华，卢强．基于虚拟产业集群的供应链金融模式创新：创捷公司案例分析[J]．中国工业经济，2017(5)：172-192.

[68]孙新波，苏钟海．数据赋能驱动制造业企业实现敏捷制造案例研

究[J]. 管理科学，2018，31(5)：117-130.

[69]汤志伟，方錄，韩啸．数字乡村建设的内在机制：数字化转型视角[J]. 科技管理研究，2023，43(8)：173-182.

[70]唐红涛，谢婷．数字经济与农民收入消费双提升[J]. 华南农业大学学报(社会科学版)，2022，21(2)：70-81.

[71]唐惠敏．数字技术赋能乡村振兴的理论阐释与实践发展[J]. 农村经济，2022(9)：42-51.

[72]唐永，曾宪亢．数字经济生态系统中的时间、空间与主体间性：基于资本批判视域[J]. 学习与实践，2020(1)：121-130.

[73]陶小龙，刘珊，钟雨芮，等．大数据应用与企业开放式创新的协同演化：基于扎根理论的对比性案例研究[J]. 科技进步与对策，2021，38(5)：69-78.

[74]田刚，贡文伟，梅强，等．制造业与物流业共生关系演化规律及动力模型研究[J]. 工业工程与管理，2013，18(2)：39-46.

[75]田野，叶依婷，黄进，等．数字经济驱动乡村产业振兴的内在机理及实证检验：基于城乡融合发展的中介效应[J]. 农业经济问题，2022(10)：84-96.

[76]田真平，谢印成．数字经济驱动下我国数字乡村的演进机理、动力机制与建设路径[J]. 科技管理研究，2023，43(10)：236-242.

[77]完世伟，汤凯．数字经济促进乡村产业振兴的机制与路径研究[J]. 中州学刊，2022(3)：29-36.

[78]王成，程贵山．乡村生产空间系统要素作用关系视域下的产业振兴路径研究：以重庆市为例[J]. 地理科学进展，2022，41(10)：1795-1805.

[79]王发明，朱美娟．创新生态系统价值共创行为影响因素分析：基于计划行为理论[J]. 科学学研究，2018，36(2)：370-377.

[80]王宏川，朱登亚．数字生态系统的信息生态失衡和信息流干预[J]. 图书情报工作，2010，54(8)：85-88.

[81]王华华．互联网时代农村党组织社会治理何以“取信于民”：以“乡村振兴”样板的山联村为例[J]. 重庆大学学报(社会科学版)，2019，

25(1)：195-206.

［82］王建冬，童楠楠．数字经济背景下数据与其他生产要素的协同联动机制研究［J］．电子政务，2020(3)：22-31.

［83］王介勇，周墨竹，王祥峰．乡村振兴规划的性质及其体系构建探讨［J］．地理科学进展，2019，38(9)：1361-1369.

［84］王军，朱杰，罗茜．中国数字经济发展水平及演变测度［J］．数量经济技术经济研究，2021，38(7)：26-42.

［85］王钱坤．数字乡村建设：内涵、挑战与优化路径［J］．当代农村财经，2023(9)：40-43.

［86］王胜，余娜，付锐．数字乡村建设：作用机理、现实挑战与实施策略［J］．改革，2021(4)：45-59.

［87］王曙光，刘志强，刘金琳，等．数字乡村评价指标体系标准研究［J］．中国标准化，2023(5)：126-129，139.

［88］王顺庆，王万雄，徐海根．数学生态学稳定性理论与方法［M］．北京：科学出版社，2004.

［89］王盈盈，王敏．数字地理视角的乡村研究及展望［J］．世界地理研究，2020，29(6)：1248-1259.

［90］王铮，唐小飞．数字县域建设支撑乡村振兴：逻辑推演和逻辑框架［J］．预测，2020，39(4)：90-96.

［91］王资程，于小兵，吴雪婧．经济发展水平对数字经济与乡村振兴耦合协调度的影响［J］．统计与决策，2023，39(14)：27-32.

［92］韦柳玲．互联网金融服务下乡村振兴战略的实施路径［J］．山西财经大学学报，2021，43(S2)：44-46.

［93］文丰安，卢艺．数字技术赋能乡村高质量发展：耦合性、作用机理与优化策略［J］．河南社会科学，2023，31(3)：104-112.

［94］吴宸梓，白永秀．数字技术赋能城乡融合发展的作用机理研究：基于马克思社会再生产理论视角［J］．当代经济科学，2023，45(6)：123-134；1-11.

［95］吴传钧．论地理学的研究核心：人地关系地域系统［J］．经济地理，1991(3)：1-6.

[96]吴晓曦．数字经济与乡村产业融合发展研究[J]．西南金融，2021(10)：78-88.

[97]夏显力，陈哲，张慧利，等．农业高质量发展：数字赋能与实现路径[J]．中国农村经济，2019(12)：2-15.

[98]肖俊洪．数字素养[J]．中国远程教育，2006(5)：32-33.

[99]肖顺武，董鹏斌．中国式现代化进程中数字经济服务乡村振兴的困境检视、内在机理与实现路径[J]．经济问题探索，2023(5)：1-12.

[100]谢康，易法敏，古飞婷．大数据驱动的农业数字化转型与创新[J]．农业经济问题，2022(5)：37-48.

[101]谢文帅，宋冬林，毕怡菲．中国数字乡村建设：内在机理、衔接机制与实践路径[J]．苏州大学学报(哲学社会科学版)，2022，43(2)：93-103.

[102]谢臻，张凤荣，陈松林，等．中国乡村振兴要素识别与发展类型诊断：基于99个美丽乡村示范村的信息挖掘分析[J]．资源科学，2019，41(6)：1048-1058.

[103]徐强．以“产业大脑+未来工厂”新范式构建数字经济系统新生态[J]．浙江经济，2021(8)：66-67.

[104]许宪春，张美慧．中国数字经济规模测算研究：基于国际比较的视角[J]．中国工业经济，2020(5)：23-41.

[105]杨磊，朱德全．民族地区职业教育与乡村振兴耦合机制研究[J]．西南大学学报(社会科学版)，2021，47(5)：141-149.

[106]杨舒然．乡村振兴背景下互联网使用对农户增收的影响及机制分析[J]．统计与信息论坛，2021，36(9)：119-128.

[107]叶云，汪发元，裴潇．信息技术产业与农村一二三产业融合：动力、演进与水平[J]．农业经济与管理，2018(5)：20-29.

[108]袁纯清．共生理论：兼并小型经济[M]．北京：经济科学出版社，1998.

[109]张宝建，薄香芳，陈劲，等．数字平台生态系统价值生成逻辑[J]．科技进步与对策，2022，39(11)：1-9.

[110]张超，陈凯华，穆荣平．数字创新生态系统：理论构建与未来

研究[J]. 科研管理，2021，42(3)：1-11.

[111]张鸿，杜凯文，靳兵艳. 乡村振兴战略下数字乡村发展就绪度评价研究[J]. 西安财经大学学报，2020，33(1)：51-60.

[112]张鸿，王浩然，李哲. 乡村振兴背景下中国数字农业高质量发展水平测度：基于2015—2019年全国31个省市数据的分析[J]. 陕西师范大学学报(哲学社会科学版)，2021，50(3)：141-154.

[113]张挺，李闽榕，徐艳梅. 乡村振兴评价指标体系构建与实证研究[J]. 管理世界，2018，34(8)：99-105.

[114]张旺，白永秀. 数字经济与乡村振兴耦合的理论构建、实证分析及优化路径[J]. 中国软科学，2022(1)：132-146.

[115]张勋，万广华，张佳佳，何宗樾. 数字经济、普惠金融与包容性增长[J]. 经济研究，2019，54(8)：71-86.

[116]张蕴萍，栾菁. 数字经济赋能乡村振兴：理论机制、制约因素与推进路径[J]. 改革，2022(5)：79-89.

[117]章军杰. 互联网时代乡村振兴战略的路径选择：基于梅家坞村的调查研究[J]. 浙江工商大学学报，2018(4)：118-128.

[118]章文光，廖冰武. 乡村创新系统中政府的作用及其治理机制探索[J]. 中国行政管理，2023(7)：34-40.

[119]赵成伟，许竹青. 高质量发展视阈下数字乡村建设的机理、问题与策略[J]. 求是学刊，2021，48(5)：44-52.

[120]赵丽芳，龙海军. 数字经济对乡村振兴的影响研究：基于我国各省市2015—2019年面板数据的分析[J]. 当代农村财经，2021(10)：2-9.

[121]赵玉帛，张贵，王宏. 数字经济产业创新生态系统韧性理念、特征与演化机理[J]. 软科学，2022，36(11)：86-95.

[122]钟洋，李嘉奇，孙铭悦，等. 城乡融合区乡村地域系统的空间结构识别与优化路径分析：以湖南省长沙县为例[J]. 自然资源学报，2023，38(8)：2076-2096.

[123]钟钰，甘林针，王芹，等. 数字经济赋能乡村振兴的特点、难点及进路[J]. 新疆师范大学学报(哲学社会科学版)，2023，44(3)：

105-115.

[124]钟真，刘育权．数据生产要素何以赋能农业现代化[J]．教学与研究，2021(12)：53-67.

[125]周成，冯学钢，唐睿．区域经济—生态环境—旅游产业耦合协调发展分析与预测：以长江经济带沿线各省市为例[J]．经济地理，2016，36(3)：186-193.

[126]周文辉，邓伟，陈凌子．基于滴滴出行的平台企业数据赋能促进价值共创过程研究[J]．管理学报，2018，15(8)：1110-1119.

[127]周文辉，杨苗，王鹏程，等．赋能、价值共创与战略创业：基于韩都与芬尼的纵向案例研究[J]．管理评论，2017，29(7)：258-272.

[128]周怡岑．基于乡村振兴的我国乡村地域系统可持续发展研究[J]．中国农业资源与区划，2021，42(9)：226-231.

[129]朱勤，孙元，周立勇．平台赋能—价值共创与企业绩效的关系研究[J]．科学学研究，2019，39(11)：2026-2043.

[130]朱秋博，白军飞，彭超，朱晨．信息化提升了农业生产率吗?[J]．中国农村经济，2019(4)：22-40.

[131]Acar O A，Puntoni S. Customer empowerment in the digital age[J]. Journal of Advertising Research，2016，56(1)：4-8.

[132]Adner R. Match your innovation strategy to your innovation ecosystem[J]. Harvard Business Review，2006，84(4)：98-107.

[133]Beltagui A，Rosli A，Candi M，et al. Exaptation in a digital innovation ecosystem：the disruptive impacts of 3D printing[J]. Research Policy，2020，49(1)：103833.

[134]Boudreau，Kevin J. Let a thousand flowers bloom? An early look at large numbers of software App developers and patterns of innovation[J]. Organization Science，2012，23(5)：1409-1427.

[135]Eshet - Alkalai Y. Digital literacy：a conceptual framework for survival skills in the digital era[J]. Journal of Educational Multimedia and Hypermedia，2004，13(1)：93-106.

[136]Eylon，Dafna. Understanding empowerment and resolving its paradox：

lessons from mary parker follett[J]. Journal of Management History, 1998, 4(1): 16-28.

[137]Gilster P. Digital literacy[M]. New Jersey: Wiley Publishing, 1997.

[138]Goldfarb A, Tucker C. Digital economics[J]. Journal of Economic Literature, 2019, 57(1): 3-43.

[139]Kanter R M. Powerlessness corrupts[J]. Harvard Business Review, 2010, 88(7): 36-42.

[140]Lenka S, Parida V, Wincent J. Digitalization capabilities as enablers of value co-creation in servitizing firms[J]. Psychology & Marketing, 2017, 34(1): 92-100.

[141]Margulis L, Bermudes D. Symbiosis as a mechanism of evolution: status of cell symbiosis theory[J]. Symbiosis, 1985, 1(1): 101-124.

[142]Martin A, Grudziecki J. DigEuLit: concepts and tools for digital literacy development[J]. Innovation in Teaching and Learning in Information and Computer Sciences, 2006, 5(4): 249-267.

[143]Onitsuka K, Hoshino S. Inter-community networks of rural leaders and key people: case study on a rural revitalization program in Kyoto Prefecture, Japan[J]. Journal of Rural Studies, 2018(61): 123-136.

[144]Patrizia G, Gianluca C, Roberta P, et al. Consumer empowerment in the digital economy: availing sustainable purchasing decisions[J]. Sustainability, 2017, 9(5): 693.

[145]Runzhe H U. Digital economy empowers China's rural revitalization: current situations, problems and recommendations[J]. Asian Agricultural Research, 2021, 13(4): 18-20.

[146]Sirgy M J. Measuring corporate performance by building on the stakeholders model of business ethics[J]. Journal of Business Ethics, 2002, 35(3): 143-162.

[147]Song Z, Wang C, Bergmann L. China's prefectural digital divide: spatial analysis and multivariate determinants of ICT diffusion[J]. International Journal of Information Management, 2020, 52(6): 992-1010.

[148] Spreitzer G. Giving peace a chance: organizational leadership, empowerment, and peace[J]. Journal of Organizational Behavior, 2007, 28(8): 1077-1095.

[149] Sutherland W, Jarrahi M H. The sharing economy and digital platforms: a review and research agenda[J]. International Journal of Information Management, 2018(43): 328-341.

[150] Weick K E. Educational organizations as loosely coupled systems[J]. Administrative Science Quarterly, 1976(21): 1-19.

[151] Young J C. Rural digital geographies and new landscapes of social resilience[J]. Journal of Rural Studies, 2019(70): 66-74.

[152] Zhang G, Mcadams D A, Shankar V, et al. Modeling the evolution of system technology performance when component and system technology performances interact: commensalism and amensalism[J]. Technological Forecasting & Social Change, 2017, 125(12): 116-124.

[153] Zhang W. The impact of the platform economy on urban-rural integration development: evidence from China[J]. Land, 2023(12): 1417.